培养幸福的人

——幸福教育实践与探索

汤晓春　编著

北京燕山出版社

图书在版编目（ＣＩＰ）数据

培养幸福的人：幸福教育实践与探索 / 汤晓春主编 . — 北京：北京燕山出
版社，2023.5
ISBN 978-7-5402-6771-1

Ⅰ . ①培… Ⅱ . ①汤… Ⅲ . ①中学教育－教育研究 Ⅳ . ① G632.0

中国版本图书馆 CIP 数据核字 (2022) 第 255277 号

培养幸福的人：幸福教育实践与探索

主　　编：汤晓春

责任编辑：王月佳

版式设计：张　悦

出版发行：北京燕山出版社有限公司

社　　址：北京市西城区椿树街道琉璃厂西街 20 号

电　　话：010-65240430（总编室）

印　　刷：廊坊市新景彩印制版有限公司

开　　本：710mm×1000mm 1/16

字　　数：230 千字

印　　张：23.25

版　　次：2023 年 5 月第 1 版

印　　次：2023 年 5 月第 1 次印刷

定　　价：58.00 元

编委会

序

————

为充分发挥区内优质教育资源的引领和辐射作用，促进基础教育优质均衡发展，根据中共中央办公厅、国务院办公厅《关于深化教育体制机制改革的意见》，重庆市教育委员会《关于进一步扩展基础教育优质资源的通知》等文件精神，2021年11月29日，区教委经研究，决定成立重庆市田家炳中学教育集团。根据重庆市九龙坡区教育委员会《关于印发田家炳中学与四十七中一体化办学实施方案的通知》（九龙坡教办〔2021〕29号）文件精神，重庆市田家炳中学（A区）为教育集团总校，四十七中（B区）为田家炳中学教育集团"一体化"办学成员学校。实行教育集团党组织领导的校长负责制。教育集团总校校长汤晓春任教育集团党委书记，B区设执行校长。

重庆市田家炳中学A区，位于重庆市九龙坡区谢家湾正街5号，比邻袁家岗，创办于1954年，原名重庆市第三十五中学。2000年，田家炳先生及其创办的香港田家炳基金会捐资建设学校，学校更名为重庆市田家炳中学，性质仍为国家公办学校。学校是重庆市重点中学、重庆市文明校园、重庆市绿色校园、重庆市心理健康特色学校、重庆市中学生生涯规划实验基地学校、重庆市九龙坡区体艺和科技特色学校。现有67个教学班，初高中在校学生共计3000余人，在编在岗教职工263人。

重庆市田家炳中学B区，原重庆四十七中，成立于1956年，位于九龙坡区中梁山田坝新村65号。2001年，根据区教委要求学校与环宇集团联合办学，更名为重庆环宇实验学校。2005年9月，学校退出与环宇集团联合办学，重回九龙坡区教委直接管理，复名重庆市四十七中学。2015年9月，根据区政府要求，学校保留高完中编制，暂停招收高一学生，只设初中教学班。学校现有教学班18个，学生1000余人，在编教师80名。

学校确立了"以幸福的教育培养幸福的人"的办学理念和"提高教育教学质量、提高学校知名度、提高师生幸福指数"的"三提高"发展理念，建构了幸福教育"136"体系："以幸福的教育培养幸福的人"的办学理念，围绕"益物、益人、益己"的办学目标，六个层面实施幸福教育（幸福校园、幸福文化、幸福教师、幸福学生、幸福课堂、幸福活动）。田家炳先生勤奋节俭，乐善好施，"自强不息、厚德载物""己立立人、达人达己"的拼搏精神和无私奉献精神与学校精神"仁爱为本，勤奋为基，创造幸福，润泽天下"相吻合。田家炳先生的精神本身就是一种教育的力量，因此我校提出了"厚德载物，育幸福之人；勤俭诚朴，传先生之德"的工作思路。该"幸福教育"特色被中央电视台、中央广播电视大学录制为"学校特色"发展课例在中央电视台科教频道、中央电大会议课程中播放解读。重庆电视台、《重庆日报》、重庆华龙网等重庆主流媒体和《中国商报》《中国教师报》等众多媒体对学校做了广泛宣传报道。

学校坚持"学校教育就是要'尊重人、解放人、为了人和塑造人'"的核心办学思想，强调"以人尤其是受教育对象的全面发展为根本，使学校从传授知识教育走向发展性教育"；教师的持续发展以专业发展为基础，学校的持续发展以质量为核心，学生持续发展以能力为重点。学校以"发展目标汇集凝聚力，文化浸润提升执行力，队伍建设提供推动力，特色活动创造发展力"的发展策略，打造了具有田中特色的发展道路。学校校风正、学风浓，是全国德育先进实验学校、北京师范大学公民与道德教育研究中心基地学校、重庆市联招学校、重庆市特色教育实验学校。学校办学业绩突出，2011—2020年9次获得九龙坡区教育教学特等奖，2005—2020年16次获得教育教学督导目标考核一等奖，2015—2019年连续四年获得区教育系统"好班子"荣誉称号。学校还获得第八届九龙坡区青少年科技创新区长奖。学校先后培养了包括中科院院士李安民，著名书法家屈趁斯，著名作家莫怀戚、黄越勋，国家桥梁专家钟昭贵，经济学家郭元晞，著名歌唱家张礼慧、张礼仁等在内的一大批优秀人才。近年来，学校培养出一大批优秀学子，考上清华、南开等全国知名院校。

作为重庆市九龙坡区体育特色学校，田中曾培养出在国际象棋比赛中多次获奖、荣获"国家运动健将"称号的聂心洋；打破重庆市青少年游泳锦标赛50米仰泳男子纪录的游泳健将张迅迪。学校排球队获重庆市青少年排球锦标赛初中男子组第一名，高中女子、男子组第三名。女子足球队连续五年获九龙坡区校园足球女子组冠军，男子篮球队蝉联九龙坡区中学生篮球锦标赛冠军。飞扬舞蹈队自2018年以来，多次获得全国排舞比赛团体特等奖。众多体艺特长生被清华大学、中央美术学院、北京音乐学院、北京体育大学等全国知名高校录取。

学校是重庆市心理健康教育特色学校，建有心理健康咨询中心，心理学研究生作为专职教师，全体班主任作为兼职教师，围绕"幸福教育"办学理念开展幸福课、团体辅导和个体咨询。学校是重庆市学生生涯规划实验基地校，2018年以来将学生生涯规划教育纳入常规课程体系，接轨新高考。

作为重庆市九龙坡区中小学科技教育特色学校，学校曾获九龙坡区中学生科技创新大赛培育奖。设有区级科技名师工作室，在市、区级科技竞赛中屡获殊荣。徐新豪同学曾获科技创新区长奖，区科技名师田正芬获指导奖，多名学生获得全国计算机邀请赛、重庆市青少年科技创新大赛等级奖。

当前，中国特色社会主义建设进入新时代，中国社会的主要矛盾和教育发展的主要矛盾已经发生了转变，相应地对学生、教师、学校发展的要求也悄悄发生着改变。为此，幸福教育在新时代面临新的机遇和挑战。新时代幸福教育思想如何传承与创新？幸福教育应该被赋予哪些时代内涵和特征？田中人敏锐地察觉了这些问题，潜心研究，不断求索，由汤晓春带领团队完成了《培养幸福的人——幸福教育实践与探索》一书。该书较为系统地论述了教育的终极目的是培养幸福的人、幸福教育理论概述、学校文化、师资建设、课程体系建设和教室、校园、社会、家庭四个幸福课堂模式的构建，以及幸福德育、幸福教研与科研。该书较好地体现了对传承与创新、理论与实践的兼顾，尤其是基于学校，为了学校，在学校中，大胆尝试幸福教育实践创新，形成幸福教育的育人模式，以及办学特色。尽管书中还有一些值得商榷的地方，但对一所中学而言，已属不易。

我相信《培养幸福的人——幸福教育实践与探索》一书对广大中小学校践行幸福教育思想具有积极的引领和借鉴价值，同时也为幸福教育专家提供一定的实践材料和史料。

特别说明，本书成果既是重庆市九龙坡区汤晓春名校长工作室全体学员的成果，同时也是重庆市田家炳中学教育集团全体教师的成果。

重庆市田家炳中学校长、重庆市九龙坡区汤晓春名校长工作室主持人汤晓春是一位有教育思想和教育情怀且非常务实、平和低调的校长，应他一再邀请略述几句，是为序。

重庆市九龙坡区委教育工委书记、区教委主任、

区政府教务督导室主任

王家仕

2019年5月3日

前言

——

《培养幸福的人——幸福教育实践与探索》是具有一定的学术和实践价值的一本教育专著。在这里我想讨论一下幸福观的问题。这既是一个首要问题，也是一个最基本的哲学问题。我曾经认真拜读了刘次林博士著的《幸福教育论》一书，谈谈体会，作为这本书的适当补充。

一、幸福的含义

什么是幸福？我认为，幸福是一种生活状态，一种人们对生活经验的主观感受，当然也是一种生活价值的评价。相对每个生活的个体来说，幸福是真切的。当你产生了一种舒适感、一种成就感、一种特别的快乐、一种称心如意的感觉，那就是幸福。英文把幸福叫"happy"，这个词最早源于希腊文，是"好生活"的意思。什么叫"好生活"？亚里士多德说，所谓好生活就是值得过并且过得称心如意的，有成就、有满足感的生活。每个人衡量一种称心如意的感受、一种满足、一种成就感的标准很可能是各不相同的。因此，幸福是一种主观感受。幸福的感受随欲望而变化。人们对幸福的感受与人们对幸福的追求和心理欲望是相辅相成的。德国哲学家叔本华说过，什么东西大都没有人的欲望大，天大地大没有人的欲望大。为什么呢？因为人的任何一种满足了的欲望立刻就会转化成新的更大欲望的动因。幸福是一种可以评价的状态。不过，从社会或人际的角度看，幸福是一种可以观察、可以评价的生活状态。有的人觉得自己过得很幸福，但在旁人看来就不一定。幸福可以从社会层面和人际层面相互比较，正是由于有这种人际比较，才有幸福感受和体验的不同；反过来我们也拥有对痛苦和不幸的感受体验，所以我们人类才会组成社会，以社会的方式生活，而不是一个人单独地生活。缘于此，我们整个社会可以对每个人的生活做出客观的评价，评判某个人幸福还是不幸。虽然幸福的感受是主观的，因人而异，但我们对幸福的评价必须有一个客观标准，我们必须清楚幸福是可以评价的。这个评价标准在什么地方？在于整个社会的生活状态，从基本的物质生活条件的改善到人们的福利待遇，比如说基本生活条件，衣食住行，有穿的、有吃的，这些是可以量化的；还有基本的福利，比如说医疗、教育，我们对这些基本的生活元素和我们对生活的直观或直接的经验感受，还是可以评价的。

二、幸福的特性

（一）幸福情感的主观感受性

幸福情感具有主观感受性。幸福总是基于感受主体的价值观和规范，而并非依靠别人的道德标准。在共产主义社会里，劳动将自由作为人的第一个需求，如果还以为逃离了劳动就是快乐的，显然是不合乎劳动者的主体感受的。在代际关系中，人们总是很容易以成人的标准，去判断孩子的幸福与不幸福。而成人也总是以自己的标准去施与孩子爱，以为孩子会因为爱而快乐，但实际的效果，却常常是孩子在成人的溺爱中窒息。在苦难教育中，人们却往往犯下了这个错，而痛苦教育也是有它的时代性的，例如上一辈人的痛苦，下一代人却可以当作快乐的游戏：上一辈人感觉捡煤渣是一种痛苦，但复习功课却是快乐的；而下一代人或许会发现只要不是被考试所累，宁愿去捡煤渣。每一代人都有自身的痛苦，如果想当然地妄自菲薄，以苦难的东西去折磨自己，并不见得真的能让自己感受到不幸。所以，幸福的主观因素也影响了我们幸福感的获得。

（二）幸福情感的分化性

幸福情感是分化的，对人性的确定有三个方法，因而人们对幸福的体验就有三种样式，这就是情感分化。

第一种是正面对人性的肯定，这也是人们普遍对幸福感的认识。

第二种是反面对人性的肯定。受到否定时，如果对主体有紧张、怨恨，或苦恼、愤恨等人格情感时，则可认为是从人性反面寻求对人格的积极的肯定，也表现了人有肯定自己的欲望并能推动人格的发展。如当长期处在静坐的"舒适"状态时，就会产生一种让自己在身体上"吃苦"的需求，于是就会"站""走""弯腰""踢腿""扭脖"等动起来。这些动作无疑会使人更"苦痛"一点儿，但就是在这些"苦痛"中人反而体会到了其他某种"愉快"的乐趣。针对社会上不公正的表现，虽然人们总是觉得十分愤怒，但这些愤怒情感却恰恰从反面做出了对人性的肯定。这些都说明，人们所感受的并非自身的不幸，反而感到"发气"是十分值得的，是对自己人格的升华。

第三种是对人的复杂肯定形态，形成的综合快乐感受。人由生理、心灵和伦理所组成，而它们之间虽然是整体协调的，但又有差别与矛盾。例如有一位学生因为家中出现了什么倒霉的事而觉得悲恸，而若是有许多同学在为他分担着悲恸，他却同时也是快乐的。因此，快乐不再是人们以往理解的快乐、开心。幸福感是当人受到肯定时的一个情感状况，其情感内容之间并无直接联系，它既可体现为喜悦、幸福、快乐，又可体现为紧张、哀恸、愤怒。这在心理学上就称为"痛快"，也就是"痛"并"快乐"着。还可以用大量事例，说明为"悲喜交集""苦乐兼有"心理状态。

由于幸福的情感内容是十分丰富多彩的，情感就必然分化，幸福感就会得到发展。所以假如仅仅以单纯的快乐感受，作为幸福的唯一内涵，幸福情感就不会分化，也就不会发展。

（三）幸福情感的统一性

人类心灵感受与伦理道德规范统一在幸福之中。"主观感受"

取决于个人能否有快乐，"伦理道德规范"则确定了个人的快乐能否正当。幸福感需要在社会的实践基础上，再给予伦理道德的价值限定，唯有在需要获得完全人性的指导之后，其满足程度才能是真正的幸福感。同样，也就是唯有形成行动符合主体感受的伦理道德价值，才是幸福的。所有因不由自主而使行动合乎伦理道德价值而无内心感受的，或被迫采取合乎伦理道德的行动因而不能形成主体感受的，均不能幸福。对于幸福应该"按其伦理道德的意义使用而不是按其心理的意义使用"。因此，对于幸福的心灵感受要有伦理道德准则去修饰，对于幸福的伦理道德准则也要有心灵感受去证明。而幸福感既是心灵的，又是伦理道德的。正因为是心灵的，幸福感才具备了个体存在的含义；正因为是伦理道德的，幸福感才需要教育，而过高或过低的心灵状态的伦理道德刺激，就会因为无法诱发人的内在心灵感受而失掉了其幸福的含义，这甚至也就成为人们生命中最不幸的另一个源头。

总而言之，"幸福"是集生理性、心灵性的感受于一身，集个性化与社会化的体验于一身。人的生理幸福、心灵幸福、道德幸福对生命的整体意义有着同样重要的地位，而且既可以相互区分、彼此联系，还可以互相转化。幸福产生于人们的生命的各个方面、各个阶段。幸福观念是全面性和差异性的统一，是质与量的统一。幸福是人类在受到社会肯定时的主观体验，既然社会对人类做出了更全面的规定，那么对于幸福的主观体验就必须接受社会客观伦理的规范。人性是人的先天素质和后天经验作用下的产物，对人性的肯定正是作为主体的人和作为客体的环境之间辩证统一的过程。而这种辩证作用的结果正是人对自我的不断超越，也正是人格能力的不断提高。

三、幸福与教育

幸福教育学的幸福是关于个人的，如果脱离了具体的个人，幸福教育学就几乎毫无意义。我们对不同年龄的个人给予了同样的重视，并认为他们都是完整意义上的个人。从前人们都以为孩子是"发展中的人"，也就是指"全面发展人"的发展，不仅指生理的、心理的，还有伦理道德的，因而是终身发展的。终身教育就是人在一切发展阶段都是"发展中"的人，人在所有发展阶段都是有"缺点"的，人一生就是不断克服"缺点"同时在实践中不断产生新"缺点"的过程。当人们接受和重视每个人的"缺点"，并进行"改正"时，就是相信他是一个完整人的发展。教育要让人社会化，同时要保证"人"的个性化发展。另外，我们对自身的不同阶段的情感体验给予同样的重视，相信这些才是快乐生命的主要内涵。如果生理、心理、伦理道德都是着眼于人的各个阶段中的情感感受，那么教育则要全面照顾人在各个不同发展阶段中的快乐体验。

值得一提的是，我们认为个人的幸福感标准是什么？人的幸福感是否与他的心理发展阶段相适应，最关键的是主体性是否反映在与孩子的成长要求相适应上。

四、教育更关注幸福的发展意义

首先，教育教学照顾与提升人的生命。

对人的生命给予全方位的照顾与提升，它不但要使学生在生理上获得快乐，还要适应学生的心灵需求，并观照其心灵幸福。不但要照顾学生在个性方面的需求，还要培养其社会性幸福情感。人们经常说，人的生理愿望的实现，必须被置于人心灵的理性的关怀之下才可能是快乐的，如果人们还记得人心灵的理性心理是一种发展过程，人们也就应当认为，所谓的幸福教育，并不是指用一个人的心灵理性去照顾另一个人的生理感受。一个孩子的生命体验能否归于幸福范围，只取决于孩子本身的心灵境界，以成人层次的心态来"观照"孩子的生命体验，后者便无法称之为幸福。同样，当我们说个人的健康需要得到社区的照顾时，这种"社区"也可以指与个人生活水平相适应的人际关系。幸福教育，如果坚持要以过高的社会标准去观照学生的个人体验，它就是往往将孩子的真正幸福感，看作是"低境界的"，这是不可以肯定的。幸福教育，应让人的生命与心灵、个人情感和社会性共同融合、转化与提高。幸福感则是相对的、主观的。而教育也因为有了这个能力，使得其对实现人的幸福感体验的提高，不仅负有重要责任，还具有优越性。

其次，教育教学中努力创生更"丰富"的快乐资源。

教师要有助于学生实现幸福的内外两个价值的转换，即将快乐的外在享受过程转变为学生的内部素养体系。所谓幸福教育，是在教育教学中努力创生更"丰富"的快乐资源。当然，尽管目前许多教育教学都没有做好这一步，提倡学生充分享受已有的各个方面的快乐资源，过着实实在在的幸福生活，但教师要从学生的快乐经历中，注意训练他努力创造快乐资源、准确对待快乐资源以及充分享受快乐资源的能力。如果我们只重视前者，那么学生虽然享受了不少快乐资源，但幸福感却仍停留于他们之外，而没有了教师，学生永远也找不到真正的快乐。学生的内在幸福素养并不是在享受快乐时就自觉形成的，而是必须经过有意识的培育。在内外两个方面都是协同生长、有机统一发展的。只有大量的快乐经历才能形成丰富的幸福素养，也只有利用丰富的幸福素养才能使学习者在哪怕缺乏教师支持的情形下，也能对已有的快乐经历进行最大限度的主动享受。

汤晓春

写于重庆市九龙坡区谢家湾正街5号

2022年5月1日

目录

第六章　157

幸福教育的教室课堂模式
——"探究－幸福"教学模式

第七章　208

幸福教育的校园课堂
——"体验－幸福"模式的构建与实践

第一章

教育的最终目的
是培养幸福的人

————

　　我们非常认同教育以幸福为终极目的的理论观点。学者刘次林著的《幸福教育论》一书中谈到教育以幸福为终极目的是研究得非常清楚的，也就是教育以人的生活为目的，人的生活以幸福为目的，教育以幸福为目的。一句话，教育的终极目的是培养幸福的人。现在分节阐述如下。

第一节　教育以人的生活为目的

一、人的生活

　　以人的生活为目的有三层含义：从人与自然的关系来看，要以人类的生活为目的，必然构建起自然生活。从人与社会的关系来看，要以人的生活为目的，必然构建起社会生活。从人与自我来看，要以个人的生活为目的，必然构建起自我生活。所以从人的生活与环境关系上看就有自然生活、社会生活、自我生活三类。因此，我们这里的生活是"大生活"，而不是指的日常生活。

关于人是目的是康德伦理学的一个重要命题，构成了整个伦理学系统的基础，是他的伦理学中最具进步性和现实性的成果之一。而马克思在著作中提出的是"人是目的与手段的统一"。马克思不仅提出，而且大大发展了"人是目的"的思想，认为人是根据自己本性的需要，来安排世界。因为只有人才懂得处处都把内在的尺度运用到对象上去。实际上，不管在认识世界的过程中，还是改造世界的过程中，人都是根据自己的尺度去活动的。在任何情况下，个人总是从自己出发，把自己的存在和发展作为目的。马克思把人看作社会历史发展的主体，并且指出，历史什么事情也没有做，人类创造的这一切、拥有的这一切，并为这一切奋斗的，不是历史，而是人本身。马恩著作中的原句是："历史什么事情也没有做，它'并不拥有任何无穷尽的丰富性'，它并'没有在任何战斗中作战'！创造这一切、拥有这一切并为这一切而斗争的，不是'历史'，而正是人，现实的、活生生的人。'历史'并不是把人当作达到自己目的的工具来利用的某种特殊的人格。历史不过是追求着自己目的的人的活动而已。"

欧洲文艺复兴时期，意大利伟大诗人但丁提出，人的幸福是最后的目的，每个人为了自己的目的而生存，他才是自由的。法国思想家米歇尔·德·蒙田认为人应回归"自我和研究自我"。这一思想在近代西方思潮中也是屡见不鲜的。在这一点上，美国著名教育家约翰·杜威的观点也是正确的。他认为，"社会的共同关系"的作用就在于使个人间达到相互合作和社会性。社会只是生活的必要手段，生活本身的质量才是生活的目的，但却不是为了服务于社会。恰恰相反，社会必须服务于生活，所以，伦理学关心的是有社会的生活，而不是有生活的社会。是社会为人而产生，不是人为社会而存在。一个人个性的存在，才是他的生命的真正的存在。

因此，在"教育要以人的生活为目的"这一命题中必然地包含了对每个人的个性的充分尊重。对人的个性的充分尊重就是要"成为一个人并尊敬他人为人"。尊重从来就是相互的。实际上，一个人若不能把自己当作目的，他就不是真正的人。同时，一个人若不能把自己当作手段，他又不能真正把自己当作目的。在人人"互敬"的关系中，任何人都是目的和手段的"统一体"。任何只想当目的不想当手段的人与任何只愿当手段不愿当目的的人一样，都是十分可怕的、不可救药的。从这里可以看出，以个人的生活为目的并不必然意味着对社会性生活的排斥。把人类的生活当目的，并不要求人类去超自然地生活。把个人生活当目的，也不是要求个人去超社会地生活。

人的生活是全面的。从人类的角度来说，生活，正如美国教育家杜威所言，乃是用来指明人类的全部种族经验。陶行知也有类似的生活观，他所讲的生活不是只限于满足人的生存需要的"衣食主义"，也不是只限于谋取职业的"生利主义"，而是"生活主义"的生活。生活主义包含万状，凡人生一切所需皆属之。他的

"生活"也是指人类的全部生活实践，既包括物质生活也包括精神生活，是"大生活"，也就是自然生活、社会生活、自我生活。

陶行知说："生活教育是生活所原有、生活所自营、生活所必需的教育。教育的根本意义是生活之变化。生活无时不变，即生活无时不含有教育的意义。"强调了生活和教育的不可分割性。教育就是教育学生适应生活，并且创造生活。所谓"学生"是什么？学生就是学会生活，"生"字的意义，是生活或是生存。学生所学的是人生之道，学的目的就是为了生，要很好地生活或生存就要学。教育源于生活，又要促进生活的发展，以生活为目的。所以，我们说，教育以生活为中心，基于生活而教，用生活而教，为了生活而教。

二、教育与生活分离的根源

历史唯物主义认为，教育是一种培养人的特殊社会活动。在人类社会早期，教育与生活是一体的，教育源于生活，生活本身就是教育，教育就在生活之中。无论是杜威还是陶行知生活教育理论，从培育学生核心素养出发，都强调"生活性"。主要表现在，全盘教育在集体生活的基础上，其意义有三：第一，集体生活是学生自我向社会发展的动力，是学生发展所必需。第二，集体生活可以培养学生的集体精神。第三，集体生活是使用学生力量集体创造合理的生活、进步的生活和丰富的生活，而这种丰富的、进步的、合理的新时代生活是在教室生活、校园生活、社区生活、家庭生活中滋养学生，促使学生成为兴趣广泛、素质全面、手脑双挥，具有高素质的"生活力""学习力""自治力""创造力"的"时代真人"。这种丰富、进步、合理的生活要保持和延续，必须具备两个条件：第一是个人生活、教室生活、校园生活、社区生活与世界，包括虚拟的世界，也包括宇宙的世界，以及人与自我的心理世界的沟通、发展相联系形成"一体化"教育；第二是在集体生活基础之上发展民主、张扬的个性。生活教育，首先是在集体生活的基础上，联系生活，贴近生活，在生活中创造生活。当代"未来教育家"杜东平老师的创新生活教育理论，也强调学校基于学生生活而存在，学校是学生的世界，也就是将学校扩大到家庭、宇宙、虚拟的世界，以及自我心理世界，也就是"大生活"。

但是，随着社会历史的演进，分工的精细化，教育变成了一种专门化、学校化、社会化的活动，教育效率大大提高，但也带来了一个致命的问题——教育与生活的分离。后来，又引发了学校与社会的分离、教育与教学的分离、教与学的分离等一系列教育问题。

古希腊的哲学家柏拉图的"洞穴之喻"启示我们，当人们逐渐适应脱离现实生活的教育方式，现实生活本身的价值和形态必将消解。让教育回归生活，不仅是对教育终极意义的思考与追求，更是对当下教育问题的回应与纠偏。杜威认为，所谓教育原则和教育方法，无非是在日常生活教育和学校教育之间寻找平衡点。教育既是目标，又是过程；既是任务，又是生活。然而在现实教育中，人们总是太在乎目标而忽视过程，总是太注重任务而忽视生活。教育的工具理性一再被放大，价值理性则逐渐淡化。教育回归生活世界，已经成为教育哲学的中心议题。陶行知先生倡导的"生活即教育、社会即学校""教学做合一"的教育理念，对我们理解和改造新时代的教育，依然具有很强的现实意义。

三、教育要回归生活

教育脱离生活，必将变成无源之水。马克思通常用感性活动、感性世界、感性实践等概念表达他对现实生活世界的关注。他指出，全部社会生活在本质上是实践的。无论思想或者语言都不能独自组成特殊的王国，它们只是现实生活的表现。我国一直把教育与生产劳动相结合作为教育方针的重要内容。近年来，对教育与生活关系的深刻认识，把劳动教育放到"培养什么人、怎样培养人、为谁培养人"的战略高度，明确了培养德智体美劳全面发展的社会主义建设者和接班人的根本任务，把"四育"提升为"五育"。劳动教育是最好的生活教育，是推进教育回归生活的有效途径。教育回归生活，就是要营造一个充满生活气息和生命特征的教育形态，让教育主体扎根生活，让教育内容观照生活，让教育方法贴近生活，让教育活动成为生活，以此改变学生的生存状态、改变教师的行为方式、改变学校的发展模式，最终实现教育世界与生活世界的有机统一。

教育回归生活，首先需要确认教育生活的独立价值。长期以来，人们更多地把教育当作职业发展的手段，当作获得"黄金屋""颜如玉"的敲门砖，教育被极度功利化和工具化。我们必须认识到，教育不仅仅是为了生活，教育本身就是一种生活，并且教育也源于生活。马克思指出，个人怎样表现自己的生活，他们自己就是怎样。一个孩子在近20年的学校生活中如何表现自己的生命，决定了他生命的本质，也将影响着他的一生。作为生活的教育，是要教给学生一生有用的东西，了解生活、热爱生活、学会生活本身就是学生最应该接受的教育。一个不懂生活、不爱生活、不会生活的学生，也不可能理解学习的目的和意义。学生的学习生活是人生不可或缺的生命历程，教育主管部门和各级各类学校必须尊重教育生活的独立价值，把提高教育生活的质量作为办学的重要使命，让学生成为教育生活真正的主人，并在学习、实践、体验、交往、成长中获得幸福完整的教育生活。

主体自觉是教育回归生活的条件。教育主体就是参与教学活动的师生。参与教育活动的人不会自动获得主体地位，学生是不是教育的主体，关键看其主体性是否发挥，即在教学活动中是否表现出"生活性、选择性、自主性、能动性和创造性"。这些只有通过不断唤醒和激发学生自觉的主体意识，才能逐步实现。主体地位是很难通过施舍或者给予就实现的，教育主体必须依靠参与教育活动的学生自身从被动到主动、从自发到自觉的意识转变，最终成长为教育生活的主人。作为生活的教育，也就是生活即教育，教育即生活，以及教育即生活的改造，其本质都强调生活与教育的联系，其中本质就是学生在生活中学习，在生活中创造，从而激发学生的主体意识和主体精神，帮助学生在生活中不断丰富文化素养，提升反思精神，强化主体意识，形成主体人格，最终成长为一个有独立思考、有批判精神、有责任担当，学会生存，学会生活，珍爱生命的合格社会公民。

　　主体交往是教育回归生活的方式。师生在教育活动中，建立了"教师—教学活动—学生"的教学交往关系。教学活动是师生共同建构经验和知识的"客体"，师生是教学活动同时塑造的实践"主体"，他们之间形成了"主—客—主"的主体交往结构。教育主体之间围绕教学活动形成的交往关系就是教育共同体。主体交往的对象、内容、方式、品质决定了共同体的水平，共同体的水平反过来又影响了主体发展的质量。交往关系越紧密、层次越高，主体的发展机会就越多。师生通过共读、共写、共学、共思等精神交往活动，实现共建、共享、共生活、共成长，形成了充满生命力量和人文精神的教育生活"场"。教育主体正是在这种高水平的交往和高质量的教育"场"中获得更好的发展和成长，最终获得幸福完整的教育生活。教育生活还具有巨大的连接和拓展功能，让学生与学生、学生与教师、教师与家长、家庭与学校、学校与社会连接起来，形成更多教育共同体，构筑起更丰富的教育生活世界。

　　主体实践是教育回归生活的途径。学校、家庭、社会甚至网络，都是教育生活的场域，都是主体交往的空间。教育回归生活，既要关注教育生活的独立价值，也要观照教育生活与家庭生活、社会生活的融通。实践是教育的源头，生活是教育的归宿。我们要牢牢坚持教育与社会实践相结合、与生产劳动相结合的教育方针，让教育主体在丰富的社会实践中体验生活、获得成长。作为生活的教育，必须打开教室的窗户，让学生聆听窗外的声音，关注外面的世界。教师在授课时要关注时代热点，贴近社会现实，把握学生思想实际，从回应现实热点、解决实际问题入手，让课堂充满生活的气息，不断增强教育的针对性和实效性。学校要积极组织学生到广阔的社会实践中深化对理论和知识的理解运用，把握学习的目的和意义，让学生在生动的社会实践中增见识、受教育、长才干、做贡献。

当代教育必须充分体现生活教育原则。教育教学的生活性，也就是教育要以生活为中心，教育源于生活，又促进生活的发展。即是说，教育要从生活出发，为了生活而教育，在生活中进行教育，给生活以教育。它有如下三层含义：第一，教育的目的、内容、原则、方法都为生活所决定。教育为"生活所原有"，教育的目的就是"生活所必需"，不能为教育而办教育。所以，我们强调教育要以生活为中心，而不是以文字、书本为中心。第二，"到处是生活，到处是教育"。生活到处有教育，而不只限于学校。校园生活、家庭生活、社会生活都是教育。生活的普遍性决定了教育的普遍性。第三，生活起了变化，教育也要起变化；生活是不断前进的，教育也要不断前进。我们研究认为，生活教育不是消极地适应社会生活，而是要引导人们为生活"向前向上"教育，是使人们去追求"高尚的生活，完全的生活"。生活教育的"学生"的含义："生"字的意义，是生活或生存。学生所学的是人生之道，学的目的就是为了生，要很好地生活或生存就要学。

四、当代教育要培养生活能力

我们研究发现，陶行知91年前就提出培养"生活力"的主张，尤其是五大"核心生活力"。

1931年8月，陶行知在《教学做合一下之教科书》一文中详细列出了70种生活力，包括防备霍乱、防备伤寒、防备天花、防备感冒、防备肺痨、防备梅毒、打篮球、踢球、选择食物、选择衣料、种菜、种麦、种树、养蚕、养鸡、养鱼、养鸟、纺纱、织布、扫地、调换新鲜空气、用水风车、制造抽气唧筒、制造气压表、用空气压力钻钢、用氮气做肥料、用太阳光烧饭、用太阳光杀菌、用太阳光照相、用水推磨、用水发电、用水化铁、用磁石发电、造罗盘、用电池举钢铁、用煤黑油取原料、造汽车、造蒸汽机、用电发光、用电推车、用电谈话、用电相见、用泥造瓷器、造屋、造桥、造船、造纸、造飞机、用显微镜看细菌、用望远镜看天象、编剧、演戏、布景、唱歌、画水彩画、画油画、写诗文、雕刻、弹琴、说话、恋爱、治家、生育、限制教育、团体自治、掌民权、师生创校、创造富的社会、人类互助、创造五生世界。五生世界即少生、好生、贵生、厚生、共生之世界。对应70种生活力，就要编写70种教学做指导。陶行知把70种生活力归为五类，即健康生活类、劳动生活类、科学生活类、艺术生活类和社会改造生活类。这样的生活力内涵体系，把具有层次性、时代性、多样性、共性和个性等纷繁众多的生活力统一到健康的体魄、劳动的身手、科学的头脑、艺术的兴味和改造社会的精神五个方面，即核心生活力五要素。近年来，《中国学生发展核心素养》要把六大素养、18个基本要点落实到中小学每一学科教学中和常规的教育中，是一项艰巨的任务。

第二节　人的生活以幸福为目的

一、趋乐避苦

趋乐避苦是人对环境的基本适应性的特征。一切生物体都只希望对它有益、有利、有好处，只希望获得福利，并不是祸害，只希望保存它的生命和促进它的生命的延续，而不是限制和破坏它的生命，确保物种代代传递，确保生命永放光芒。

只希望不与感觉相抵触，而是希望与感觉相适应。人也是一样，他只希望肯定自己，不希望消灭自己。趋乐避苦是一切生物体的适应性特征，当然也是人的基本适应性特征。当我们说人的一切活动都与他的"需要"有关，也就是说人的一切活动都与他的"苦乐"感受有关。所以，如果说人生无非是为了满足各种需要，并躲避痛苦，那么人生的目的，无非就是对"幸福"的追求，对"不幸"的躲避。

二、幸福人生

趋乐的人生与避苦的人生都是幸福人生。不同的人出于对生活的不同理解，采取了或是趋乐或是避苦的人生态度。费尔巴哈（L.Feuerbach, 1804—1872）首先认为"生命本身就是幸福"，失去了生命，也就失去了一切幸福，没有幸福也就意味着失去了生命。因此，要得到幸福，必须有肉体的感觉系统。生命的或身体的一切肢体和器官，至少一切必需的、不是多余的和不是无益的器官都是"幸福的器官"。没有感官，既不会有苦，也不会有乐。

脱离人的肉体及其感官来谈幸福，只能是妄谈。这样，费尔巴哈所谓的生命的存在和维持生命延续的"生活"，是得到幸福的根本条件。于是费尔巴哈又进而提出"一切属于生活的东西都属于幸福"。人的现实生活有着各种内容，但一切都是为追求"幸福"而出现的。

在生活中人的任何一种追求，也都是对幸福的追求。第一，人对物质生活的追求是"为了幸福"。第二，生活中人们对于信念的追求，也是为了"追求幸福"。第三，强调人的爱情也是"为了幸福"。第四，道德生活也是"以幸福为目的"。总之，费尔巴哈相信，生活的方方面面都是以"追求幸福为目的"的。

避苦的态度同样是把幸福作为生活的目的。今生的苦难就是为了来世的幸福，它把今生幸福当成了生活的目的。造成幸福人生与痛苦人生相对立的另一个原因是，几乎任何一件客观事情都会同时带来快乐和痛苦。许多学者认为，快乐不仅有量上的差异，更有质上的高低。因此，在品质上，精神快乐比物质快乐更高尚。

三、苦乐计较与幸福能力

对苦乐计较的本质实际上是对苦乐的"权衡"和"选择"，对人生的幸福来说是具有重要意义的。

为什么呢？第一，对苦乐计较，使局限于当时当地的狭隘的快乐主义，发展为更具有理性色彩的幸福的追求。例如，对苦乐计较的"权衡"和"选择"表现在个人的快乐虽然不在眼前，但是理性地知道，有更多数量、更高质量的快乐，可以忍受眼前之"苦"。第二，对苦乐计较的"权衡"和"选择"表现在使用局限于个人的快乐追求发展为兼顾众多人快乐的、具有德行色彩的理想追求，它使个人为了更多人的更多幸福勇于牺牲个人的幸福。在这种德行色彩的理想追求之下，个人也便是幸福的。例如无产阶级革命家、革命烈士夏明翰28岁被敌人逮捕，被杀。他写下了就义诗：砍头不要紧，只要主义真。杀了夏明翰，还有后来人。这就是在德行色彩的理想追求之下，也就是为了追求共产主义理想，敢于牺牲，个人也便是幸福的。

很多人只看到了眼前快乐与长远快乐、个人快乐与集体快乐的区别和对立，看不到它们之间的联系和统一，不懂得人可以超越的快乐和个人快乐。在这"两乐"相比较的"权衡"和"选择"中，我们取其大，这样"小乐"相应地变成了苦。在"两苦"相比较时，我们取其小，这样小苦就变成了乐。

人和动物都以趋乐避苦为生活原则，但在人身上，其实际内容却要丰富得多、复杂得多。人的理性和德行可以使其"乐"与全面的人性相符。因而，也与"幸福"同义。由于人的趋乐避苦不仅有本能，更有理性和德行。

因此，生活得幸福对人来说便是一种能力。它需要后天教育的培养。教育，从根本意义上来说，就是培养人的生活能力。换言之，就是培养人的幸福能力。要达到此目的，教育过程本身也应该是幸福的。教育之幸福不是外借于它，而是教育本身的应有之义。因此，提出"幸福的教育"，这不是对教育提出过分的奢求，而只是还教育以本来面目。

第三节　教育以培养幸福的人为终极目的

一、教育以培养幸福的人为目的是教育的客观存在

教育培养幸福的人，也就是让我们在教育教学中培养人的"快乐"。这就是教育的最终目的。

古代希伯来的教育教学就是"促使年青一代同老一代人的观念"一致，并把这一思想，认作是通向社会快乐的大道。

古希腊教育理想就是培养好的公民，而好的公民使他的一切才能都得以和谐发展。

中世纪的亚里士多德指出，教学的目的（end of education），亦即生命自身的目的，是透过培育品德和理智品德来获取快乐。

18世纪法国教育家卢梭也指出，教育的目的就是培养独立自主的、能够追求平等自由、能够自食其力的"自然人"。也就是养成现时的享乐。

19世纪后期英国著名教育家斯宾塞认为教育的目的就是"为未来完美生活做准备"，就是想对人实行"完满生活"的教导，让人体验真实的快乐。

20世纪奥地利心理学家阿尔弗雷德·阿德勒认为，教育的目的是让孩子学会更好地合作。在此基础上提出了现代教育思想："我们要教育孩子自立并为他人着想。"也宣称"透过品德和理智品德的探索，去寻求快乐是教育教学的首要目的"。

不同时期的心理学家、教育学家都强调教育的目的是教育培

养幸福的人，教育的属性之一就是快乐。教育以培养幸福的人为目的，这是不以人的意志为转移的客观存在，也就是说幸福是教育的客观存在。

二、教育以培养幸福的人为目的是教育应有的追求

教育的幸福目的是教育其他目的的终极目的。教育目的是一个复杂的多维度、多层次系统。如教育有认知上的、情感上的、意动上的近期目标，也有牵涉到社会政治经济、文化发展的长期目标。教育可能是为了升学、有较高的经济收入、提高社会地位等功利性的目的，也可能是为了身心的全面发展、精神世界的陶冶、生活情趣的丰富等非功利性的目的。但不管是什么目的，只有把它置于"人的幸福的观照中"，它才是有意义的。从幸福教育本身来说，我们并不排斥这种复杂的目的系统；相反，人的幸福正是由这些小的具体的目的筑构起来的。没有了这些"世俗"个人的目的，人的幸福只能是虚无缥缈的空中楼阁。一个人在认知、情感、意动上不能得到发展，他是谈不上幸福的。他若不能因受了教育而更好地参与社会的政治、经济、文化各项活动，他也无法幸福。毕竟教育若能让孩子顺利升学，找个适合自己的岗位，获得满意的经济收入，提高他的社会地位，它就正是为孩子创造了美满的幸福生活。获得社会生存本领是一个人幸福生活的必要内容，而身心全面和谐发展本身就是一种幸福的体验。幸福必须是"世俗生活"的，拒斥这些世俗内容，而自命清高的幸福，既是虚假的，也是我们所不愿意接受的。但"世俗生活"的目标也必须是幸福的，忘掉了幸福的终极意义，陷于这些目标体系之中的教育，也是我们要反对的。没有幸福为它们做出价值定位，我们可能要走向初衷目的的反面：在追求幸福的同时便在丧失幸福。中国之所以重新提倡教育与生产劳动相结合，扩展与生产劳动密切相关的教育内容，也是因为从前的教育忽视了教育的生产价值，与现代化建设不相适应，影响了人的幸福。当前对教育人文价值的张扬则显得更为全面一些，它不只是要求理工科的学生增加了解文史哲的教育内容，也要求学文史哲的学生增加了解科学精神，这样做的目的无非是要培养全面的、真正的人，只有全面的人才会享受人的幸福。牢牢地扣住教育的幸福目的，才能把人当人培养。

三、个人本位论与社会本位论对培养幸福的人的影响

一方面，教育目的的个人本位论是指，相信个人的价值高于社会的价值，教育的目的在于满足个人的发展需要，使个人在自身完善中获得幸福而成为幸福的人。"个人本位论"强调，个人的幸福比社会的幸福更重要。另一方面，教育目的的社会本位论强调的是社会的福利和价值，也是社会幸福的真正内容，社会本身并无幸福，只有个人才有社会发展的需要，为社会服务才是教育的真正目的。

教育目的的"社会本位论"盛行于19世纪下半叶，资本主义制度已经确立，资本主义社会日益繁荣，作为一种进步的社会制度，人们当然倾向于去肯定它，服务于它。在教育上提出社会本位论，就是因为社会发展给了他们一种信念，并愿意为它的稳定、巩固、繁荣提供教育上的保证。在进步的社会里，社会的发展与

个人的幸福总体上是一致的。

这里要说明，如果把社会本位论凌驾于社会与历史之上去理解，它便容易走向不利于人的发展的方向，会走向极端，导致个人不幸福。同样，个人本位论也是这样的，它的产生是反抗不良社会的产物。从历史上看，它盛行于18世纪至19世纪中叶，像卢梭的个人本位论，其批判的矛头直接指向封建教育。当社会处于没落时期，它往往是"反个人本位"的，所以人们只有通过颂扬个人的价值去反对压制人性的社会。从这个意义上来说，"进步思想家肯定个人价值，贬斥社会价值是必然的，也是合理的"。但就算是像卢梭这种激进思想的人，也并不是无条件地否定社会对个人幸福的作用，他只是在用一种理想的社会来反对当时罪恶的社会。因此，如果无视卢梭的特定历史特征，无条件地将个人本位论予以推广，最终也会导致个人幸福的丧失。

教育只有在以培养幸福的人为终极目的，也就是所谓"个人本位论"和"社会本位论"得以统一的价值标准情况下，人才会真正地产生幸福感。

第二章

幸福教育的理论概述

————

　　我们应高度重视幸福教育。幸福也是一种需要后天培养的能力。教育，从其目的意义上来说，就是培养人的生活能力、幸福能力；就其过程来说，它本身就应该是一种生活、一种幸福。虽然我们不能说，我们的教育都偏离了它的轨道，但不能否定的是在我们今天的教育中，这种背离生活、背离幸福的教育现象是大量存在的。这些教育在一定程度上异化了教育的本质，忘记了教育的使命。它们非但没有提高学生的生活能力和幸福能力，反而是在"鼓励"学生远离幸福，如果我们仍不能从此警醒过来，我们就要犯下历史性的错误。

　　幸福教育要回归人自身的情感上。人归根结底是有情感的动物，只是人的情感与其他动物的情感（绪）不完全相同而已。教育的目的应该定位在人的情感上。幸福教育就是要将教育的目的回归人自身的情感上，使教育造福于人。所谓幸福教育，就是以人的幸福情感为目的的教育，它要培养能够创造幸福、享用幸福的人。

本章我们根据学者刘次林《幸福教育论》的观点，主要讨论幸福教育内容的建构，以及幸福教育的起点在全面的人性的基础上的依据，并建构知情合一的智育、身心合一的体育、自我扩展的德育，以及探讨具有幸福能力的人、幸福教育的教师和学生、幸福教育理论建构的意义。现分节论述如下。

第一节　幸福教育内容的建构

幸福教育内容应建构在全面的人性上，学生在接受幸福教育内容的学习时，应该将幸福转化为自身的内在素质。

一、幸福教育内容应建构在全面的人性上

教育是针对人的，是对人性的建构。我们知道，全面的人性具有生理与心理的统一、个性与社会性的统一，对人的心理来说是认知与情感的统一，人性的结构与教育的结构的关系可以用表2-1表示。

表 2-1 人性的结构与教育的结构的关系

教育	人性		
德育	个性	社会性	
体育	心理		身体
智育	情感	认知	—

　　传统上把教育的内容分成德育、体育、智育等，我们基本表示认同，只是由于传统的"智育"偏重于人的认知方面，强调知识学习，以及呈现学习结果的考试分数，忽视了人的情感方面的培养，属于"片面"的智育。我们这里的智育，大力主张认知与情感的统一，也就是在认知中伴有情感的产生或融有情感，同时带着愉快情感去认知，也就是认知与情感"合一"。这样，我们在建构和分析幸福教育的过程时，从表2-1可以看出，从德育、体育、智育三个维度，以及人的个性和社会性、人的身体和心理、人的认知与情感三个层次进行，也就构建起认知和情感统一的智育，构建起身体和心理合一的体育，构建起自我扩展的德育。当然，从表2-1还可以看出，全面的人性要求这三个维度、三个层次的教育也应该是统一于人的有机整体中。

　　在认知与情感的内在统一上，认知是对情感的超越；在身体与心理的内在统一上，心理是对生理的超越；在个性与社会性的内在统一（自我扩展）上，社会性是对个体性的超越。简单地说，这些统一是"内在统一""超越性统一"，这就导致幸福是人的一种主观感受。

　　那么，在幸福的教育建构中为什么没有"美育"呢？在实践中，我们认为美育就其实质来讲，是按照美的规律来实施幸福教育论，是教育的一种境界。在幸福的教育中，美育就是前面讲的"内在统一""超越性统一"时的那种境界美，就是自我在智育、体育和德育中获得扩展、实现超越时的感受。所以，如果你的教育是幸福的，那么，你的教育也就达到了美的境界，完成了美育的任务。

值得一提的是，有关教育内容曾经有过热烈的讨论，有传统的德智体"三育"说，有德智体美"四育"说，有德智体美劳"五育"说，还有更多其他的说法。我们认为"三育"说是可取的，"三育"说不仅历史由来久远，也在我国政府的教育法、义务教育法等有关文件中得到了肯定。关于劳动教育和综合实践也非常重要，在后面章节中论述，这里不再叙述。

二、幸福应转化为学生的内在素质

德智体美劳"五育"说中对学生的培养，也就是以人的幸福情感为目的的教育，它要培养能发现幸福、创造幸福、享受幸福的人。

幸福是人的一种高级情感。它受到人的幸福观的影响，其中需要理性与德行的参与。但高水平的情感不是遗传下来的，而是对每个儿童加以培养的结果。幸福的情感反应固然要以人的低级情感的因果反应为基础，但它是一种超越形态。因果反应表明了人在情感上的能动性，而幸福情感是以目的性为主导的，它表明人的能动性和自由精神。

对"幸福教育"的正确理解。对"幸福教育"这个概念可能产生两种理解：一是把幸福作为一种有待教、有待学的情感内容，这样"幸福教育"就是"教幸福、学幸福"；二是把幸福当作教育过程中师生双方的情感体验，把教育当作一件幸福的事情来做，这样"幸福教育"就是"幸福地教、幸福地学"。这两种理解都是可以成立的。但是，把幸福作为教育的内容，是一种较为肤浅、更加危险的理解，它有可能容许以不幸的方式进行"幸福"的教学工作，很容易使"幸福的内容"蜕变为学生的沉重负担；把幸福作为教育过程的根本性情感性质，使幸福与教育在本质上统一起来，则是更为深刻、可靠的理解。当然，只有把这两方面结合起来，在幸福的感受中进行幸福观的教育，"幸福教育"才能取得完整的意义。幸福教育是为"人"的幸福，教育不是与教师或学生某一方有关。它是师生双方的实践，所以没有教师"幸福地教"，也就无法真正给学生"教幸福"。这里特别要说明，幸福既是教育的最终目的，也要贯穿于整个教育过程，目的与过程总是内在统一的。我们无法想象不幸的过程会推演出幸福的结果。

教师的幸福感以及幸福能力一定比学生强。在教育过程中，学生的幸福主要是由教师"操纵"的，教师在这方面具有主导性。教师如果在创造幸福、感受幸福上没有学生强，教育就没有必要存在。教育的幸福无疑要通过师生双方共同创造和享用，但这并不意味着师生在幸福能力上就是平等的。现在有一种倾向是把教育中的"对话"成分无限地扩大，认为师生间的"对话"就是教育的根本特征。教育无疑包含了师生对话，但这不是教育的根本特征，师生在人格上是平等的，但在能力上却是不平等的，如果没有这种不平等，教育就没有必要存在了。

教育就是为了不需要教育，这在幸福教育就表现为对幸福能力的重视。幸福能力表现为幸福的发现能力、幸福的创造能力和幸福的享用能力。一般而言，教师的幸福能力要比学生的幸福能力强。教育以承认这种差异为前提，以改变这种差异为任务。教育无非就是要把教师这种相对较强的幸福能力转移到学生身上，变成学生的一种内在素质。也只有当这种能力变成了学生的内在素质，他的幸福才是自由的和终身的，教育也才是成功的。幸福能力是沟通教育中的幸福与教育外的幸福的桥梁，是传达教育意义、联系教育与生活的纽带。

第二节　建构知情合一的智育

前面一节讨论了幸福教育内容，也就是德、智、体等，应建构在全面的人性上，以及幸福如何转化为学生的内在素质。本节根据学者刘次林在《幸福教育论》中的观点，我们开始讨论智育中情感的地位和演变，以及智育的幸福。现在分述如下。

一、智育中情感的地位和演变

（一）智育中情感的地位

把情感提到与认知并列的地位，对情感来说，非但不为过，反而仍嫌不足。认知的目的不是停留在知道"知识"是什么，而是要将这种知识内化到人自身的情感体系和个性之中，只有成为人自身的价值、态度、信念的"知识"才能达到"安顿"自身情感的目的，也才是人的真正知识。一切停留在人的情感、个性之外的知识，对人来说只是"假知识"。从这个意义上来说，情感就成了教育的更根本的目的。关注人的情感发展是教育中的一个本源性、根基性的问题。因为只有情感才是真正属于个体的，它是内在的、独特的，是人类真实意向的表达。从这个意义上说，人的本质正是其情感的质量及其表达。我们确信一个人对某种价值认同、遵循，乃至于形成人格，虽然需要以一定的认知为条件，但根本上是一个人情感变化、发展，包括内在情感品质与外在情感能力提升和增长的过程。

（二）智育中情感的演变

人的情感的演变。在大脑皮层之中，我们的本能、情感和思维是整合在一起的。认知源于情、超于情、导引情，又归于情。认知是情感为了更好地实现自己目的的一种保证，认知可以对众多的情感力量以系统的协调，以一种相互照应的方式做出反应。由于认知超越于个别的情感，故能引导个别的情感；但是认知又只有将自己融入人的情感领域，才能成为人的个性力量，发挥这些作用。认知在作用于情感的时候，既是情感认知化，也是个性认知化。认知在超越情感的同时，也实现了对自身的超越，其结果是形成了知情统一的认知化情感。认知化情感具有这样的特征：第一，它是延长了的情感反应；第二，它是拓宽了的情感反应；第三，它是定向了的情感反应；第四，它是转化了的情感反应。如气愤可以用工作的方式表达，许多原始冲动可以用文学、艺术的形式发泄。在认知超越情感的过程中必然会产生"知、情"之间的冲突。调节这种冲突，使"知、情"之间保持一种健康的张力，正是意志所要做的事情。任何进步都是矛盾的产物。没有"知、情"的冲突，就没有"知、情"的区别，也没有"知、情"的统一和超越。

无疑，"知、情"的统一是一个过程。这个过程实际上就是

"知、情"不断统一的幸福过程。人在与世界的交往中总是不断地将"知"内化到自己的情感领域，使之成为主体，不断得到丰富和提升。人然后又用这个丰富和提升了的本质力量去面临新的"知"和"情"。新知的出现造成"知情"的对立，新知的内化造成"知情"的统一。如此反复以至无穷。这样，人的"知"的世界不断地内化为"情"的世界，人的情感具有越来越多的普遍性和超越性，它能适应更大的世界，并与之能够形成更可靠的"平衡"，因而体验到更多的幸福。

二、智育的幸福

（一）情感教育与认知教育的关系

情感教育与认知教育是内在相通的，教育无非就是情感的认知化或认知的情感化。情感教育的真正目的却在于使情感理智化、让情感与认知内在地统一起来，情感的发展本身要求认知的参与。生活经验告诉人们，自己的情感有时不能当场发泄，有时不能直接发泄，有时不能随便发泄。如果说情感的表达是为了通过形成人与环境的平衡而求得更好的生存状态，那么只有将原初的情感提升到"有知识的情感"，人的生存状态才能得到更好的保证。人的社会化其实就是人的情感的社会化。正如古希腊教育家亚里士多德所说，任何人都可能发火，这不难。但要做到为了正当的目的，以适宜的方式，对适当的对象，适时适度地发火，这可不易。情感表达之不易正是源于人的情感内在的要求，在比较、判断、评价中而不是在本能随意中做出反应。"知"对"情"的引导，从局部的、眼前的角度来看，是对情的"抑"，但从更全面、更长远的角度来看，是对情的"扬"。知与情的这种"抑""扬"关系是学生产生幸福感的原因。但只有"知"是发自"情"的内在需求时，学生的幸福感才有可能产生。

（二）学生幸福感的产生

认知教育要让学生产生幸福感，就要解决新的知识与学生原有价值体系的统一问题。这个价值体系在德国著名心理学家赫尔巴特那里叫作统觉团。所谓统觉团，是指一个观念的统觉不仅使这个观念成为意识的，且使它被意识观念的整体同化。在瑞士儿童心理学家皮亚杰那里叫作图式。所谓图式是指人脑中已经有的知识经验的网络，也表示特定的概念、事物或事件的认知结构，既是一种思维模式，也是一种可以重复的行为模式。两位心理学家都坚信，最初的统觉团或图式，除了遗传赋予它固有的感受性之外，主要是后天不断重构和变换。赫尔巴特认为，新的观念只有当它们同已在统觉团里的观念发生联系时才能学到。所以教师安排的学习内容应该与学生的已有统觉团相联系，才有亲和力，这样学生才会有兴趣去学。"新知"内化到"统觉团"内就叫作心理化或统觉化。赫尔巴特认为，统觉团是由许多种类的观念共同构成，人总是根据占优势地位的观念做反应，优势观念决定了学生的兴趣方向。皮亚杰从他的图式理论出发，认为"学习从属于主体的发展水平"，建议教师不要"过早地给儿童一些他自己日后能够发现的东西"，否则，学生不会对它有真正的理解，也不会使它有真正的创造。由于图式的存在，个体总是对外在的刺激吸收与图式相适应的部分，排除不能被图式整合的那些部分。

人对新知的同化程度是受人已有图式制约的，一切刺激只有被结构所理解，才能被同化。所谓同化，指个人在学习的时候对输入信息的过滤或者改变的过程。当人们获得新概念，首先要理解这个概念，获得一个新的信息的时候，首先要放在原来图式内，使其进入原来图式之内，使其成为原来图式的一部分，以丰富自身的图式。例如一个人本来会蛙泳，这是他掌握的关于游泳的行为图式，后来他又学会了自由泳，丰富了自己的泳姿，使原有的图式扩大了。

人体也总是根据对知识的认识程度去顺应。所谓顺应，是因为外部环境发生了变化，这个时候已经无法使用同化，那么需要新的方式来适应环境，即个人的认知结构因外部环境的改变而发生改变。顺应包括改造旧图式和适应新图式。例如一个小孩每天坐公交车上学，因为他家离校只有三站路，学生刷公交卡又可以免费乘车，所以很方便，不会有迟到的问题。这一天下起了大雪，雪天路滑有交通事故，堵了很多车，于是就迟到了。到了学校他发现走路去上学的同学都没有迟到，于是他就知道了，下大雪最好不要坐公交车，走路是最好的选择，这是他的认知结构顺应外部环境的体现。人体的种种顺应也只限于为保存相应的同化结构的需要所确定的某些范围之内，对刺激的感受性与对刺激的反应性是相关发展的。人的兴趣就在于人对知识之间同化与顺应在动态平衡中得以实现。实际上，人的生命与人的价值体系都是在这种动态平衡中扩展自身、超越自身的。例如小孩坐公交车本来是个平衡的状态，但是下大雪坐不了公交车，于是就产生了不平衡状态，知道了下雪天走路比坐车更快，这就又恢复到了平衡状态，不过这是一种新的平衡状态。

（三）意志、努力与负担

意志发生于"知""情"之间，其作用就是在"知""情"之间保持一种必要的张力。"知""情"永远地交融在一起。"知""情"的统一既不表现为"知""情"的顺从，也不表现在"知"对"情"的克服上，而是表现在"知"对"情"的超越上。只有内在的统一才是真正的、彻底的、自由意志的统一。

努力也是理智与情感的共同产物，努力是情感不断超越自身的过程中，情感理智化的过程中的一部分。当然，这些冲突、障碍和困难是情感发展中内在出现的，而不是从外面随意偶然赋予的。努力与人的生长方向相一致。内在的努力是在增加认知的深度和广度基础上进行的，使情感的盲目反应转变为有意识的、自由选择的反应。内在的努力是自我实现，是内在力量的自我肯定，所以努力是人的一种自由精神。

"知""情"统一的教育并不认为教育是一件没有负担的轻易活动。合理的负担源于学生在不断超越自我的过程中所必然要遇到的困难，克服这些困难就意味着情感上的成熟和人性上的成长。个性化了的知识学得越多，学生主体的力量越强，内化新知的能力也越强，所以负担就越轻。情感越能认知化，学生就越能与环境取得和谐自由，他就越健康、越幸福。

这里要强调，所谓情感认知化就是我们对待世界、对待自己所表达的程度。就像人对亲人的情感的认知，就是除了血缘关系还有抚养等直接关系，但还有一层情感就是对亲人的爱，而每个人对这个爱的理解是不一样的。这就说明每个人的情感认知也是独特的。

第三节　建构身心合一的体育

上一节讨论了建构知情合一的智育，本节根据学者刘次林在《幸福教育论》中的观点，主要讨论建构身心合一的体育。

1978年，联合国教科文组织颁布的《体育运动国际宪章》，确信有效地行使人权的基本条件之一：每个人都能自由地发展和保持他或她的身体、心智与道德的力量，因而任何人参加体育运动的机会均应得到保证和保障。

大多数学者认为，体育不仅要体现在人的身体方面，也要体现在人的心理方面。实际上，体育就是一种有目的地使人的身体与文化和谐的教育活动。希腊雅典人的体育观，认为人的身体必须是"健美"的，即身体不仅要健康，而且要优美。中国唐代也持"身心和谐的健美观"，既要求"体貌丰伟、体质健康"，也讲究"雄豪刚健的气质与英武潇洒的风度"。唐代伟大的现实主义诗人杜甫的"丈夫贵壮健"，以及唐代科举铨选非常注重"身材之选"，强调"体貌丰伟"的标准等事例，均反映出唐代对身体文化和谐的要求。

要寻求把体育运动与文化和教育融合起来，创造一种在努力中求乐、发挥良好榜样的教育价值并尊重基本公德原则为基础的生活方式。美国医学会体育医学委员会甚至提出体育和娱乐活动的目标应该是增进人的精神素质的提高。由于人体是体质与心理的统一体，所以联合国世界卫生组织在"健康"的定义上也对传统做了改造，该组织认为"健康是不但没有身体缺陷和疾患，还要有完整的生理、心理状态和社会适应能力"。

现代体育革命涉及一系列的观念更新，主要包括：第一，能以自己情感感染全体成员的能力；第二，自己做不到也能宽容待人的能力；第三，能灵活地参加比赛并取得乐趣的能力；第四，交流与对话的能力。从这一系列的转变来看，摆脱传统的身心对立的体育、走向身心统一的人文体育是现代体育改革的发展方向。

在体育活动和活动后的一段时间里，人自然而然地会产生一种欢快的情绪。人若经常合理适当地进行体育运动，则会对生活充满信心，这种由生理变化产生的心理变化进而形成人的良好的性格，而积极良好的性格又能反过来增强人的机体抗病能力。精神愉快、情绪饱满是强身健体的关键。美国人辛德勒说，每个人体内都有人所共知的最有助于身体健康的力量，就是良好情绪的力量。

身心的统一表明，身体适度的活动与人的心情愉悦是一个问题的两个方面，而愉悦的心情又反过来内在地巩固身体的健康。通过身体活动产生愉悦心情来发展、调节人的心理是体育的一方面要求，而运用愉悦心情促进人的身体活动也是体育的重要内容。对一项体育运动来说，被迫参与与主动参与，其锻炼效果是迥然不同的。在心理上被迫参与的运动很难让人从运动中产生愉悦感，没有积极的心情，该运动也难以持久；而主动参与的运动很容易激发人的愉悦心理，并且在积极心理的支持下，生理承受能力也大为增强。所以，意志不是人的身体或心理的单方面的工作，而是身心统一时的融洽状态；意志只在身心的统一中，才能得到更好的体现。现代奥林匹克运动会以"更快、更高、更强"为口号，它一方面表现了人要不断超越自我，锻炼更快、更高、更强的体能；另一方面是说要超越对手，比竞争者更快、更高、更强，取得更大的胜利。而身体和心理两方面的超越，只有在身心统一的意志努力中才能幸福地实现。意志的体育运动对人来说不是压制，而是自由；不是自我牺牲，而是自我实现；不是力图摆脱，而是专心投入。

体育愉悦与审美愉悦是不同的，后者是在外在刺激作用于人的视觉感官时产生出来的，前者却是人的身体通过自身活动而产生的。体育的幸福体验，主要是建立在机制的内部感觉上。乘汽车或索道缆车登上山顶，面对群峰、松涛、云海，人们会有胸襟开阔、怡然振奋的感觉，但徒步攀登而上，人的心情会有所不同，人不仅在观赏景物中感受审美的愉悦，他还会在攀登的身体活动中体验到幸福。泛舟长江与横渡长江，意趣更不相同，前者是静观自然，后者则以自己的身体活动进入自然、拥抱自然，所以前者之乐"源"于外，后者之乐"根"于内。审美体验产生于人与审美物体的统一，体育的幸福感受则产生于人自身的身心统一。

在身心对立的体育中，其意志以克制、压抑、牺牲为内容。而在身心统一的状态中，这种不一致的状况得到了逆转。在身心统一的状态中，运动者往往达到一种身心两忘的迷醉状态。体育运动对运动者来说已经感觉不到是躯体的移动，而简直就是自己智慧的飘溢、情感的流淌，以及"忘体"状况中，自由意志的显现，同时他的心理又不是处于一种有意识的心理操作中，在酣畅的运动中，他也感觉不到意志的有意支配，似乎就是自己躯体在本然地展现。一切力量、转变，都在无意无为、浑然不觉、自然而然的状态中表达无遗。身体的运动节奏与精神的运动节奏完全协调。心之所向就是身之所往，身之所往也就是心之所向，由于当中并无特殊意志、目的作为中介，运动者完全处于一种身心合一、交融无碍、畅然自得、其乐融融的幸福境界状态。在此种状态中，人的生命活力最旺盛，人的智力和体力都得到了最高程度的激发，并实现了最佳"直觉"状态的结合。此时的意志，正是一种自由发挥、专心体验和自我实现。

第四节　建构自我扩展的德育

上一节讨论了建构身心合一的体育。本节根据学者刘次林在《幸福教育论》中的理论，讨论建构自我扩展的德育。我们主要讨论德育是扩展了的自我，扩展自我之心理学依据，自我中心在扩展过程中的演变，以及扩展的不同阶段的描述。现在分述如下。

一、德育是扩展了的自我

公与私是一对辩证转化的概念。如当自我扩展到本班级这一层次时，我的行为便是以本班级的利益为目的，班内同学当然视我为"一心为公""大公无私"，但班外同学却怪我"地方主义""自私自利"。这样，任何扩展中的自我都是公与私的内在统一体——对内他是公，对外他是私。19世纪德国唯物主义哲学家费尔巴哈也许正是洞察到了公与私的辩证关系，曾指出，不仅有单数的或个别的利己主义，还有社会的利己主义、家族的利己主义、集团的利己主义、区域的利己主义，更有爱国的利己主义。所以他在《道德的人与不道德的社会》这部著作中写道：爱国主义依旧难以超出自私利己的本质，只是与低层次的狭隘忠诚相比，是一种利他主义的高级形式；但是，从某种绝对的观点来看，爱国主义仅仅是自利的另一种表述。在自我扩展的理论看来，扩展中的自我就是由纯粹的个人利己主义者变成了社会利己主义者，乃至人类利己主义者。

自我扩展的过程，就是"背私"的过程，就是超越"私"，却又营造"私"的过程。在公私统一体的自我身上，在满足私利的同时，也满足了公利；在满足公利的同时，也满足了私利。对一个扩展至家庭级的自我来说，家庭的事就是他的事，他的事就是家庭的事。只有爱国者才把国家的利益当成自己的利益，把自己的气节当成民族的气节。在自我扩展的理论中，所谓"天下为公"也就是"天下为私"，这就是把天下的事与自己的事相等同；所谓"大公无私"也就是"大公大私"，也就是把"公"与"私"相等同。在扩展的自我中，自私与无私得到了完美的统一。在扩展的自我中，社会性与个性只是一个问题的两个方面。自我涵纳的非我的因素越多，其个性就越丰富、越鲜明，所以越有社会性就越有个性，社会化就是个性化。

基于上述认识，德育是扩展了的自我。

在德育问题上我们首先要提出三个命题。

第一个命题，修德不是为了别人，而是为了自己。

第二个命题，德行不是自我牺牲，而是自我实现。

第三个命题，德育不是灭私，而是肯定私又超越私，让私从小我之私扩展为大我之私。

在自我得到扩展之后，第二个命题"德行不是自我牺牲，而是自我实现"也得到了超越。在自我之内，人的牺牲，为了整体的利益，"我"可能舍弃个人的利益，但此时绝无所谓"牺牲"的不满情感，反而是从牺牲中感到幸福。只有从"我"开始才能扩展"我"，只有扩展了的"我"才能幸福地舍弃"我"，这是人的道德上的高境界。

二、扩展自我之心理学依据

自我由"己"而"人"、由近及远的扩展轨迹是有它的心理学依据的。自我的扩展范围受制于他的认知发展水平，因为只有当他认识到别人对他有益、与他相关时，他才会扩展过去，与对方融为一体。儿童的"感觉－运动"期，儿童的自我扩展主要限制在身体所能接触的对象范围之内，所以幼儿的自我往往就是他自己，最多扩展到与他直接接触的父母。但是，人的身体活动范围是极其有限的。心理的发展使人的生活空间在"时－空"距离上得到扩展，并趋向于复杂化，他可以将自我扩展到不在身边的人、与他没有直接利益关系的人，甚至早已去世的古人那里。机体的适应仅能保证个体与当前对象间的直接的、有限的接触，而认识机能，如知觉、习惯、记忆等，也只能将自己扩展到当前有限的空间与短程的时间，只有善于凭借动作与思维，作用迂回与回返的智慧活动，人才能从有限的对象中解放出来，才能同化整个现实世界，顺应整个现实世界。

道德对于德育从传统走向现代起了里程碑的作用。但是它对人的行为、情感、习惯等给予了相对的忽视，这样就局限了自己的意义。

当道德不能进入人的内心世界的时候，它不仅掩盖了人性之丑恶的一面，而且成了人人可利用的工具。德育要能扩展自我，就必须与自我的情感需要联系起来，否则它就失去了德育赖以成长的人性基础，而人只有把原始的情感提升为"有知识的情感"，他才能超越其他的动物，成为自己行为的主体。"慎独"的人在于他拥有了知情统一的德行。与现有自我的层级相适应是德育成功扩展自我的保证。

"贪大"是制约德育成效的一种不良心态。以爱国主义教育为例，爱国主义教育是我国德育非常重要的内容。爱国就是要把"爱国"进行"爱我化"，把自我扩展到"国"。为了与学生发展水平相适应，"爱国"也要表现为许多发展层次。中国著名德育专家、东北师范大学王逢贤教授提出，中小学生爱国主义思想形成发展的序列大体是：从爱父母、爱亲人、爱教师、爱同学到爱工人、农民、知识分子和解放军等，到爱整个中华民族；从爱班级、爱学校、爱家乡到爱祖国的大好河山、悠久历史、灿烂文化乃至整个祖国的历史和社会主义祖国；从爱学习、爱科学、爱劳动到爱祖国的社会主义建设。与现有自我的层级相适应是德育成功扩展自我的保证。

在经过实际调查和理论研究以后，上海市很多学校坚持将"国"的层次与儿童的认知水平相适应，在幼儿园和中小学开展爱国主义教育，取得可喜的成绩。根据幼儿特点，它们把"国"具体化为国家的标志（如国旗）、家乡、母语，并认为幼儿爱父母、教师、同伴孕育着爱祖国的良种。对小学生在爱父母、爱教师的基础上进行爱班级、爱学校、爱家乡的教育。中学生的知识面日益扩大，他们了解了祖国的大好河山、悠久历史、灿烂文化和光荣传统，社会性情感内容不断深化，"爱国"的概念要宽广得多，他们的爱父母、爱教师、爱同伴、爱家乡，也随着知识的丰富和经验的扩展与日俱增、日益深化。自我扩展，不仅指数量范围的扩大，也包括质量内涵的丰富。苏霍姆林斯基在他的学校门口竖立一个牌子，上面写着"爱你的妈妈"。是啊，不首先爱父母，怎么会爱人民；不首先爱家，怎么会爱国。

三、扩展阶段之描述

美国哈佛大学教育学院心理学教授罗伯特·凯根（R.Kegan），在其代表作《发展的自我》中完整地阐述了他的"结构—发展"理论，把自我发展的过程分成一体化自我、冲动性自我、唯我性自我、人际性自我和法规性自我。我们在这里整合为自我扩展过程的三个阶段，即一体化自我、挑战性自我（冲动性自我和唯我性自我）和社会性自我（人际性自我和法规性自我）。

（一）一体化自我

一体化自我主要体现在：

第一，自我的特点。

一体化自我与环境具有共生的、一体的关系，生活在没有他人的、主客不分的纯主观的世界里，在自己的生活与他人的生活之间不做区分，在发源于自己的忧伤或安逸与发源于他人的忧伤或安逸之间也不做区分。

第二，非我的内容。

它是指有待纳入自我之中，使自我扩展为新的客体内容，凯根称之为"文化内容"。一体化自我的非我内容包括身边的哺育者及其哺育方式。

第三，自我的整合过程。

自我扩展是连续性和阶段性的统一，当自我形成了具有阶段性特点的自我形态后，它在内部需要对非我内容进行整理和融合，只有当量的变化积累到一定的程度时，才会发生质的跃迁，实现从某个阶段的自我（小我）扩展到后一个阶段的自我的大我。

（二）挑战性自我

挑战性自我（冲动性自我和唯我性自我）主要明确：

第一，自我的特点。主客体已经分化，认知渐趋守恒，从事物的表面特征把握对象到开始关注事物本身，能较长时间静坐，具备一定耐心，逐渐培养自己的隐私感和自制力。语言不再限于自我表现和社会交际，而是成为相互影响的媒介。承认和接受幻想、自信，以及自我满足的表现和角色分化。

第二，非我的内容。家庭背景、父母以及父母榜样，同伴团体（朋友、同学）、老师及其示范。

第三，自我的整合过程。当家庭、学校、同伴三种文化同时作用于儿童时，青少年儿童在行动中不仅要考虑自己的感受，照顾他人的感受也必不可少。青少年儿童往往孤立地处理家庭的人际关系、学校的人际关系，或将对家庭的人际关系的理解复制于学校的人际关系，这无疑具有挑战性且很冒险。需鼓励孩子跳出家庭文化、学校文化和同伴文化的圈子，有意识地把家庭文化、学校文化和同伴文化进行有效融合，用对待同学或者同伴的方式对待父母，用对待父母的方式对同学或者同伴。

第四，自我的扩展方式。父母、老师应当敢于并真正放弃自己的绝对的权威，青少年孩子可以对父母、老师的指令可以说"不"。父母若不能放弃自己原有的权威，对孩子的学校生活毫无益处；老师若不能放弃自己原有的权威，极其不利于孩子对社会规则的认同。有鉴于青少年儿童在同伴关系中容易形成联盟，往往排斥联盟之外的成员，家长、老师应该及时告诉孩子建立一种互惠的文化，要求相互关系，维持他人的关系，从沉浸于自我满足的状态中摆脱出来，否认只考虑个人利益的合法性，以期望可靠的信赖。

（三）社会性自我

社会性自我（人际的自我和法规的自我）主要体现在：

第一，自我的特点。考虑他人和法规的存在，关注他人的意见并与之交流，从"我就是关系"过渡到了"我拥有关系"，获得了自我社会性的统一感，有力量进行自我调节、自我维护、自我照料和自我把握，既"迎合他人"，又"维护独立"，相互关系的保持以法律和规则为基础，进行自我调节，而非根据他人的颜面。承认和接受在相互协调的人际关系中合作的自我牺牲的能力和独立的能力、自我界定的能力、权威假设的能力、实施个人规划的能力。

第二，非我的内容。互惠的关系，自我权威感，自我同一性。

第三，自我的整合过程。学会了支持自己，较少或不再顺从，随时根据社会具体情况的反映和法律法规的标准动态调整自己，处理各种人际关系。要肯定他在处理人际关系中所表现出来的自我克制、牺牲的能力和独立能力。由于有了较强的自我控制能力，他可以用责任感战胜情感上的好恶，使自己的行为更加显得公正。对独立和自我控制的强调，从外部看，表现为心理上的孤独或者自慰；从内部看，则对独立性本身也造成了威胁，它产生出压抑性的自我愤怒和内疚性的自我羞愧，使他对自己产生消极的自我评价，害怕失去自我控制，害怕丧失自我个性。当一个人为了维护自己的标准，在既得不到别人的理解和认可，又找不到更多的解脱办法时，他往往把精力投入到"过度的工作"之中，因为过度工作不像复杂的人际关系那样，是可以自我控制的。

第四，自我的扩展方式。必须引入一种亲密的人际文化，帮助他从分化、独立再次走向整合、归属。社会性自我应该向个人间的自我扩展，个人间自我属于皮亚杰后形式的辩证思维，马斯洛的自我实现境界。现实的许多工作、职业并不利于社会性自我的扩展，它们往往迫使工人在他的工作与生活之间做出非此即彼的选择，它们倾向于指向既定目标，忽略整体发展，用产品的市场能力衡量工作是否成功，重视工作中的制度化、标准化，重视按照既定标准进行评价，并且总是把工作想象成二元的竞争关系，如：成功—失败，团体内—团体外，领导—下属，工作—休闲等。有利于社会性自我扩展的工作环境应该是，具有更广泛、更深刻、更长期、更抽象的工作目标，重视工作的人文氛围，采取过程性评价，正视并创造性地解决冲突和矛盾，强调平等的而非等级的组织关系等。

四、自我扩展所面临的社会文化挑战

在任何文明时代的社会里，都可以有农业文化的特征，正好像在任何时代的社会里都可能存在工业文化的精神一样。所以，摆脱农业文化消极因素的影响和迎接工业文化新的挑战是自我扩展德育在所有时代里所面临的挑战。

（一）传统农业文化对扩展自我的制约

第一，封闭文化。

封闭文化使人囿于稳固的生活圈子，既不愿让外面的信息传进来，也不愿意把自己的信息传出去，很容易使人坐井观天、缺乏见识，有时候盲目自大，拒斥圈子外面的优秀经验；有时候又莫名地自卑，丧失自我感地臣服于别人。这种现象在封建中国对待外国的态度上曾经表现得淋漓尽致，很不利于自我的健康扩展。遗憾的是，今天仍然有相当多的父母和教师（出于对儿童安全的考虑）仍然在教育孩子要一概地对陌生人怀有防范之心，不跟陌生人搭话，甚至把陌生人直接当成坏人。我爱人有一次去我的一位同学家里做客，她想带我同学的小孩去商店玩，买些东西给他吃，那小孩竟说："我不去，我不认识你，你是坏人！"我同学有点儿尴尬，马上说，她不是坏人，她是我们的朋友。当我们看到小孩子接受的教育竟是把陌生人一概当作坏人时，真是既担心又伤心。

第二，亲情文化。

家庭最能够给人以安全感。它不仅是人生奋斗历程中的"根据地"，也是最好的避难所。中国文化处处都表现了人们对家的推崇与眷恋。家族兴旺、合家团圆、安居乐业是中国人终身孜孜以求的生活境界。严格地讲，传统文化中的自我尚没有扩展到"血缘关系"之外。难怪有学者说，中国封建社会的五伦就缺乏从亲情性质的自我圈扩展出去的伦理规范。

第三，等级文化。

等级文化要求地位低的人绝对地听话和服从，表现在教育上，就是教师强行要学生向自己"看齐"，一切以自己的标准来认可学生的表现。教师惧怕并且反对孩子说"不"，不准儿童产生反抗意识、独立意识和自主意识。扩展性自我必须具有"叛逆精神"，有从自我圈里走出去形成更大自我圈的勇气。而封闭性等级文化并不能培养学生这种素质，它所需要的是那种在家里听父母的话、在学校听教师的话、在工作中听领导的话，有服从倾向和奴才性格的人。

（二）现代工业文化对扩展自我的呼唤与威胁

分工合作的文化。以机器生产为主要特征的大工业文化将生产过程肢解为许多相互依赖的独立工种，人与人之间既做着看似越来越不一样的行当，又通过生活、生产形成了具有深层联系的网络。生产使得人们可以轻易地调换生产岗位，走出自己的生活圈子，形成开放的文化的社会。

第一，开放的等级。工业文化不是没有等级，实际上，科层管理是社会生产高效运行的保证。但是，工业文化里的等级是开放的等级。这既是一种"逼"着人不断扩展自己的制度，也是一种全方位增加心理压力的制度，因为它将人的发展责任主要地归因于自己的主观努力，而不是客观的、无法把握的命定。

第二，革命性。工业文化是一种革命性文化，工业文化在"逼"着人扩展自我的同时，也给扩展着的自我在情感上造成了强烈的冲击。科学上的每一次革命都是以情感为代价的。人通过"科学"知识安顿自己的情感。客观世界本身并没有知识体系，是人运用自身的理智通过"格物"而"致知"的。按照康德的意思，科学知识虽然离不开经验，但人们之所以能够获得经验，并能将一系列的经验整理为科学知识，这都是由人类自身的先天认识能力和认识形式所决定的。自然界本身没有法则，是人类的理智给自然制定出法则。由于人类理智的方式和水平不同，我们也就给客观自然制定了不同类型和水平的法则。人类通过自己给自然赋予知识，给自己创造一种认知上的一致性，并在内心形成了情感上的安顿感。机器本身并不使人片面发展，是机器的资本主义使用者造成了人的片面发展；同样，技术革命本身并不挑战人的情感，而是人对技术的不正确态度使它们成为我们的异化物。机器不是人的对手，除非人把自己看成是机器的对手。当蒸汽机替代了你的某些体力时，你是不必再在那些领域施展你的体力的，你可以把体力用在蒸汽机没有替代的领域；当机器替代了某些技能时，你就不必抱着那些技能不放，你应该去学习机器尚不能替代的技能；当计算机能够为我们轻易完成某些智力工作后，我们何苦不放弃那些工作，把精力、智力花在计算机所不能涉及的智力领域呢？有了机器，人可以把自己的某些体力、技能、智力用在审美领域。问题在于，有些饱受现代工业革命性文化"逼迫"的人总是相信，只有像原始人那样全面地、单纯地投入劳动，才叫作全面发展、自由安逸，他们没有想到，人的替代物越多，人才越有可能全面发展，越能够表现出自由。人类社会在每一次的科学革命中所完成的"去自我中心"都意味着获得了更加开阔的视野和更加丰富的存在，都意味着对外在客观规律的更加准确的把握，从而实现对自身狭隘性和自然强制力的摆脱。越具有客观化的知识，就越能够给人以广泛、深刻、真实的安全感。

（三）自我扩展理论中的班级建设

班级是学校的基本集体单位，因而也是学生扩展自我的首要场所。如何建设好班集体，尽快让学生扩展为一个班级自我，是德育工作的一项重要任务。

首先，我们要把班集体建成一个能满足学生需要并且对学生有用的场所，学生组合成班集体，从客观上来说是教育组织制度的要求；但从主观上来说，则是因为他想从集体的形式中满足各种身心需要，主要是安全、交往、归属、尊重、自我实现等心理需要。

我们认为，在新班级建立之初，教师要以无条件的母爱对所有的学生给予"爱无差等"的呵护，不管其体质、长相、个性、家庭背景、学习成绩、行为表现等。这样，学生在受到惊吓时，他能够在教师的怀抱里找到依靠；在犯了错误、感到焦虑时，他能放心地在师爱中得到支撑、找回勇气；在取得成绩时，他也能公平地从教师身上得到鼓励。学生来到学校，不只是来读书，他们还要结交朋友、交换玩具、寻求归属。他们也期望在师生之间形成相互尊重、体贴的关系，当他们在群体中投入全部感情时不会受到伤害。他们更希望能在集体中找到自己的角色、发挥自己的特长、形成自己强有力的个性。如果学生能从班集体中满足自己的各种需要，他们就会以班为家，把班级的荣誉与自己的命运联系起来。

其次，要让大家意识到群体利益的根本一致性，摆正个人利益与集体利益的关系，使成员乐于为集体奉献自己的利益，而当大家意识到集体的利益包含着各人所奉献的利益时，他们就会像维护自己的利益那样去维护集体的利益。

再次，要增强班集体成员之间的亲和力，主要可以包括形成共同意识，制定各种民主的班规，确立共同的奋斗目标，使大家心往一处想、劲往一处使，保持经常的沟通，消除隔阂、增强了解等。

最后，开展班级活动，滋养学生的班级观念。在班级活动中，学生有机会为班集体出力、做贡献，在贡献中将"自我"融入班级。人只有从心理上走出现有自我，才能更好地意识到自我的利益。许多华人，只有到了国外，才更加深刻地体验着爱国主义情操；很多宇航员是以强烈的爱国主义和民族自豪感飞离地球的，但他们回来时却往往产生了强烈的国际主义的情感，"离开地球"使他们滋养出爱人类的观念。"离开"自己的班，参加班级间的活动，往往能让学生意识到自己班级的利益。当某学生代表自己的班级去参加活动时，他的班级就具体化为他人，他也就成了自己班级的化身和符号。

班集体教育就是通过把班级变成"我的"，来使学生爱班级。首先，一个爱班级的人能意识到班级是自己学习、生活的场所，所以他会像热爱自己的身体一样爱惜班级里的地板、黑板、门窗、桌椅、一草一木。其次，他能意识到同学、教师是构成他本质力量的有机因素，他正是在同学和教师的人文氛围中成长起来的，所以他就像对待自己一样衷心地欢呼同学的成功，真诚地指出同学的不足，深切地同情同学的不幸；也能自觉地配合教师的工作，甚至还能从教师的批评中看到信任、感受幸福，因为在他看来，批评犹如自我批评一样，是自己前进的起点。尤为重要的是，他还能把班集体当成自觉的精神支柱和生命的全部意义。班集体构成了学生良心向上的文化内容，充盈着他的整个生命人格。班集体意识是激励他的动力，也是防止他堕落的无形督导。每当他取得成绩时，他总是自觉地将之归功于集体，他时时处处都在想为集体争光；每次他有罪恶念头闪现时，只要一意识到班集体的荣辱，他就会发自本能地"检点"自己的行为。为了集体，他可以奉献一切，乃至牺牲自己的生命。他已完全将自己归属于班集体之中，他自己也因此成了班集体的化身，他以班为家，完全以主人的姿态，爱班如己。正如一个家长可以在家中"慎独"一样，一个以主人姿态爱班如己者也完全可以在班集体之中"慎独"。人只能在自我圈内"慎独"。

（四）自我扩展理论中的环境保护伦理

人与自然的德行，也和人与人的德行一样，首先是功利的，但它又应该在此基础上提升到超功利的境界。人与自然的关系中，人类中心论并不必然是人类德行的卑劣，相反，在当前它是最需要宣扬的，不首先把爱护自然置于人类功利之上，人类就不会从对自然的"胜利"的陶醉中及时地清醒。但是，如果仅仅停留于此，人又不能超越人类中心主义，将自己从自我扩展为宇宙自我。当今，我们的德育观要得到的扩展性不只是表现在与他人、社会的关系中，也体现在与人自身，与动物、植物、自然环境的无穷关系中。对宇宙自我来说，个性化不仅等于社会化，也等于自然化。德育的幸福不仅在于个性上的整合、人际关系的融洽，也在于人与自然环境的和谐。这种由"我"扩展到"我们"，由"人类"扩展到"自然"的自我扩展，便是我们当代德育的真正目标。

第五节　有幸福能力的人

学者刘次林在《幸福教育论》中强调幸福是一种能力。本节重点讨论幸福能力的内在生成机制，有幸福能力的人表现在对幸福的发现、创造和享受上，以及一个有幸福能力的人的个性特征，等等。现在分述如下。

一、幸福能力的内在生成机制

幸福能力是指人的发现幸福的能力、创造幸福的能力和享受幸福的能力。幸福教育一定要落到幸福能力的培养上。前面我们已经从知情合一、身心合一、德育是扩展了的自我（社会性）三个方面比较详细地分析了幸福教育的外显的操作过程。但学生幸福能力的内在生成机制究竟是怎样的呢？

学生的幸福能力是在教师的指导下，师生在多向互动中建构生成的。在某种意义上，幸福教育就是将相对较高的教师的幸福能力"移植"到幸福能力相对较低的学生身上去，学生从由教师赋予他的幸福逐渐转变为主要自己去创造幸福和享受幸福上。幸福能力的教育，从根本上说，就是幸福观的教育。这里的幸福观是人的当前幸福体验与未来幸福体验的统一。幸福是个人的主观体验，只有建立在以长久的、普遍的幸福为基础上的，符合历史、社会发展规律的幸福观才是可取的。

人在幸福观中体现的理性力量和德行力量反映出了他的幸福能力的大小。一般来说，教师就是在这种理性力量和德行力量上强于学生，幸福能力的教育就是要在学生的幸福观中增强这两种力量。这是师生两种幸福观的斗争和转化。大概说来，幸福观有两种层次：一是较为松散的层次，这种幸福观处于人的意识层面，受认识支配，做理性判断；二是十分牢固的层次，这种幸福观已深入人的无意识层面，仿佛天生的它，主要受人的情感支配，其反应往往不需要理性分析。因而比前一种方式的反应更直接、迅速，这种方式似乎是先天本能，但它仍是第一种层次幸福观经过长期反复积淀的结果。

幸福教育是最推崇生命体验的教育方式。教师最容易感受学生的情感，学生也最容易接受教师的"暗示"。由于师生幸福观上的差异，学生新认同的幸福观与他原有幸福观就产生了冲突，在体验状态中，学生可能全然接受新的幸福观，但当学生从沉醉状态"醒悟"过来后，他可能就意识到这两种"观"的冲突，并用理性对两者给予权衡。有些学生经过权衡后可能会较多地改造原有观念，有的可能改造很少。但不管如何，"沉醉"的经验总会或多或少在他心中留下痕迹，他原有的幸福观或多或少要发生一些微妙的变化，因而也要或多或少重建自己的"本性"。这种教育经过一定次数，教师的幸福观就会移植到学生心中，成为学生支配其幸福感、左右其感受态度的"本性"。用更全面、更正确的人性来"否定""超越"，完全可以被学生意识为"对人性的肯定"。所以，人的幸福体验，既可能产生于对已有人性的印证性肯定上，也可能产生于对已有人性的超越性否定上，学生往往能从战胜旧我中体验到深刻的幸福，在多大程度上能战胜旧我，同时也就拥有了幸福能力。

二、幸福能力表现在对幸福的发现、创造和享受上

首先，人的幸福能力表现在他发现幸福的能力上。

幸福感，作为一种情感，也是客体属性与主体需要之间关系的产物。属性和需要的无限分化性，表明了人的幸福感受的无限丰富性。客体属性的变化、主体需要的变化，都会使人产生异于过去的幸福感受。人的幸福感受就是要培养人对于属性和需要的这种无穷多变特性的意识，自觉地以无限丰富的眼光来审视面前的一切，从不断呈现的新颖刺激中发现生活的乐趣，保持生活的活力。

幸福教育应该要丰富学生的需要内容，使得他们能够用丰富需要去感受客体的丰富属性，在主体的感受、与客体的统一或需要的满足中体验到丰富的幸福情感。

这里要强调的是感受要作为一种可以教育的能力。这种教育能力只有在寻求新属性、发现新刺激、与习惯惰性发生冲突时，才能表现它的本性。这种教育能力使人对同一刺激发现许多的内涵，给予反复的欣赏。在具有丰富细腻差别感受能力的人那里，这一奇迹哪怕已经出现了千百次，仍然能够在他心中产生一种新奇的感觉。对他来说，世界常新，生活到处都有乐趣。

其次，人的幸福能力表现在创造幸福的能力上。

幸福情感的产生有三种方式：一是 S-R 式，即是"刺激－反应"理论，它表明人的幸福感受是由客观刺激的性质决定的，这是一种缺乏主体性的感受方式。二是 S-O-R 式，即是"刺激－个体生理、心理－反应"行为模式，它表明人的幸福感受是出主观和客观的相互作用，共同"商议"产生的，当中显示了感受者的主观能动性。目前我们对情感反应的研究多是停留在这种"相互决定"上。三是 O-S-R 式，即是"个体生理、心理－刺激－反应"，它表明感受者不仅要参与决定情感的发生，更要刻意操纵情感的发生。人已经成了情感的主人。他为了某种情感的需要，可以"改变""创造"刺激，赋予刺激主观意义，创造一个幸福的世界。

大多数学者认为，人更多地遵循第三种情感反应方式，自由地操纵着自己的幸福体验。这样，幸福对他便成了内在的、自由的、永恒的情感体验。在他那里，人是万物的尺度，是万物具有幸福属性的尺度，也是万物不具有幸福属性的尺度。人们从对象上能够看出什么，不仅取决于对象本身是什么及具有什么性状和内涵，更取决于人们的认知、情感结构是否达到了认识、体验客观事物的某种属性的水平。一个人自己心里妩媚，则世界妩媚；自己有爱心，则世界充满着爱。一个遵循第三种情感反应方式的人倾向于比他人更容易发现美，比他人更容易做出审美的反应。同样的一些刺激，对大多数人是折磨，但对他们却是一个令人愉快的富有刺激性的挑战。

最后，人的幸福能力表现在享受幸福的能力上。

我们认为在创造幸福的基础上，人的幸福能力就表现在幸福的享受上。过去我们主要是指享受的幸福要与创造的幸福之间保持一种平衡，这主要是指物质的幸福。当然，在物质上保持这种平衡对于人的幸福是很重要的，生活中的许多不幸就源于不能在奉献与索取之间保持平衡。创造与享受的统一，还表现在消耗过程上，有幸福能力的人不是消极地把幸福看成是结果性的、静态的、有限的东西去消耗，而是把享受用创造的形式体现出来，将创造幸福的过程，当作享受幸福的过程，所以他的享受是积极的。

如果幸福只是一种结果，它将在人的享受中逐渐减少；而如果幸福就是一种过程，享受的过程便与创造的过程合二为一，这样，幸福便越享受、越丰富、越生长。对教育中的师生来说，教育的过程既是创造幸福，也是享受幸福的过程。在扩展了的自我中，他可以把幸福的创造和享受做伦理化的理解，人人为他人创造幸福，人人也就同时享受他人给予的幸福；我所创造的幸福，让我最爱的人享受了，就是我最大的享受。

三、一个有幸福能力的人的个性特征

有很多调查表明，人的幸福能力与人的个性有关系。有学者表明，人的外向与积极情感和生活满意感有关，与负性情感无关，因而能够提高主观幸福感。如果一个人的个性温和、忠诚、充满爱心，他一般具有良好的人际关系，因而与幸福感有正相关；诚实尽职的个性容易让人在工作中感受到自己的能力，体验到完成感、实现感，所以也能产生较高的幸福感。另外，高自尊、内控倾向、积极自我概念都对幸福感有积极作用。

国外在经过多次调查后发现，幸福的人有四大性格特征：

首先，幸福的人很自尊，对自己多持肯定的态度。

其次，幸福的人自制力很强，克服困境的能力也较大。

再次，幸福的人很乐观，对生活所求甚少，所以常有意外的惊喜。

最后，幸福的人多外向，易与他人共处，有较好的人际关系，而良好的人际关系是幸福生活的一个标志。

该调查还发现，年龄、性别以及只要能保证生活必需，都和

幸福没有必然的联系。所以，要判断一个人是否幸福，最好从他的性格特征、是否有良好的人际关系，是否有能够获得社会支持、目的和希望的信仰来判断。

一个有幸福能力的人始终对自我具有批判意识，他善于用幸福的标准发现、批判自己个性中卑劣、龌龊、不健康的一面。同时，他也敢于批判自我圈之内其他人的不良个性，对他来说，他人的缺陷就是他的缺陷，容许他人缺陷的存在就是对整个自我圈所有人幸福的损害。爱不是对圈内人的无原则的迁就，爱要通过斗争表现自己，这个斗争不是意图去消灭对方的存在，而是借助消灭对方的弱点使他更好地存在。所以，爱的斗争是让同伴的人性不断得到改造和提高的过程。一个真正有爱心、有责任心的自我为了整体的利益，必须制裁有损群体利益的个别行为。所以，自我批判性、自我否定能力是幸福能力的另一种个性特征。

当然，幸福能力与个性特征之间的因果关系或许还很难确定，到底是因为他有幸福能力才使他表现出那么多的积极个性，还是因为他的积极个性的表现才慢慢养成他的幸福能力？或许它们是交互作用、互为因果的。总之，培养良好的个性特征与提高学生的幸福能力具有内在的积极联系。

第六节　幸福教育中的教师和学生

学者刘次林在《幸福教育论》中阐述教育的幸福，应该既包括学生的幸福，也包括教师的幸福，这两者是相互联系的。其中，教师起主导作用，他要对教育的幸福负主要责任。为了能负起这种责任，发挥他的主导作用，教师在一些观念和行为上要有新的变化。现在分述如下。

一、教师要把教育看作幸福的职业

教师究竟如何看待教师职业呢？大多数学者认为，教师的职业境界有四个层次：一是把教育看成是社会对教师角色的规范、要求；二是把教育看作出于职业责任的活动；三是出于职业的良心活动；四是把教育活动当作幸福体验。我们认为前两个境界是一种"他律"的取向，后两者是"自律"的取向，并建议教师实现从"他律"到"自律"的转变。

教师的最高境界是什么呢？教师是把教育当作幸福的活动。"高尚""崇高"只是一种来自外在的评价，而幸福是行为主体的内在体验，只有与人的内在情感体验相联系的活动才具有坚实的基础和永恒不变的活力。从某种意义上说，各行各业都具有奉献的性质，人的社会性注定了人的活动的奉献性。但能够把工作当成幸福的人并不从奉献中感到有什么损失，实际上，他甚至不会意识到自己是在奉献，他只从工作中感到生命的充实和生活的乐趣。教师可以是"春蚕"，但春蚕吐丝却是它的生活方式，如果不让它吐丝，它的本性就要受到伤害；教师也可以是"蜡烛"，但蜡烛是在燃烧自己中实现自己的价值，表现自己的本性。

教育应是一种高尚的职业，教师应过着幸福生活，应该是热情洋溢、乐观豁达的。"高尚"是一种评价，把教育说成是"最高尚"的职业，也就意味着其他职业不是"最高尚"的；而"幸福"

是一种体验，任何人都可以把自己的工作体验为"最幸福"的，教师职业的"最幸福"并不损害其他职业的"最幸福"。

二、教师要在教育过程中积极创造幸福和享受幸福

教育职业幸福依赖于教师的积极创造。教师的幸福就表现在他与教材、与学生、与自己融合在一起，并且在统一体之中。

（一）教师－教材

我们把教育分析成教师、教材、学生三个基本要素，这是很对的。幸福的教育要求教师在理论上不仅要看到该三要素的独立性，更要重视它们的内在统一性，独立性是表面现象，而内在统一性才是实质。

教材是指根据教学大纲和实际需要，为师生教学应用而编选的材料。它是教育进行一切形式的活动所依赖的中介。教师的作用是把"干瘪的"教材"丰满"起来，"抽象"的教材"生动"起来，"统一"的教材"个别化"起来。教材只有经过教师的教学才有教育意义。

教师是一个活生生的主体，他总是要根据自己的素质特点及学生的情况对教材加以主观的加工和改造。这个加工和改造，也就是教师通过理解，把教材内化成自己素质的过程。而经过教师创造后的教材，才是真正作为教育要素的教材。它本身就是一种活动、实践，一旦进入了教育过程，成为一个教育要素，教材实际上就成了教师素质的延伸，教材变成了教师之"我的素质"，教育之乐不再是外求，而是内省，教师就是在用自己的人格素质育人。所以，教同一年级的同一课程的不同教师就向学生展示不同风格的"教材内容"，培养出不同风格的学生。

　　教育是一种创造，也是一门艺术。教育是一种创造，创造性的教育要求教师以充满想象的方式表达富有意义的观念，学生也是通过想象，联结教师所教的内容。这样，教师便是根据学生的不同理解水平随时调整教育进程。教育活动也自然而然成为师生双方不断对象化的过程。教育艺术家则特别注重教育过程中是否创生出了新结果。如果用一个特征来表达这种创造性教育的话，则可以说，受惠于这种好教育的儿童能够将教师抛在自己的后面。创造性教育则赋予师生无限自由的空间，正是教师本性力量的流露。教师宣讲自己的信念，表白自己的真情实意时，人是最生动、最幸福的。

（二）教师－学生

　　人有三种学习：一是原初的学习，二是教育性学习，三是自主高效的学习。大多数学者研究认为，原初的学习中，学习对象是自然和社会的现象，非教师指导的学习。其学习能力，因学习而获得智慧经验的力量也呈正态曲线分布。教育性学习其显著的特点是教师的参与。人不再依靠遗传的人性力量呈正态曲线发展，人的发展虽要依赖遗传，但却不是遗传的自发表现。而自主高效的学习是指学生经过教育以后，把教师的"知情意""内化"为自身的素质，所以，他可以摆脱教师的中介，进行自主高效的学习。学生通过教育已经学会了学习，显然，它与原初的学习是形式上相似，即都靠自己的独立学习，但在能力和境界上是有差异的。

　　学生的学习永远是学生自己的学习，把教师的目的转化成学生的目的便是教育是否成功、幸福的关键，教师的不幸常常是因为在两种"目的"上没有"内在统一"地处理好师生之间的关系。教育的终结是教师的身体可以退出教育过程，精神却永远融入了学生的心灵，滋润着学生的未来生活。

学生在脱离教师获得自我教育的能力后，他往往把自己的成长当成自然而然的事，其实仍是教师的力量"无形"地在起作用，教师的"有为"是以"无为"的形式表现着。学生是教师内在素质的体现者，教师借学生之身巧妙地扩展着自己。在这里，学生的一举一动都反映着教师的影子，学生的生命就是教师的生命，学生的成败深切地牵动着教师的心灵。于是教师不再与学生处于对立或外在的关系中，学生与教师的"我"形成了本性层次的联系，教师的劳动在学生身上结出果实，学生的活动再现着教师的精神。师生通过内在的联系融合成了一种生命"共同体"，它就是师生交融的，就是师生间不需要其他中介的"直觉"合一。教育是教师不断超越自我的活动。学生的成长并不是对教师生命的剥夺，它就是教师价值的实现、生命的肯定。还有什么东西比自我生命的增值更让人幸福的呢？还有什么比看到自己的学生在校内外茁壮成长更让教师幸福的呢？

三、教师要与学生一起共创、共享教育的幸福

在幸福的教育中，师生在幸福上是相互"感染"的。这种感染以师生间的移情为中介，现代心理学表明师生之间并不是单向的 S（刺激）-R（反应）结构，学生的反应又要刺激教师调整自己的行为或做反应，师生之间实际上是一种互动的反射环结构。

幸福作为一种情感，与其他情感一样，包括体验和表情。作为一种内在体验，幸福是"独享"的，但通过外部表情幸福又可以与他人"分享"。当教师的内部体验外化为表情时，教师的幸福就变成了一种可被观察的对象。学生通过识别教师的表情，在自己内心激起相同的心理体验，这种体验又要外化成学生的表情。

教师通过学生表情的反馈强化了自己的幸福体验，学生的幸福感也因此逐渐地增强。在幸福上，师生双方相互感应，不断激荡，慢慢消解中介隔离，最后达到同悲共欢的融合境界。这是一种"忘我"的体验。整个教育超越了理性的古板和语言对意义的分割，形成了一种强有力的情感场和完整的体验。这不仅是一种知情统一，更是身心统一，以及个人与群体统一的体验状态。

当然这种体验状态既可以是以感性情感为主的"热情奔放"场面，也可以是以理性为主的"条理""系统""缜密""深沉"的理智情感。情感体验的教育方式激发了对知识、对学生或对教师的爱，丰富了师生间的理解，弥补了因语言表达造成的意义缺失，使教育产生事半功倍的神效。教师"忘掉"了自己的角色，心无旁骛，意到情随，完全沉浸在心行合一的迷狂状态，举手投足、一言一行都处理得恰如其分，对一切问题都驾轻就熟，对任何变化都应付自如，把一切技能都发挥得淋漓尽致却又浑然不觉。学生也在"忘我"之中随着教师的牵引，仿佛来到了生活现场，沉浸在浓郁的情感气氛之中，教师的情感勾起了学生的情感体验，根据课程的需要，他们或愤或悱，或悲或喜，或怒或笑，忘掉了一切杂念，甚至也忘了下课的铃声。在上述的体验性教育中，教师既是幸福的创造者，也是幸福的享受者；学生既是幸福的享受者，也是幸福的创造者。师生双方在教育幸福的创造和享受上得到了内在的统一。

总而言之，教育要以人为目的，人是全面的，人的任何一方面都无法代替完整的人。只有与人的全面生活相联系的教育，才能够为人创造幸福的生活，为人类创造幸福的社会。

第七节　探索幸福教育的意义

第一，从国际和国内经济发展来看，世界呼唤着幸福教育。

从国际看，世界多极化、经济全球化、文化多样化、社会信息化深入发展，国际金融危机深层次影响在相当长时期内依然存在，新一轮科技革命和产业变革蓄势待发，互联网、云计算、大数据、智能机器人、三维（3D）打印等现代技术深刻改变着人类的思维、生产、生活和学习方式，国际竞争日趋激烈，人才培养与争夺成为焦点。优先发展教育，构建现代教育体系，建设学习型社会，培养大批创新人才，已成为人类共同面临的重大课题和应对诸多复杂挑战、实现可持续发展的关键。对于学校而言，幸福教育的构建也是构建现代教育体系的基础内容之一。

从国内看，贯彻落实创新、协调、绿色、开放、共享的新发展理念，已经实现2020年全面建成小康社会目标，努力实施"中国制造2025"和"一带一路"建设等战略，迫切需要教育优化人才培养结构，加快培养各类紧缺人才，迫切要求完善基本公共教育服务体系。新型城镇化加快推进，人民群众生活水平和质量普遍提高，生育政策调整，学龄人口、劳动年龄人口规模结构改变，人口老龄化速度加快，教育需求发生结构性变化，对高质量、多样化的教育需求日益增长，教育体系、结构和布局面临深刻挑战。无论从当前推进经济转型升级，还是从长远促进经济和社会协调发展看，都需要抓住教育这一最基础环节，推进优先发展，提高国家发展水平。这就呼唤着新教育的产生，而幸福教育的构建是新时代中国走向共同富裕之后，人民对教育的期待。

第二，从国际和国内教育内部看，幸福教育是我国公民享受公平且有质量教育之所需。

联合国教科文组织在《反思教育：向"全球共同利益"的理念转变？》一书中指出：我们生活在一个多变、复杂和矛盾的世界里。经济增长和财富的创造降低了全球的贫困率，但在世界各地的社会内部以及不同社会之间，脆弱性、不平等、排斥和暴力现象加剧。不可持续的经济生产和消费模式导致全球变暖、环境退化和自然灾害频发。此外，我们在过去几十年里强化国际人权框架，但落实和保护这些规范依然是一项挑战。当今世界的教育格局正在发生巨变，其中涉及学习方法、学习内容和学习空间。可以采用的知识来源增多了，使用的门槛降低了，我们需要更加流畅的一体化的学习方法，让学校教育和正式教育机构与其他非正规教育机构开展更加密切的互动，而且这种互动要从幼儿阶段开始，延续终生。这些变化表明，出现新的全球学习背景，这对教育具有重大影响。同时，我国发展仍处于可以大有作为的重要战略机遇期，也面临诸多矛盾叠加、风险隐患增多的严峻挑战。有效应对各种风险和挑战，对实现教育现代化提出了前所未有的新任务、新要求。这就倒逼教育有新的教育主张或教育思想，幸福教育的理论构建就随之产生。

从教育领域看，当今世界教育正在发生革命性变化。确保包容、公平和有质量的教育，促进全民享有终身学习机会，成为世界教育发展新目标。但尚不能完全适应人的全面发展和经济社会发展需要，仍存在一些突出问题，主要表现为：科学的教育理念尚未牢固确立，促进学生全面发展的育人模式与环境有待完善，产教融合、科教融合的协同培养机制尚未形成，学生创新创业能力的培养有待加强；教育发展还存在不平衡、不协调的问题，城乡、区域之间教育差距仍较大，优质教育资源总量不足、布局不合理；学前教育、职业教育、继续教育仍是教育体系中的突出短板，人才培养的类型、层次和学科专业结构与社会需求不够契合；教师队伍素质和结构不能适应提升质量与促进公平的新要求；学校办学活力不强，促进和规范社会力量参与举办教育的法律制度和政策体系亟待完善，多方参与教育治理和评价的体制机制还不健全；教育对外开放的水平不够高；教育优先发展地位须进一步巩固。人才和人力是国家最大的资源，今天培养的人才将是实现第二个百年奋斗目标的主力军，教育必须承担起实现中华民族伟大复兴中国梦赋予的历史使命，毫不动摇地坚持中国特色社会主义教育发展道路，不断深化对中国特色社会主义教育发展规律的认识，树立科学的教育发展观、质量观、人才观，以更加奋发有为的精神状态和踏石留印、抓铁有痕的工作作风，勇于实践，善于创新，不断实现改革新突破，迈上发展新台阶。这就需要中国公民享有公平而优质的教育。

由此可见，对幸福教育的探索，从国际和国内教育内部看，幸福教育是我国公民享受公平且有质量的教育之所需。可以这样说，幸福教育是我国的富强需要。这就是幸福教育探索的意义。

第三章

幸福教育的
学校文化建设

————

　　上一章对幸福教育理论进行了概述，本章开始到第十一章，我们将介绍在学校中，将幸福教育理论应用于教育教学实践形成的成果。本章以重庆市田家炳中学（以下简称"田中"）文化建设为例，努力探究幸福教育的学校文化建设。本章从幸福教育的文化认识出发，去建设幸福教育的学校文化，根本目的是推动幸福教育特色的学校文化的发展。

第一节　构建幸福教育的学校文化

一、幸福教育的文化认识

（一）幸福教育的认识

　　"幸福的教育"有两层含义：一是指"幸福的教师"。教育的幸福来源于教师与学生生命的对话，幸福教育主要在教师幸福的教育教学实践中得以实现，学生的幸福观、幸福品质和幸福能力主要从教师那里获得。只有幸福的教师，才会有幸福的学生。教师最大的幸福，莫过于感受那种从职业中获得的尊重感、成就感、创造感和艺术感，让教师拥有一种物质、精神和心灵的幸福生活，教育才能成为一种让人幸福、令人羡慕的职业，幸福教育才能更好地得到张扬。二是指"幸福的教育教学"。幸福的教育教学是在教育过程中实现的，教师要帮助学生打开幸福之"门"，即为学生指明通向幸福的道路，激起学生对幸福的向往，进而引导学生在对其生活方式进行选择、优化和体悟中生成幸福感。所以，引导学生感受、追求幸福的教育教学就是一种"开门"的艺术，就是创造幸福的条件或"生成场"。处理好教育教学生活中的诸多关涉幸福的问题、事件和关系，进而为学生在生活中发掘幸福、把握幸福、留住幸福、成就幸福做好准备，这正是关涉幸福教育所能为的。

（二）学校文化的认识

对于"学校文化"，也有广义和狭义之分。广义定义：认为学校文化是一种亚文化，是学校中形成的特殊文化，体现的是社会背景下以学校为地理环境圈，由全体师生在学校长期的教育实践过程中积淀和创造出来的，并为其成员所认同和遵循的价值观、精神、行为准则及其规章制度、行为方式、物质设施等的一种整合和结晶，其本质意义在于影响和制约学校内人的发展，其最高价值在促进学校内人的发展。狭义定义：理解较多，有"校园文化"说，以校园文化指代学校文化，认为学校文化是学校的各种规范、行为和风尚。有"校风"说，认为学校文化是学校的各种规范、行为和风尚。有"文化艺术活动"说，认为学校文化指在学校中开展的各种如歌咏、舞蹈、体育比赛等文艺活动。有"教风"说，认为学校文化反映的是学校教师的教学水平。有"学风"说，认为学校文化反映的是一个学校的学习风气和氛围，等等。我们认为的学校文化，是以发展的观点看学校文化，应从广义的角度理解，其具体内容包含理念文化（亦称精神文化）、制度文化、视觉文化、环境文化、课程文化，等等。

（三）学校幸福教育的文化的认识

幸福是可以直接认识的。人们幸福的缺失就源自幸福认识的匮乏和浅陋，幸福的问题可以通过知识论，即认识的深化来获得有效解决。幸福教育让青少年学生初步了解关于幸福的认知，树立正确的人生幸福观。应该说，这种幸福观是支撑整个现代教育的核心理念之一。今天的教育，最重要的并不是让孩子学更多的东西，而是尊重孩子，解放孩子，培养乐观的生活态度，引导学生满意地对待过去、幸福地感受现在并乐观地面对未来。幸福教育要引导学生形成健康的人生态度，引导学生热爱自己，热爱他人，热爱这个世界，从而拥有快乐，获得幸福。幸福教育的文化是指人类社会历史发展过程中所创造的物质财富和精神财富的总和，让人们具有幸福的认知，树立正确的人生幸福观的文化积淀。

二、幸福教育特色的学校文化起源

（一）学校文化的办学特色

何谓特色？特色就是事物所表现出的独特的色彩、风格。什么是办学特色？就是学校在长期的办学实践中所形成的独特的个性风貌和风格。它包括特色教材、特色课程设置、特色教学方法、特色培养目标、特色管理模式、特色管理风格、特色教育教学组织运作形式、特色校园文化，等等。

办学特色的形成有四个基本特征：第一，办学的独特性。独特性是办学特色的基本属性，也是办学特色的决定因素。由于社会对人才需要的多层次性，人的身心发展的差异性；同时，由于各地区教育发展的不平衡，教育环境和条件的差异，历史文化传统的不同以及各教育者对教育的特殊需要，必然要求学校在办学实践中，形成个性化的教育观点，独特的教育内容、教育方法和教育途径，做到"人无我有，人有我优"。第二，办学的价值性。教育作为一种有计划地培养人的活动，旨在促进人的社会化进程，满足人的自身发展和社会需要。因而满足人发展的需要和社会发展的需要是办学特色赖以生存和发展的土壤，办学就必须体现和满足这两种需要，才能具有较高的社会价值和个体价值。第三，办学的稳定性。办学有特色的学校是成熟的学校，它有稳定的办学思想和办学目标，有稳定的办学机制和办学模式，有一套相对稳定的组织机构、规章制度和领导班子。在长期的不断积累、调整、充实和发展中，学校在物质设施、规章制度、观念精神等各个层面上，逐步形成浑然一体的稳定的学校文化特色和学校的传统，并最终能稳定前进和发展。第四，特色的动态性。稳定是相对的，特色有一个形成、发展、完善的过程。随着时间的推移，条件的变化，办学特色也会发展变化。特色也会因他人借鉴而不再鲜明。为此，学校要具有特色地办学，须不断地创新，要最大限度地发挥自主性和创造性，以特色赢得不断发展的空间。

（二）幸福教育特色的学校文化建构

以田中为例。重庆市田家炳中学的办学特色表述：幸福教育。

1.幸福教育理论起源

费尔巴哈在《幸福论》中提出：一切有生命和爱的动物，一切生存着的和希望生存的生物之最基本的和最原始的活动就是对幸福的追求，人的任何一种追求都是对幸福的追求。教育是为人的追求、为社会的追求、为国家民族的追求、为人类的追求服务的，幸福作为人性最本质的渴求亦是教育的出发点和最根本的目标。人本主义心理学家马斯洛提出的需要层次理论同时也是人对幸福需要的层次，每一种需要的满足都将获得不同层次的幸福感，实现这种从低级到高级跃升的幸福感，最有效的途径就是教育。

2.田家炳先生的办学理想起源

以幸福教育作为我校的办学特色，与田家炳先生的人生理想是一致的。我们从田家炳先生建立田家炳基金会的宗旨"安老扶幼、兴学育才、推广文教、造福人群、回馈社会、贡献国家"中可以看出，田家炳先生是在用自己"勤、俭、诚、朴"所创下的财富，致力于使"老幼"获得幸福，致力于办学使人群获得幸福。我校本着田家炳先生的意愿，就应该以"幸福教育"作为学校的办学特色，极力追求通过教育使学生获得幸福。

3. 幸福教育特色的实践建构

田家炳中学的办学特色——幸福教育与我校的办学理念和文化主题是一致的，是田家炳中学60多年来的实践与探索，以及办学成果提升的原因。田家炳中学是全校师生员工幸福生活的家园，是让人幸福的地方。全体教职工和学生在这里就是要能够感受幸福、享受幸福、追求幸福、创造幸福。田家炳中学要努力成为让教师、学生向往的幸福之地。田家炳中学的办学史，亦是"家炳人"感受幸福、追求幸福、创造幸福的历史。我们培养出了大批学者、作家、艺术家、运动员、企业家……有被誉为留美"五虎上将"之首的彭中，有1963级四川省高考理科状元、中国科学院数学物理学部院士李安民，著名书法家屈趁斯，著名作家莫怀戚、黄越勋，国家桥梁专家钟昭贵，经济学家郭元晞，著名歌唱家张礼慧、张礼仁，红遍日本歌坛的潘幽燕等。在近几年的中、高考中，田中学子更是不负众望，蒲雪梅同学以优异成绩荣获九龙坡区文科状元。田家炳中学的师生不仅过去与现在是幸福的，而且更要为未来的幸福人生做好准备，打好基础，要努力培养发现幸福、创造幸福、享受幸福的能力。

4. 幸福教育特色的重要内核

田家炳中学以幸福教育作为办学特色，其意义在于让每个学生变成幸福的人，让每个人幸福地度过一生。为此，我们在实施幸福教育时要特别强调五点：第一，幸福教育的核心是培养学生正确的幸福观。所谓思想决定行动、思想决定命运，如果思想是健康的、积极的、和谐的，具有建设性的，那结果一定是美好的；如果思想是破坏性的，那结果一定是不幸的。第二，健康的身体是幸福生活的前提。人只有拥有健康的体魄，才能正常地学习、生活、思考，才可能去感受幸福、追求幸福、创造幸福。所以幸福教育的第一要素是要培养学生健康的体魄。第三，幸福的生活离不开艺术。因为生活中的艺术可以使人最大限度地保持童心，保持人生中最为可贵的艺术精神。第四，良好的习惯是幸福生活的重要保障。习惯决定人生命运，而习惯养成的关键在学生时期，培养学生终身受益的良好习惯，培养学生健康的人格品质，是幸福教育的重要使命。第五，学校的一切教育活动都是为了培养学生的幸福能力。只有当学生拥有发现幸福、追求幸福的能力，他才能创造幸福、享受幸福。学科教育则是培养学生幸福能力的重要阵地，"因材施教"则是培养学生幸福能力的根本方法，从而让学生去感受幸福、创造幸福、体验幸福。

第二节　田中幸福教育文化建设

2018年7月7日，田中编制了《重庆市田家炳中学幸福教育文化建设纲要》，本节重点介绍田中学校文化建设纲要的精神力系统，充分论证以幸福教育为特色的文化。

一、田中幸福教育特色的理念文化

学校理念文化是学校文化建设系统的核心工程，是学校形象定位与品牌传承的基础。对内可以激发全体师生为学校的办学目标努力奋斗，对外可以展示学校的价值追求。

重庆市田家炳中学作为一所创建于1954年的公办高中，在60余年的办学历程中一直秉承着"以幸福的教育培养幸福的人"的办学理念，本着人文化、个性化、品牌化的原则，依据宏观的教育政策和发展趋势，学校的地域、地理特点，学校的历史与现状，学校未来发展等多种因素，对我校的办学宗旨、办学目标、培养目标、校风、教风、学风等学校理念要素进行了总结、提炼、丰富和提升，科学定位了学校的未来发展方向，构建了卓越的学校理念文化。

（一）办学理念

1. 含义

理念，顾名思义，即理想和信念，是概念、观点、观念或思想及其价值追求的复合体。从这个意义上讲，理念就是一整套概念体系或观念体系。办学理念是办学者对学校的定性、定位及职能的认识，是对学校的理性认识、理想追求及所持教育观念的复合体，是学校自主建构起来的总体的办学指导思想。办学理念是建立在对教育规律和时代特征深刻认识基础之上的，是沉淀了学校的历史传统，反映了学校的社区背景，以及校长和广大教师共同愿景的一整套教育思想体系的结晶。因此，我们认为学校办学理念是学校发展的灵魂和命脉，是学校成功办学的关键。

2. 特征

办学理念若要真正发挥作用，还应具备五个特征：第一，导向性。这是指办学理念必须表明学校的核心价值观及其内核，即回答"把学生培养成什么人"这一根本问题。所有的办学理念都应该体现教书育人的目标，并指导学校实践达成这一目标。第二，精神性。办学理念有特定的精神内涵，反映学校成员对教育和学校工作的理性认识，应该最容易被教育实践工作者所理解和接受。其表述必须简单、明确，没有歧义，无须加以特别解释。第三，独特性。作为学校发展的总体指导思想，办学理念应充分考虑学校的地理位置、学校的办学层次、培养对象和学校特色等情况的不同有所区别。第四，渗透性。办学理念应能渗透到各种教育教学活动的过程之中，转化为教育实践的途径和方式。第五，相对稳定性。这是指办学理念应该在一个相对长的时期内具有指导意义。以上这五个特征也可作为判断一种办学理念是否先进的标准。

3. 重庆市田家炳中学幸福教育的办学理念

（1）表述：以幸福的教育培养幸福的人。

（2）诠释：教育是为人的追求、为社会的追求、为国家民族的追求、为人类的追求服务的，幸福作为人性最本质的渴求亦是教育的出发点和最根本的目标。教育是否幸福，关系到我们培养出的人是否幸福，关系到我们培养出来的人是否能够创造幸福。为了让学生幸福，我们提出了我校的办学理念："以幸福的教育培养幸福的人。"通过使幸福的教师感受那种从职业中获得的尊重感、成就感、创造感和艺术感，让教师拥有一种物质、精神和心灵的幸福生活和"幸福的教育教学"，即为学生指明通向幸福的道路，激起学生对幸福的向往，进而引导学生在对其生活方式进行选择、优化和体悟中生成幸福感。让青少年学生初步了解关于幸福的认知，树立正确的人生幸福观，从而培养学生发现幸福、创造幸福和享受幸福的能力。在引导学生感受、追求幸福时特别注意以下三个问题：其一，教育学生必须正视痛苦。一方面，教师要培养学生面对痛苦的正确态度，引导他们以积极健康的心态对待痛苦。另一方面，教师要进行必需的"挫折教育""困苦教育"，增强学生克服困难的能力和信心，使学生勇敢地承担责任，在与痛苦的斗争中磨炼生命意志。其二，应当从学生实际生活出发。根据学生的个体经验与生活需要确定教育内容、教育方法。只有从学生的生活实际出发，才能把幸福、教育与生活统一起来。其三，要引导学生不断实现自我超越。在超越中感受幸福、创造幸福。要培养学生的反思批判能力，鼓励学生大胆质疑、勇于探索，使学生在自由自主的教育中真正体验到理智思考的愉悦与学习的乐趣，增进自身的幸福感。同时，幸福的教育要使学生摆脱"占有式"的幸福，正确处理物质享受与精神享受的关系，培养学生树立合理的金钱观、消费观、享乐观，使学生在超越的过程中获得永恒的幸福。

（二）办学目标

1.含义

办学目标有广义和狭义之分。广义的小学目标是指国家及教育主管部门规定的学校应达到的质量规格。它包含两层含义：一是指所有学校应达到的最基本的质量规格；二是指不同区域、不同等级的学校应达到相应的质量规格。狭义的办学目标是指不同的个体的学校在较长时间内，学校生存和发展中带全局性、方向性的奋斗目标。目标定位须有科学预见和创新性思考，须坚持实事求是、量力而行，以及坚持可持续发展的原则。

2.重庆市田家炳中学的办学目标

（1）表述：办让师生幸福的学校。

（2）诠释：办学目标有广义和狭义之分。广义指国家政府规定的学校应达到的质量规格，它是一种最基本的要求。狭义指不同个体的学校在较长时间内，学校生存和发展中带全局性、方向性的奋斗目标。当前，党和政府反复强调"办人民满意的教育""办人民满意的学校"，什么叫人民满意，不同的人群、不同的学校有不同的解读。田中坚决贯彻执行党和国家的教育方针，在办人民满意教育的前提下，结合学校办学的历史经验和现实追求，结合田家炳先生的教育理想，提出具有田家炳中学教育特色的办学目标，这个目标与学校的办学理念、文化主题、办学特色是一致谐和的。田家炳中学的办学理念"以幸福的教育培养幸福的人"的主体是幸福的教师，目的是培养幸福的学生，让教师、学生幸福是学校最根本的追求。学校的文化主题"幸福像花儿一样"，办学特色"幸福教育"都是对学校办学理念和办学目标的具体解读和实践。我校提出的"办让师生幸福的学校"，则是对党和国家提出的"办人民满意的教育"的具体解读，是学校过去、现在和将来的一贯教育理想、办学目标，也是与田家炳先生倡导的"兴学育才、推广文教、造福人群"相一致的。

（三）重庆市田家炳中学培养目标

1.含义

培养目标有广义和狭义之分。广义的培养目标是指国家及教育主管部门规定的各级中小学校受教育者应达到的质量。它包含两层含义：一是指所有中小学校受教育者应达到的最基本的质量；二是指不同区域，不同民族的中小学校受教育者应达到相应的质量。狭义的培养目标是指根据不同的个体和学校资源状况而明确提出的本校学生在本校接受教育过程中应达到或努力达到的质量。

2.重庆市田家炳中学的培养目标

（1）表述：把每一个学生培养成为具有幸福能力的人。

（2）诠释：教育是为人民大众服务的，学校教育的服务对象是每一个到校就读的学生，所以，我们把教育的培养目标定位在每一个学生身上。每一个到校就读的学生都应该受到重视、尊重和良好的教育。作为学校，作为教师，对每一个学生都应一视同仁，给予子女弟妹般的关爱，给予耐心、细致的培养指导，使每一个学生都具有幸福能力。这种目标定位与2500年前孔子提出的"有教无类"的教育思想是一脉相承的。即人人都应接受教育，没有等级、贫富、地域等区分；人在受教育之前是有类别的，有贫富贤愚，但是受教育之后就没有了这些差别。我校以"幸福的教育培养幸福的学生"要求我们的教师能让学生从教师身上感受到幸福的关爱，幸福的教育。具体而言，作为教师应做到"诚仁博达""因材施教"。

初高中教育是为了给学生未来的学习、工作、生活奠定基础，这种基础概括而言主要是思想情感的培养，行为习惯的养成，知识智能教育的开发。"具有幸福的能力"的具体要求亦应有三：一是学生具有正确的幸福观，这种幸福观（理想情感）应是对人类、社会、国家、民族有利无害的，具体要求就是每一个田中学子具有"益物、益人、益己"的幸福观；二是养成追求幸福的健康、快乐、勤奋、节俭、团结、友爱、坚韧不拔的坚强性格和良好习惯；三是努力培养追求幸福，创造幸福的能力。

"把每一个学生培养成为具有幸福能力的人"并不是要求一个模式。学生是千差万别的，我们教师的教育应该是因材施教。"幸福的能力"也是有差别的，但必须让每个学生都能获得应有的"幸福能力"。

（四）校风

1. 含义

校风是一所学校所特有的，占主导地位的行为习惯和群体风尚，是学校的风格、特色及其传统的综合体现，也就是说，校风是学校成员共同具有的富有特色的稳定的行为倾向，它是一所学校区别于其他学校的独特之风，它代表了该学校的特色。校风包括学生的学风、教师的教风和领导的作风三个方面。优良的校风是学校办学指导思想和培养目标的集中体现，是培育优良学风、教风的根本保证，它全面地反映出一个学校的精神面貌和办学水平。

以校长为首的领导集体的工作作风是形成优良校风的关键因素。教师则是学校办学思想，教育方针、政策的执行者，他们对学生的接触是直接的、频繁的，教师给学生"传道、受业、解惑"，其思维方式、治学态度、行为准则无不直接制约着学生的品德、言行和知识的积累、才能的增长，因而，教风之于学风，其影响是直接的、重要的、具有鲜明的导向性，起着决定性作用，是校风建设中的主导因素。领导对于学生，其接触便相对地表现为间接的、少量的，而对于教师的接触才是直接的、经常的。因而，领导作风对教风的影响是直接的，对于学风的影响便是间接的。这样，领导作风、教风、学风之间便形成一种相对的单链关系：领导作风→教风→学风。至此，我们便可得出这样的结论：没有好的领导，没有领导的倡导，形成不了好的教风和学风，也就没有好的校风。学校领导必须依靠广大教师培育起优良的教风，才能带动起优良的学风，进而使优良校风形成。

2.重庆市田家炳中学的校风

（1）表述：勤俭和乐。

（2）诠释："勤俭和乐"即是勤奋、节俭、和谐、乐观。"勤俭"乃家炳先生倡导为人四德"勤、俭、诚、朴"的主要内容，亦是家炳先生成就事业、立身处世的真实写照。《尚书》明确指出了在国家事业和家庭生活上应持有的态度："克勤于邦，克俭于家。"成就学业和事业之根本在于"勤"，古今中外，以勤就学成就事业的事例数不胜数。作为学生，若能做到勤学、勤问、勤练、勤思，则学可大成。"节俭"则是从小应养成的生活态度。从古至今，人们非常看重节俭，认为"俭，德之共也"，意思是节俭是善行中的大德。家炳先生常言："良田万顷，日食一升；大厦千间，夜眠八尺。""精神上的享受比物质上的享受好得多。""和乐"是幸福教育的重要内容和呈现，只有团结、和谐、乐观的人，才是幸福的人。家炳先生云："一个完善的社会是不应该单靠科技与经济，更重要的是和谐的社会和有爱心的人群。""我们的家庭，如果父不慈、子不孝、兄不友、弟不恭，纵是家肥屋渊，富甲一方，是否称得上幸福的家庭？答案一定是否定的，在这简单的事例里面，我们可以很清楚地推想到科技经济只是促进人类幸福的一个环节，我们更需要的是和谐的社会和有爱心的人群。"马克思言："对和谐之美的追求是人类的本能。"莎士比亚说："乐观是一种快乐的享受。"乐观的心态不仅能激励自己不断追求幸福，而且能感染他人。著名作家罗曼·罗兰说："用乐观的心情做事，用善良的心肠待人，光明坦白，他的人生一定比别人快乐得多。""乐观的性格不仅可以使自己经常保持心情的愉快，而且可以感染你周围的人，使他们也觉得人生充满了和谐与光明。"在追求幸福的过程中，人肯定要遭遇挫折，"如果人是乐观的，一切都有抵抗，一切都能抵抗，一切都会增强抵抗力"。勤俭和乐的精神是中华民族悠久灿烂文化的传承，亦是世界人民可贵的精神财富之一。田家炳人过去是这样在践行着这一追求，现在和将来更是要发扬光大其精神和内涵。这就是把"勤俭和乐"作为校风的缘由。

（五）教风

1. 含义

"教风"也称为"教师文化"，表现为教师从事教育教学活动的特点和作用，是一所学校教师的育人观念、工作态度、治学精神的综合体现。它是教师在教育教学活动中形成与发展起来的价值观念和行为方式，是教师队伍每一位成员"默认并遵循"的规矩。它主要包括教师的职业意识、教学境界、教育理念、价值取向及教学过程中的语言表情、气质风度和人格魅力等，规定着学校的价值系统和传统。良好的教风不但能促进教师整体素质的提高，为优秀教师的脱颖而出提供优质保障，而且能增进学风的转变，为学校的整体发展创造条件。教风应坚持以教师发展为本，以师德师风建设为核心。

2. 重庆市田家炳中学的教风

（1）表述：诚仁博达。

（2）诠释："诚"，即忠诚，是一个人内心深处的情感，是人生最重要的品质，是诚信的核心，也是幸福教育的重要内容。"诚"具体包含三层含义：对信仰的忠诚，对组织的忠诚，对个人的忠诚。教育是神圣的，是信仰和文明的火种，承载着传承人类精神文明和中华民族优秀灿烂文化的历史重任，我们为从事教育事业感到自豪，感到神圣。作为田家炳中学的师生，要忠诚我们的学校，要以校兴我荣，校衰我耻为宗旨。待人处事讲求真心诚意、不虚伪。古语亦云："精诚所至，金石为开。"以诚待人，是事业兴旺发达的助力，是构建幸福校园、和谐社会的必然要求。"仁"者，爱也。"仁"包含两层意思：其一，热爱自然万物，即我校倡导的"益物"。其二，爱人。《论语》："樊迟问仁，子曰：爱人。"《孟子》："仁者爱人，有礼者敬人。爱人者人恒爱之，敬人者人恒敬之。"作为教师，当以爱生为教育之前提和幸福教育的基础。只有基于爱的教育才是幸福的教育，没有爱就没有教育。"博"者，广博也，为人师者，当博学广才，方能正确引领学生成长，方能满足学生的求知欲。博学不仅能增长才干，更能使人明白事理，增长智慧，正道而行。这样的教师对学生的成长无疑都起到榜样的作用，学生不仅能学到丰富的知识，更能学到做人的道理。"达"者，旷达也，具体指心胸开阔豁达。作为教师，在待事待人上，具有开阔的心胸尤为重要。在待事上，即面对人生诸多困难时，要有旷达通泰的胸襟态度，心智自然不会苦累，活得就不会拘谨痛苦，遇到挫折能顺其自然，不愉快的经历也不能使他怨天尤人，其人生理想也能愈挫愈坚，更易取得成功。古人云"海纳百川，有容乃大"。宽宏大量会使强者变得更强。

（六）学风

1.含义

"学风"也称为"学生文化"，是指学生的行为规范和思想道德的集体表现，是学生在学习过程中所表现出来的精神风貌。良好学风的建立和形成是一个系统工程，需要综合治理。主要表现在：一是校园氛围。学校的自然环境、人文景观、物质文化、制度文化、精神文化、学术气氛、安全状况等都对学生产生耳濡目染的作用，能激励学生奋发向上、勤奋学习、努力成才。二是管理体系。学生工作要有一支高素质的管理队伍和科学的管理体系，有健全的规章制度和规范的管理。三是教育载体。学校组织的科技活动，文化、艺术、体育活动，第二课堂活动，创新、创业和社会实践活动等都对形成良好学风有促进作用。四是形象表现。学生群体的形象表现和学习、生活作风也能反映学风状态。学风是一种无形力量，体现在很多细微之处，是群体的综合表现。

2.重庆市田家炳中学的学风

（1）表述：切问近思，砺志笃行。

（2）诠释："切问近思"语出《论语》："博学而笃志，切问而近思。""切问"：切切实实地问，具体地问，明确地问。不能泛滥问，不能不经思考乱问，问必须先问自己，审察研究而仍有所疑，然后方问。学贵有疑，小疑小进，大疑大进，学有疑而不问，只做了一半工夫。"知之为知之，不知为不知，是知也。"问方能了解世界，明白事理，增长才智。"近思"：由近及远地想，由易及难、由浅及深、由小及大，由已知及未知地想，要多想当前的事情，想与自己的实际情况密切相关的事情，不要好高骛远，不切实际地空想。所谓"物有本末，事有终始，知所先后，则近道矣"。对事物对学问的探寻如果能由末到本、由始到终，自然就会找到规律，达到目的。"砺志"：砺，磨砺、锻炼、磨炼，"砺志"即磨炼意志。到田家炳中学求学的学子不仅是来感受幸福的，更要学会幸福能力，坚定不移地去追求幸福、创造幸福。要实现"益物、益人、益己"的幸福追求，必须有坚韧的性格，坚定的志向，"志不强者智不达"。面对挫折要愈挫愈勇，方能实现理想。正如古人所言："有志者，事竟成，破釜沉舟，百二秦关终属楚；苦心人，天不负，卧薪尝胆，三千越甲可吞吴。""笃行"："笃"，指坚定不移，踏踏实实，一心一意，坚持不懈。"笃行"，指对学问的追求，对理想的追求要专心致志，坚持不懈。《礼记》有言：

"博学而不穷，笃行而不倦。""博学之，审问之，慎思之，明辨之，笃行之。"其强调的重点，在于"笃行"。真知贵在笃行，唯有笃行，方能得真知。正如颜习斋所说："凡事心中了了，口中说说，笔下写写，而不从身体力行过，全是无用。"要追求幸福，要实现理想，必须持之以恒，锲而不舍，有恒为成功之本。

二、田中幸福教育特色的制度文化

一个学校的管理，有"道"与"法"。"道"即思想、理论或理念，"法"即方法、技术与手段，"道"与"法"合则成就事业。有道无法成事不足，有法无道则败事有余；没有理念指导的实践是盲目的，没有实践支撑的理念是空洞的。学校管理者所拥有和掌握的管理理念、管理制度，无论学校管理者是否明确意识到，都将潜移默化地渗透到具体管理实践中。所以要管理好一所学校，必须辩证地理解和应用好理念，道法自然，有良好的制度文化才能达到学校管理和谐与最佳效益。

（一）管理制度文化

1. 含义：所谓学校管理制度文化是指人们对于学校管理活动的理性认识、理性追求及其所形成的管理思想观念和管理哲学观点，是学校管理主体在管理实践、思维活动及文化积淀和交流中所形成的学校管理价值取向与追求，是一种具有相对稳定性、延续性和指向性的学校管理认识、理想的观念体系。

2. 表述：以诚待人，用心做事。

3. 诠释：学校的管理工作有"道"与"法"，"道"即思想理论或理念；"法"即方法、手段、技巧。"道""法"相合则成就事业。

"以诚待人"：古人非常强调"道法自然"，现代人也越来越深刻地认识到"道法自然"的重要性。最有实效的管理是最能尊重人、最能理解人、最能顺应人心、最能调动人的主动性的管理。管理的实质是调动人的积极性，追求最大效益化，管理的规则、制度等都是为此服务的。人与人相处的哲学就是管理的哲学，人与人相处莫贵于"诚"。"用心做事"：它是学校管理的"法"，是每一个教职工对工作态度的自觉要求。何谓"用心"？有三点必须做到：第一，真心热爱教育事业。要充分认识到教育的伟大、崇高和神圣使命，从而增强从业的责任感、神圣感、自尊感和自觉性。第二，不断提升自己的教育教学能力。一个优秀的教师，如果没有扎实的专业功底，没有广博的知识学问，没有良好的教育教学方法，很难受到学生的热爱和家长、社会的认可。第三，重视每一个细节。态度决定结果，细节决定成败。

（二）人才制度文化

1.含义：全面的用人观念，应该解决四个问题：充分尊重人才，广泛发掘人才，敢于使用人才，精心培育人才。

2.表述：自主当真，行者无疆。

3.诠释：临济义玄禅师曰："随处做主，立处皆真。"其意思是只有时时处处当环境的主人，才不会被环境牵着走，才能把握方向，保持心性。"自主当真"要求我们的教师不要当传声筒，要有独立的人格和思想，待人遇事，能够自己做主，明辨是非，知所取舍，永远保有当局者自己的善良、乐观、进取的真实心性，能够自主地引导自己，无论身处什么样的环境，都能不畏不惧，自主当真。《行者无疆》是当代著名学者余秋雨先生考察西方文明，走过了26个国家96个城市所写的一部游记。其本义是指旅行的人没有疆界，将永远行走下去。其比喻义是指每种文明都值得学习借鉴，作为中国人不应该僵化保守，故步自封，自高自大。从教育对人才的角度理解，"行者无疆"包含三层意思：其一，行动者"无疆"。常言说，世上无难事，只怕有心人。只要坚持不懈地为理想而奋斗，就一定会有收获，一定会成功。只要行动，其前程一定远大，其未来成就一定不可限量。其二，行动者不要僵化。教师是教育实践的"行者"，对知识能力的追求不应自满，要不断学习，与时俱进，并且教育对象是千差万别的，教师只有不断探索教育的方式方法，教育才会有效果。尺有所短，寸有所长，"学无先后，达者为师"。教师应学会向学生学习，教师应该视学生为学习对象，唯有如此，才能真正做到教学相长。其三，人生行动无疆。人生是一个不断超越自我的过程，是由一个山峰向另一个山峰迈进的过程。生命的意义就在于不断地探索前行，生命是有长度的，有疆界的，但我们可让生命变得更丰富，增长生命的意义和内容，让有限变为无限。

（三）服务制度文化

1. 含义：服务制度文化是学校对全校教职员工提出的为学生及其家长服好务的思想认识、行为要求。

2. 表述：学校的一切都是为了孩子一生的幸福。

3. 阐释：学校因教育的需要而诞生，学校因学生而存在。学校的主体是学生，学校的发展首先要考虑的是学生的发展，学校的发展是为了学生教育的需要。学校考虑问题的出发点，设计活动的出发点，建设校舍环境的出发点，购置设施设备的出发点，教育教学行为的出发点等，都应是学生，都是为了孩子一生的幸福这样一个终极目标。"学校的一切都是为了孩子一生的幸福"的服务理念主要包含三层意思：其一，学生是学校的服务对象，既然是服务，就应尊重学生，关爱学生，耐心地对待学生，以高质量的管理和教育教学，让服务对象满意，让其感受到作为服务对象的幸福感，这种幸福就是学校办学理念"以幸福的教育培养幸福的人"指导下的学校一切教育行为。其二，"学校的一切"服务都只能是在学校现实基础上的一切，我们尽可能地为学生的成长，为学生一生的幸福努力创造优秀条件，营造良好环境，但不能不考虑学校的实际，特别是在教育硬件的投入上，学校环境的改造上，最好的并不都是我们能做到的，最好的也未必就是最恰当的。其三，我们服务的着眼点强调的是孩子"一生"的幸福，所以，我们的服务内容必须充分考虑合理要求与非合理要求、现实与未来、个体要求与大众利益、主要矛盾与次要矛盾的区别、差异、对错、取舍，这样，我们的教育服务才会有原则而不会混乱。

三、田中幸福教育特色的视觉文化

（一）图案（略）

（二）释义

图案中的绿色线条巧妙组合成阿拉伯数字"3"和"5"，寓意为"35中"。绿色线条与线条中间的空白交错搭配，构成汉字的"田"，寓意为"田家炳中学"。图案右上方一面迎风招展的旗帜，使整个图案充满动感与活力，寓意"35中"（田家炳中学）全体师生将永远坚持昂扬奋斗的精神，不断勤奋学习、努力工作、追求幸福、创造幸福，要让"35中"成为师生幸福的地方，更要创造出让大众幸福的新天地。图案由绿色、白色、红色三色组成。绿色是大自然的主宰色，代表生命、和平、健康、活力、希望。象征"35中"以博大的师爱关注每一个孩子，尊重每一个孩子，以充满激情的教育智慧，点燃每一个孩子的希望，让每一个孩子都能茁壮、健康成长，不让青春留下遗憾。白色是生命的本色，是无邪、纯洁、庄重、神圣的象征，寓意"35中"校园生活纯洁、庄重、神圣。红色象征牺牲与胜利，寓意"35中"艰苦奉献，无畏牺牲，永远发扬田家炳先生热爱祖国、报效人民的伟大精神，以满腔的教育激情与教育实践，不断创造教育梦想。

（三）学校口号

1.含义：学校口号是指充分体现学校核心理念与意志，办学特色与风格，用以鞭策与警醒全校师生和展现学校形象的宣传性短句。口号必须是能上口、易懂、流畅的短句，起到激动人心、催人奋进的鞭策作用和打动听众的煽情感染力。学校口号要能体现学校的办学理念，能体现学校的办学特色和风格。

2.表述：感受幸福，追求幸福，创造幸福。

3.释义：学校口号必须以流畅明白的短句，煽动情感、激动人心、催人奋进，能高度体现学校的办学理念和办学特色。"感受幸福"，说明田中是个让人幸福的好地方，田中师生在田中感到非常幸福快乐。同时昭示人们留意生活中幸福的事情，保持幸福快乐的心情面对生活。"追求幸福"，表明了田中师生的追求，这种追求符合人的本性，符合教育的终极目的，昭示人们牢记生命的意义在于追求幸福。"创造幸福"，表现了田中师生的志向既现实而又远大，既自我而又博大，不仅要努力学习学会创造幸福的能力，更要创造出让大众幸福的新天地。

（四）教师誓词

1.含义：教师誓词是学校全体教职员工的生活、工作和教育教学之中必须信守、坚持的责任与义务方面的信念，是简洁明了和催人奋进的宣传性、口号性语言。

2.表述：我是幸福的人民教师，我在国旗下庄严宣誓：

教育不仅是生活，更是幸福；

教育不仅是奉献，更是收获；

教育不仅是重复，更是创造；

我要以幸福的教育，润泽幸福的学生。

（五）学生誓词

1.含义：学生誓词是学校全体学生在生活和学习之中必须恪守、坚持的理想总结与浓缩，是简洁明了和催人奋进的宣传性、口号性语言。

2.表述：我是幸福的田中学子，我宣誓：

强健体魄，修养性情。

向善乐群，惜时笃学。

求真务实，创造幸福。

不懈追求，止于至善。

（六）学校赋

1.含义：现代的学校赋，主要是"文赋"，即通过优美的语言、错落变化的句式、灵活自由的押韵来描写学校的地理位置、环境建筑、设备设施、办学成就，表达学校的办学理念、办学追求。

2.学校赋表述：长江之畔，九龙之疆，立校兴学，文明衍昌。遵杏坛之风范，居闹市而书声琅琅；守教苑之本分，处商区而缕缕书香。校园清雅，秀丽端庄，半世风雨，几多辉煌，人才辈出，器宇堂堂。此田家炳中学也，五十载熠熠闪光！

时移世易，岁月激荡。与时并进，改革开放。因应时代大潮，先进教育思想。幸福教育，促学生幸福成长；内涵发展，扬学校特色所长。学子之品也，润之焉师德之馨香；学子之能也，养之焉师学之精良；学子之失也，晓之焉师严之期待；学子之困也，解之焉师爱之高旷。植兰树蕙，勤育善养；教风习习，学风荡荡；校友业绩，挥洒四方。田家炳中学，勃勃焉而日新月异；九龙坡大地，欣欣焉而桃芬李芳。

田家炳中学，田先生助襄；田家炳中学，田先生厚望。得其助当不负所望，得其名当添彩增光。盖因田家炳中学非止一隅，重庆田家炳中学更当争先向上。大浪淘沙，负重自强，建创新学校，创至善质量，育社会英才，传百代流芳。"田中人"，敬业奉献；"田中人"，道义担当。明天之图景，更见壮阔，未来之"田中"，更显风光！于是而歌曰："九龙兮一方，'田中'兮煌煌，立学林兮修德博学，幸福教育兮山高水长！"

（作者系西南大学教授曹廷华）

（七）校歌

1.含义：歌，歌曲也，指能供人歌唱的作品，是诗歌和音乐的结合。校歌，与校训一样，也是一个学校的标志。校歌之于它的学校，就如同国歌之于它的国家。有一首校歌，曾经鼓舞过千百万人，成了民族革命的号角："黄河之滨，集合着一群中华民族优秀的子孙，人类解放，救国的责任全靠我们自己来担承。同学们，努力学习，团结紧张，严肃活泼我们的作风。同学们，努力工作英勇战斗，艰苦牺牲我们的传统。像那黄河之水汹涌澎湃，把日寇驱逐于国土之东……我们是抗日救国的先锋。"这豪迈激越的旋律、坚定自强的誓言，就是著名的抗大校歌。每当人们听到抗日军政大学校歌那激昂而振奋人心的旋律时，经历过那段战火纷飞的年代的人，会因此而泪流满面，而作为后来的人，听了以后，也依然会热血沸腾。所以，校歌是一种精神力量，校歌是一种文化传统的艺术载体，校歌更是一个学校风格的艺术体现。

2.表述：

高山苍苍，江水泱泱。

田中校园，其乐融融。

青春明媚，书香芬芳。

幸福人生，启帆远航。

高山苍苍，江水泱泱。

田中学子，其道大光。

虎啸鹰扬，不息自强。

振兴中华，永志勿忘。

桃李不言，下自成蹊，田中田中，亲爱学堂。

正心修身，齐家治国，学子学子，不息自强。

桃李不言，下自成蹊，田中田中，深情守望。

正心修身，齐家治国，学子学子，永志勿忘。

四、田中幸福教育的环境文化

重庆市田家炳中学是一所公办高完中，是北京师范大学基地学校。学校创建于1954年，在60余年的办学历程中，学校秉承"以幸福的教育培养幸福的人"的办学理念，坚持"内涵发展，特色强校"的办学思路，学校规模不断扩大，教育质量逐年提高，社会知名度和美誉度日益提升。

（一）文化环境

目前学校已发展成拥有 A、B 两个校区，58个教学班，3000余名师生员工规模的市联招学校。学校确立了"以幸福的教育培养幸福的人"的办学理念。坚持"内涵发展，特色强校"的办学思路，努力创造适合学生的教育。通过田中人愉快的工作，智慧的劳动，精心的呵护，孩子们成为校园的主人，快乐地学习，健康地成长，全面地发展。

学校有两个塑胶运动场、多个篮球场、网球场、游泳池等运动设施，有现代化的数字监控系统2套、微机室6间、理化生实验室13间，有功能齐备的艺术教育中心、文化广场、学生食堂、学生公寓等。如画的校园里，既有绿荫掩映下的深厚历史文化积淀，又充满着浓厚的现代教育气息，为学生成长、成才提供了一片广阔天地。

（二）人才环境

学校现有教职工254人，其中有研究员1人，高、中级教师162人，市、区级骨干教师、学科带头人、优秀班主任70余人。近两年，有4名教师获区"十佳教师"殊荣，19名教师获区"优秀教师"称号；在区级优质课大赛中，我校14名教师参赛，13人获奖，7门学科10名教师获一等奖，孟颖、袁丽钦老师分获全国、全市一等奖，颜晋老师被重庆市选派到北京参加了全国骨干班主任培训，杨萍老师代表重庆市在全国中学语文教学研究活动中上示范课，获得好评。建校以来，学校培养出了大批学者、作家、艺术家、运动员、企业家……有被誉为留美"五虎上将"之首的彭中，有1963级四川省高考理科状元、中国科学院数学物理学部院士李安民，著名书法家屈趁斯，著名作家莫怀戚、黄越勋，国家桥梁专家钟昭贵，经济学家郭元晞，著名歌唱家张礼慧、张礼仁，红遍日本歌坛的潘幽燕等。在近几年的中、高考中，田中学子更是不负众望，蒲雪梅同学以优异成绩荣获九龙坡区"文科状元"。如今的重庆市田家炳中学，环境优美，师资雄厚，管理规范，特色突出，成绩斐然。

五、幸福教育特色的学校文化的质量检验

（一）幸福教育质量的含义

幸福教育质量是幸福教育学校文化的重要组成部分，质量是学校的核心竞争力的重要体现。教育质量是时代发展的要求，是教育工作追求的目标，是教育事业生存的根本，在任何时代，任何地方，质量永远是学校的生命线。

（二）质量理念的表述

立足当下，惠及长远。

（三）质量理念的阐释

"立足当下，惠及长远"的质量理念强调关注"当下"，明天的事要想好，但今天的事必须做好，把理想落实于现实，把对学校未来的展望落实在"当下"的行动上，把对学校教育质量的要求落实在日常的教育工作之中，认真把握好教育质量的每一个环节，重视教育的每一个细节，认认真真、踏踏实实、一丝不苟地做好当下的事情，教育质量才有保障，教育理想才会实现。"立足当下"是总结历史经验的现实出发点，"立足当下"是把握质量出口的根本要求。"立足当下"可以客观地看待过去，"立足当下"可以冷静地面对未来，"立足当下"可以准确地把握质量，"立足当下"可以正确地把握方向。"坐而论道，不如起而行之"，当下的行动才是质量的保障，"立足当下"才能惠及长远。

"当下"的事情除了踏踏实实地做以外，更要考虑做得对，要结合历史和未来思考其正确性，要系统、全面考虑其科学性，要具有可持续发展的高度，要具有科学发展观的思想，要经得住历史的考验，只有这样，才能真正地惠及长远。

六、幸福教育特色的学校文化主题的创新融合

（一）学校文化主题的含义

"学校文化主题"，简单理解是指学校文化的中心、核心。任何一所学校都有文化的主题性，学校的文化主题性是指能够反映学校精神，学校物质的价值观念、思维方式、师生品德、物质

资源的文化特征。具有不同于别的学校文化的理念和文化结构，能够反映特定学校精神。文化的主题性是经过一定的积淀而形成的，具有相对的稳定性。但它同时又在学校的发展过程中不断地发展和创新。

（二）文化主题的表述

幸福像花儿一样。

（三）文化主题的阐释

田家炳中学的学校文化是和本校的办学理念"以幸福的教育培养幸福的人"和办学特色"幸福教育"一脉相承的，田家炳中学认同和遵循的价值观、精神、行为、准则及其规章制度、活动、物质设施等学校文化处处彰显着"幸福像花儿一样"的文化主题。

"幸福像花儿一样"的内涵主要有两个层面：

第一个层面是，田家炳中学的文化理念、宣传口号、领导作风、人际关系、规章制度、花草树木、设施环境以及行为活动等都像花儿一样那么多彩多姿，那么美丽迷人，让田家炳中学的学生和教职工为这一切欢喜、快乐、赏心悦目、幸福沉醉、迷恋流连。学校强调教师的内涵发展，通过"青蓝工程"、名师演绎等系列活动，给教师创造机会学习进修；通过参加赛课论坛等各种活动展现教师风采；通过课题拓展教师的眼界和思维。学校提倡把每节课当成公开课来上、把日复一日的工作做成课题来研究，让每个教师都有自己的特色，让教师在新鲜中去工作、在工作中去创造，去感受成功、体验幸福，达到以教师愉快的工作和智慧的劳动使自己得到发展，使学生健康成长的目标。我们特别要注意：第一，学校应当给教师创造一个宽松愉快的环境，为每一位教师的成功建造舞台，让教师的生命释放光辉，像鲜花绽放，使幸福不断充盈在我们的教育生活中。第二，学校要精心设计每项活动，要通过有意识的教育活动，培养学生自尊自信、自觉自制、积极乐观、随和通达等品性，使学生在活动中树立正确的幸福观。第三，要努力创造适合学生的教育，遵循"因材施教"的教育原则，使学生长处得到发挥，使他们能够幸福地接受教育。第四，要构建起和谐的人际关系，使全体师生员工因为和谐而幸福。第五，要让学校的建筑、学校的环境、学校的花草树木等一切视角可见的东西说话，使建筑的美感、环境的美感、视角的美感让人感受到如花般美丽，感受到愉悦的幸福。

第二个层面是，田家炳中学的师生、环境、活动、追求、办学成就等，彰显出来的精神像花儿一样，充满了田家炳中学的文化魅力，让家长、世人、社会激动、喜悦、幸福。60多年的田家炳中学历史中有很多像花儿一样的东西呈现在了世人面前，让人感受到了田家炳中学像"花儿一样"迷人，但如何永远保持田家炳中学像花儿一样让人幸福，开得更美、更艳，则是我们这一代以及后继者永远不懈的追求。要让社会、世人充分感受田家炳中学一如既往、魅力无限的文化主题，必须把握好"内显"和"外显"两个环节。所谓"内显"就是在学校内部，我们的师生关系、我们的校园环境、我们的教育教学活动都是幸福和谐美丽的，让任何外面的人走进田家炳中学都能感受到如花般的幸福、美丽。所谓"外显"就是田家炳师生走出校门，融入社会生活中，我们的精神气质、我们的处事待人、我们的一言一行都能让别人感受到我们如花般的坚强、幸福、美丽，能为社会的幸福、美丽增添亮色。

七、幸福教育特色的现代管理理念

（一）现代管理理念的表述

"以诚待人，用心做事"的人本管理理念。

（二）现代管理理念的诠释

"以诚待人"：学校管理的对象是人，不是机器，学校更是追求文化和人性的地方，人与人以诚相待，恪守承诺，把自己的信誉和学校的信誉视如自己的生命，是理解、融合、形成合力、获得成功的前提和助力。"以诚待人"就是学校管理的"道"，是学校管理的指导思想，是建立在"以人为本"指导思想上的管理哲学。"用心做事"：教育的工作是人的工作，是百年树人的漫长工作，其工作性质非常复杂烦琐，不容易见成效。这要求我们在教育的过程中，真心、耐心、细心、用心，一步一个脚印，踏踏实实做好教育过程的每一件事情，则教育的理想就会变成现实。以人为本，百年树人。通过"以诚待人，用心做事"的人本管理理念，极大地保障了幸福教育特色学校文化的和谐发展。

第四章

幸福教育的
学校师资建设

———

前一章探讨了幸福教育的学校文化建设，也就是幸福教育的文化认识，以田中为例，构建幸福教育的学校文化，目的是推动幸福教育特色的学校文化的发展。本章讨论幸福教育的教师心理特点和需要、教师专业发展价值、教师专业发展途径、学校师资队伍建设等。现分节叙述如下。

第一节　幸福教育的教师心理特点和需要

一、幸福教育中教师的心理特点
（一）以师爱为基础

幸福教育是充满爱的教育。苏霍姆林斯基说："教育的全部奥妙就在于如何爱护儿童。"爱是教育的基础，是教育中最为重要也最生动的元素，是教师幸福的源泉。师爱是教师在幸福教育工作过程中所表现出来的对学生的关心、热爱、尊重以及对学生严格要求行为的总称。真正的幸福教育离不开师爱，教师对学生真诚的爱，必然会得到学生爱的回报，爱满天下的教师，必然会得到桃李满天下的幸福。给予是幸福的最高境界。教师因为爱而乐于奉献。"捧着一颗心来，不带半根草去"是教师奉献精神的真实写照，也是教师幸福来源的最根本动力。只有真正奉献了的教师，才能品味到最深沉、最醇厚的幸福。

（二）职业认同度高

职业认同是教师产生职业追求、获取职业幸福的最基本条件。一些人选择当教师不是因为教育事业的伟大，而是因为教师工作轻松、稳定，有两个假期，收入也不错。这些都是基于对谋生需要的选择，而不是基于对一种立志所从事事业的选择。幸福教育中教师的职业认同，不只是因为教师的收入、地位，而是坚信以育人为己任的职业是最伟大的职业，它创造着人类的未来，基于对教育意义理解的职业认同，即便是遇到了困难和挫折，他们也不会轻言放弃教师职业，因此他们对于教师这一职业认同度高，是真心热爱教师职业、热爱学生。

（三）胸怀教育理想

理想是一种极致状态，但这种完满和极致永远是理想，不可能真正实现。但这并不意味着教师不需要这种完满的理想。教师心中有没有这种理想，与他们从事的教育行动是有极大关系的。当教师胸怀理想，理想就会吸引着他们，督促着他们一步一步向着这个虚灵而真切的境地走过去，他们便在提高着自己为师的品位，升华着自己的教育信念，为教育幸福提供永久的动力。教育的理想就在于直面生命、关怀生命、成全生命、丰富生命的意义，提升生命的价值，使生命走向卓越和完满。幸福教育中的教师正胸怀这种理想，体验着师生"生命在场"的幸福，也提升了生命的质量和幸福指数。

（四）教育理念先进

教育理念是一种通过理性思考自觉树立的教育观念。科学、先进的教育理念是正确获得教师幸福的先导和支撑。幸福教育中的教师能正确认识和对待传统与现代、国内与国外的各种教育思想，彻底转变过时的、陈腐的教育观念，树立与时代发展和社会主义现代化要求相适应的人才观、教育观、教学观、学生观和质量观，能建立与社会发展相一致的开放的、创新的、人性化的教育理念，不断地探索新的教学艺术，创新教育方式，营造一种宽松、自由、民主的教学环境，从而最大限度地调动起学生的积极性、主动性，为获得幸福而奠定良好的基础和保证。

（五）心态乐观积极

在同样的环境中，同样的工作，有人感受到的是幸福，有人感受到的却是不幸。这与人的心态有关。心理学研究表明，幸福的人大多积极、自信、乐观、自尊，有克服困难的勇气和较强的自制力。所以，幸福教育中的教师善于自我调适，能正确地认识自我，形成合理的职业期待，以积极的心态面对自己的工作，做一个积极、乐观、开朗、豁达、上进、充满激情和活力的阳光教师。

同时他们还表现出一种不懈的专业追求和坚韧不拔的专业精神，有了这种专业精神，哪怕面对再大的困难，也会笑迎而上，积极进取，使幸福在积极的生存方式和体验中萌生、绽放。

（六）师德师风端正

亚里士多德曾说："幸福即是某种德行。""幸福即是合乎德行的现实活动。"在这里，他无疑看到了幸福与德行之间有一致之处，说明德行构成幸福的内容。如果为了个人的幸福而不顾及道德的谴责，那就不是一种受人普遍尊重的幸福。这就鼓励人们追求一种符合道德原则和人的德行本质的幸福。对一个有精神追求的教师来说，更应使自己的幸福具有相当的道德水平和德行因素。幸福教育中的教师能抵制各种诱惑的影响，自觉端正师德师风，把热爱教育事业、奉行真诚奉献精神、尊重和爱护学生、为人师表、以身作则等作为师德修养的主要内容，切实加强师德培养、净化自己的人格，以满腔的热情、高尚的人格魅力去感召学生，从而产生身教重于言教的良好效果，最后达到幸福的境界。

二、幸福教育中教师的心理需要

教师幸福是教育幸福的前提，是引领学生走向幸福人生的重要资源。学生的幸福人生只能在幸福的教育场景中展开，而幸福的教育场景不是教师置身事外设计出来的，离不开教师本人幸福生活的演绎。理想的教育应该是培养真正的人，让每一个教师培养出来的人都能幸福地度过一生，这应该是教育追求的恒久性和终极性的价值。因此笔者认为幸福教育中教师需要有健康感、公正感、道德感、融洽感、成就感、自主感、归属感。之所以说这些因素是构成教师职业生活幸福的共同因素，是因为缺失这些因素中的任何一项，都将严重影响教师职业生活的质量，降低其职业生活的幸福指数。

（一）健康感

健康与幸福近乎同义词，体验健康就是体验幸福。同时，拥有健康是享受生活、生活丰富多彩的前提。尽管一个人拥有健康的时候不一定会意识到拥有幸福，但当一个人失去健康时，他马上会视健康为幸福的根本。而健康包括生理健康和心理健康。所以健康感包括身体健康感和心理健康感。一个人如果身体基本健康，但心理不怎么健康，或者心理基本健康，但身体不怎么健康，他的幸福体验必然大打折扣，必然会降低其幸福指数。教师的健康既是他们"革命（工作、事业）的本钱"，也是他们幸福的来源和幸福本身。从这一意义上来说，教师是"我健康我幸福"。

（二）公正感

公正感（公平感和正义感）是幸福之源，一个人的公正感越强，幸福感则越强；追求公平、正义即为追求幸福。相对而言，作为知识分子的教师在一定意义上是社会公正的代言人，因而普遍对公正更为敏感，也更加注重以公正这一价值标准来衡量自身的权益是否得以维护、自尊的需要是否得以满足。影响教师自尊需要的公正感既涉及面对社会宏观环境的公正感，也涉及面对自己所生活的小环境的公正感。就对小环境的公正感而言，主要包括工作条件、工资待遇、发展机会等方面的公正感。

（三）道德感

幸福具有级差性，即我们可对幸福观、幸福感做价值等级性评估，可对幸福感及影响幸福感的幸福观做高下、优劣的道德评价、道德判断。例如，有人以对生活总体以及主要生活领域感到满足或能体验到生活的某一方面的快乐为幸福，有人则以自身潜能的实现或自我完善为幸福。有人以衣食无忧为幸福，追求的是世俗的、凡人的幸福生活；有人以追求真、善、美、圣为幸福，追求的是超凡的幸福体验。在这两对不同的幸福取向中，可以说后者是更具道德行的，是更有意义和价值的幸福观、幸福感。教师劳动的手段是自身的知识、才能、品德三者的统一，这三者对教育目的的实现和教师的教育生活来说是不可或缺的，教师必须既以自己的知识、才能影响学生，又以良好的品德影响学生；既应行言教，也应行身教，才能实现教育目的。不仅如此，教师有着"善良的意志"，以良好的德行影响学生、过着有道德的教育生活，教师则会有道德感，而有道德感的教育生活，教师才是幸福的，因为"幸福的生活犹如善良的生活"，"幸福即是某种德行"，"幸福即是合乎德行的现实活动"。教师过着有道德的生活的幸福感既来自以自己的良好人格品质影响了学生所产生的欣慰感，也来自因自身的道德水平的提高、人格的提升或自我得以完善所产生的满意感。

（四）融洽感

即使一个人的物质生活条件再优越，他的事业成就再大，但如果他有着由人际矛盾而引起的人缘挫伤感，他就会因交往需要难以满足而感到某种不幸，而只有当他与他人有着良好的人际关系时，他才能更为幸福，正所谓"友谊与合作是一般人幸福中的基本成分"。这里，友谊与合作是相互关联的，即友谊是合作的前提，合作又能加深友谊，促进人际关系的和谐。教师人际关系的和谐既包括其与学生关系的和谐，也包括其与同事（包括校领导）、家长关系的和谐。

（五）成就感

成就感即为自我价值感、自我效能感。作为职业人士，事业有成、有成就感是幸福感的最重要、最直接的来源，也是幸福感的最为重要的构成因素和幸福感的最高峰体验。一个人的职业生活只有获得了成就感，他才能对职业生活有幸福感，他因体验成就感而体验幸福感，可以说他是"我成就我幸福"。教师有着强烈的成就需要，成就需要的满足是教师幸福感的高峰体验，是教师所体验的最强烈和最持久的幸福感。因为成就体现的是教师潜能的发挥，是教师人生价值的根本体现。尽管没有成就感的教师可能也会有幸福感，但与有成就感的教师相比，前者的职业生活幸福感必然不如后者来得那么强烈。教师的成就感主要来源于学生的成长、进步、成人、成才，这是教师因体验成就感而体验幸福的最重要方面。当然教师的成就感也来源于自身专业水平的提高。例如，教学能力和水平受到学生和同行的肯定，取得了一定的科研成果，发表了受同行肯定的文章，等等。但教师劳动价值的隐含性、迟效性决定了教师的成就感的满足主要不是即时性的，而是延迟性的。

（六）自主感

如果教师的人格是健康的，如他的人格不是权威型人格，那么，往往具有强烈的、"当家做主"的意识，普遍都要求在工作中能够发挥自主性。这一是因为自主是教师取得一定成就的前提。教师在工作中有自主性，才会获得真正的成就，才会有真正的成就感。二是因为要完成一定的教育教学任务，要求教师应有高度的责任感，要求教师在工作中能自主、独立地思考，能自主控制自己的行为和思想，其行为和思想应是一致的。如他能从教育目的出发，自主地探究更有效的教育教学方法以及单独钻研业务；同时，也就在发挥自主性、担当责任的工作中，成就了教师的自主意识、自主感。如果受到外在因素的强制，就会损伤教师的自主性和自尊心，所以，教师往往把自主性视为自己的生命，当作生命来捍卫，当作他的"此在存在"。与此同时，教师会把自主性的丧失视为人生的不幸、生命的丧失。所以，对教师的自主性的侵害是最根本的侵害。自主性受侵害，教师会普遍地感到不幸。可以说，教师是"我自主我幸福"。

（七）归属感

归属感是人由归属需要产生的感受、体验。家庭是教师首属群体，学校则是教师作为生活者、发展者的次属群体（或者第二归属群体）。首属群体是教师以爱情等亲情为纽带、延续生命和停泊、休整的港湾，作为次属群体的学校则是教师超越生命和将生命做更广泛延续的家园，在这个家园，教师投入其生命和情感、精神，展现其智慧、才华和提升其精神品格。对学校这一次属群体的归属需要的满足，既是学校作为社会组织的基本功能，也是教师作为职业人士的主观需要。所以当外在因素困扰教师对次属群体的归属需要的满足时，或当教师失去了教职及面临失去教职的威胁时，会感到是一种人生的不幸。

以上构成教师职业生活幸福感的各种指标因素是相互联系的。例如，就自主感与成就感的关系而言，教师的自主感是教师获得成就感的前提，而教师一定的成就感的获得又能增强教师的自主感。

三、研究幸福教育教师的心理特点和需要的重要意义

马斯洛把自我实现看作是人的最高需要，当这种需要得到满足时，人会产生一种"高峰体验"，即能够体验到最大的充实感和幸福感。自我价值的实现是教师享受幸福的根本途径。学校是一个锻炼人、培养人的舞台，而教师就是这个舞台上灵动的生命与绚丽的色彩。教师在实现自我人生价值之时，也实现着社会的价值。教师生命的价值是个体内在生命价值与外在社会价值的统一。教师生命价值的实现，也创造了自己的幸福和利他幸福的统一。一个教师物质上可能并不富有，但当他体验到教育带给他的内在尊严和欢乐时，他精神上一定是最幸福的；当他能够为国家、人类、社会发展做贡献时，他一定是最伟大的，也是最幸福的。教师的生命价值超越了纯粹物质欲望的追求，而把自己所做的平凡工作与个人收获的快乐、生命价值的实现联系在一起时，与国家的兴旺、文明的传承、社会的发展联系在一起时，他就获得了一种精神的幸福，一种利他的幸福。因此，研究幸福教育教师的心理特点和需要对于教师、学校、国家、社会都具有重大意义。

第二节　幸福教育的教师专业发展价值

一、专业性与发展性的统一

（一）专业性

1. 教师专业发展的基础

教师精神是教师专业发展的前提。教师精神由一般精神和专业精神构成。一般精神具有中国精神的内涵：民族精神、时代精神、爱国主义精神和改革创新的精神。专业精神包括教师认同、教师美德、教师使命三个发展层次。当教师成就一个个鲜活的个体生命，桃李满天下，也就成就了自我专业发展、个人成长，幸福感便油然而生。正如于漪所言，教师的生命是在学生身上延续的，教师的价值是在学生身上实现的。教师知识和教师能力是教师发展的关键。据相关研究，最重要的教师知识是学科知识与学生知识的融合知识，教师把国家、地方和校本课程预设的知识通过教师个体的内化和重构转化成为教学知识，同时把这种知识与教师对学生了解、理解和构建的学生知识融合起来，构成教师的最重要知识。教师能力一般指学科能力和专业能力。学科能力是教师基于学科知识的逻辑解决学科问题的能力，是专业能力派上用场的前置条件。其中，教师的学科思维和方式方法的熟练掌握与灵活运用能力是教师专业发展的重要能力。专业能力是教师基于学生学习和发展的知识逻辑解决教学实践的能力，特别是"以学定教"的能力是教师专业发展的重要能力。

2. 教师专业发展的维度

教师之所以由一个社会角色概念转变为职业概念，是因为教师所承担的教育教学工作是专业工作，其专业性主要由"教会学习""提供服务""育人育才"三个维度构成，这三个教师专业性维度亦是教师专业发展的维度。教师专业发展的第一个维度是"教会学习"。从教学实践来看，学生的发展有且只有通过学习来获得，否则只是一般意义上的生理成长。从心理学视角看，"发展与学习"是相互联系在一起的，是一种因果关系，只有学习了，学生才能发展，学生没有学习就没有发展。因此，教师专业发展就在于教会学生学习能力的发展。在教师专业发展实践中，教师要经历学会教学、会教和教会学生学习的过程，教会学生学习是学会教学和会教的升华，教师先"学会教学"，然后会教，最后是"教会学生学习"。总之，"教会学生学习"是教师专业发展的必由之路。教师专业发展的第二个维度是"提供服务"。任何一个组织都有其专属服务对象，学校是一个专门提供教育的组织，教师是学校这一组织中的一员，因此，教师在客观上是提供专业服务的。教师不仅要服务学生，还要服务备课组长、教研组长、年级主任等学校内部的专业服务职位。与此同时，高度制度化和科层制度（资格制度、职称制度、教研制度、荣誉制度等）既促进又制约着教师专业发展。教师专业发展的第三个维度是"育人育才"。人始终是一个自然的个体生命，尽管会受到遗传、生理、环境等先天的影响，但后天的"育"却是至关重要的。"育人育才"是教师专业发展最核心的内容，这里的"人"是指一个"完整的人"，是"育人育才"的目标；"才"是指构成"完整的人"的要素，表现在"认知与情感""道德与公民性""个性、社会性和人格""健康与安全""艺术与审美"等要素，使学生"德智体美劳"全面发展，成为一个"完整的人"。

（二）发展性

不管是"教师精神"，还是教师知识、教师能力，或者是"教会学习""提供服务""育人育才"，始终是发展的，因为学生是发展的，社会环境是发展的，教师也是发展的。没有人天生是教师，也没有教师天生就会有效地"教会学习""提供服务""育人育才"，因而教师的专业发展是一个自主的专业建构的过程。

1.教师专业发展的经验主体层次

教师专业发展的经验主体层次是指，教师根据个体的生活经验和教育经历并逐渐地摆脱个体生活经验和教育经历而在自我实践中自主地建构专业的经验水平。教师在经历培养期和入职期通过"经验－反思"机制，从零散到系统、从单一到复杂、从偶尔到经常的变化过程，从学会教学、关注学生的道德发展到会教、开始关注学生的整体发展。

2.教师专业发展的认识主体层次

教师专业发展的认识主体层次是指，在经验主体层次的基础上，教师自我在对客体反映中表现出自主建构专业实践的理性水平。它是经验主体层次的升华，是在物化概念、数字理性和理论理性的机制作用下自我主宰专业的建构过程。认识主体层次的教师主要是教会学生学习，根据实际情况开展教育教学活动，形成专属于自我的认识框架，具有专属于自己的经验性和理论性。在"育人育才"方面，认识主体层次的教师具有对学生发展为"完整的人"的完整的价值引导，在"提供服务"方面则由接受任务的辅助角色、提供意见和组织协调转变为专业引领的身份。

3. 教师专业发展的审美主体层次

教师专业发展的审美主体层次是指，教师自我对于专业认同、专业使命实现中矢志不渝的追求并体验专业幸福的意义的建构水平。它是教师专业发展的最高层次，不仅对"教会学习""提供服务""育人育才"三个专业发展维度高度认同，终身追求，且视为信仰般的崇高追求。需要指出的是，教师专业发展的价值审美主体层次贯穿于整个教师专业发展过程。

从教育实践来看，教师精神、教师知识、教师能力和"教会学习""提供服务""育人育才"三个紧密联系在一起的维度一道构成专业性与发展性有机统一的教师专业发展价值。

二、工具性与目的性的统一

在教育实践中，教师专业发展常常更加注重教师对意识形态的传递和对社会的工具性价值，教师的存在是为"工程""计划"服务的，是为"执行"、学生、教改服务的。这是对教师工具性的过度追求，遗憾的是只将教师及其专业发展作为工具，所以造成所谓的"教育成功了，社会成功了，但人却失败了"，学校就成了实际上的"高考工厂"，毫无温情可言。当教师沦落至"工具人"时，显然，其所"培养"的学生也就天然带上工具性的烙印，进而形成工具性人格。教师的专业发展能促进学生的发展、学校的发展乃至社会的发展，具有工具性的一面，但不能止于工具性。

　　学生的发展、学校的发展、社会的发展能促进教师专业的发展，且教师的专业发展也需要外部环境的支持，毕竟教师的专业发展是一个在具体情境中发展的过程。与此同时，教师虽有其职业的特殊性，教师的专业发展离不开外部环境的支持，但教师首先是一个大写的"人"，而后才是"教师"。既是人，那就不可能毫无目的性，更不可能不食人间烟火，一味无私奉献、安贫乐道、燃烧自我也就只是自欺欺人。只有当教师不再是如"高高在上的圣人般"特殊化，不再是肩负着"高大上"社会功能的人，只是一个人，一个完整的并不完美的有着独特人格的人，才会有丰富的情感、富足的精神，因而不能忽视教师专业发展的目的性的一面。教师的专业发展天然地有其目的性——提升自我：丰富自身知识、更新教育教学观念、提高工作质量等。只有当教师的专业发展的工具性与目的性统一，教育中的"人"才是完整的，毕竟，教师才是教师专业发展的主体，只有为人与为己同频共振，教师的专业发展才有可持续性和有效性。

第三节　幸福教育的教师专业发展途径

　　幸福教育的教师专业发展是教师在自己的职业生涯中，通过自我学习、同伴合作以及学校提供的各种条件，实现自我专业信念、专业知识、专业能力等的不断完善的过程。田中从2014年开始，为了促进教师专业的发展，学校从校本角度，从以下方面做了探索，现将教师专业发展途径的实践归纳总结如下。

一、集体备课的探索

备课是对教学理念、教学过程、教学内容、教学方法的一种全面思考的过程。然而，通过对过去学校教师备课情况的调查分析，我们发现教师备课存在三个典型的问题：一是备课变成了抄教案，将教参原封不动地复制下来，以应付学校的检查；备课成了形式，教案成了摆设，教师没有自己的思考和探索，备课变成"体罚"教师的活动，更无从促进教师的专业发展。二是备课成了"背课"，教师将备课变成了教材或者配套资料知识的呈现，上课变成了知识的直接传递，根本没有考虑教学方式的设置、教学环境的营造以及教学目标和重点的突破。三是"个性化"严重，在备课的过程中，没有考虑教学的共性问题，对教学目标的确定、重难点的设置随意化，没有考虑到课程标准的要求。基于学校教师备课出现的问题，学校对教师的备课进行了规范，采用集体备课与个人备课相结合，实现教师教学思想的共享。具体而言，合作备课的方式为：①时间安排：学校每周以备课组为单位，组织进行教学会议，主要的内容是集体备课。②备课成员的分工：在集体备课前两周，按照备课组成员轮流的方式，委派一个教师对下一单元的内容进行思考，按照新高考中落实立德树人根本任务，培养学生核心素养。从人文底蕴、科学精神、学会学习、健康生活、责任担当、实践创新六个方面对单元内容进行整体把握。③集体讨论：在某个教师做出宏观思考后，将其初步的设想打印出来，在每一周备课组的第一次集体教学会议上，所有教师集体商议，围绕该教师对各宏观方面的设想进行讨论，逐方面进行分析，然后确定集体整体设想。这一宏观方面的设想是所有教师在自己备课过程中应该体现出来的要求。④个人备课：在备课组集体对宏观方面的要求确定后，教师进行自我备课，在坚持基本要求的基础上实施个性化的操作。

二、集体听课、评课的探索

听课和评课是教师之间经验借鉴和分享的重要方式，是教师合作实现共同发展的重要途径。通过前期的考察发现，过去听课、评课存在明显的不足，主要表现为：①听课的态度不正确，如听课的时候对什么时候来什么时候走很随意，没有考虑被听课者的感受；听课时情绪不良，有时候自己做自己的事情（玩手机、同事之间讲话），或者对听课者表现不好的摇头，给被听课者造成影响。②听课记录不认真，有的教师根本不带听课本，或者带了随意记几笔。③评课时做"老好人"，只说好，不阐述问题。④评课不深入，只是集中在表面现象上，如语言表达问题、板书问题，没有从教学全方位进行思考。基于这些问题，在听课和评课的问题上，学校组织教研组进行了讨论，规范了听课和评课的要求，凸显其对教师发展的功能。具体改进和要求体现如下。

（一）端正听课态度，强调"四心"

听课的态度是高质量听课的前提，为此，学校各教研室经过讨论，确立了听课应该具有的"四心"：诚心、专心、虚心、细心。

（二）规范听课记录，"记""评"结合

在以往教师听课记录上，多是对教师板书的记录，没有把握教学整体情况，同时记录的时候没有结合课堂情况表达自己的看法。学校规范听课记录主要包括两个方面：教学实录与评价。

（三）优化集体评课方式

基于以上问题，规范评课，从而彰显评课对教师共同发展的功能迫在眉睫。在评课方面做了如下探索。

1.人员安排

同一学科教师评课。过去评课的时候，经常出现不同学科优秀教师对某位教师教学情况进行评价，或领导以自我的认识对教师进行评课，忽视了学科教学的差异性，"内行看门道，外行看热闹"，造成评课的有效性降低。因此，在组织教师评课时，主要是在学科组内进行。

2.评课过程：自评与他评结合

首先，让任课教师对自己的教学理念、教学设计进行阐述（通常以说课的形式展开），同时结合自己的教学实施情况谈谈自己的教学优点和不足。其次，评课教师对任课教师的情况进行评价，评价的时候应注意条理性、层次性，每方面的评价应有课堂观察的资料证明，每位教师评价后，任课教师应该对该评课教师的观点进行反馈。最后，评课群体应该集体商讨该教师的教学优点与不足，重点阐述改进的方法和策略。

3.跟踪评课

基于前一次评课的情况，在一段较长的时间后，再次听该教师的课程，研究该教师在前期评价中问题的改进情况。

这种评课的方式，将教师自评与他评、诊断性评价和发展性评价有效结合起来，实现了评价成为一个互动、交流、发展的过程，有效地体现了评课对教师素质发展的作用。

三、拜师结对方式探索

教师群体在素质上天然地存在差异，为帮助年轻和经验不足的教师快速成长，学校倡导在学科组内实现拜师结对活动，充分发挥教师的有效引领作用，促进教师群体整体素质的提升。具体而言，该活动的实施主要有三种途径。

（一）教学负责跟踪制

优秀教师和经验不足教师拜师结对后，优秀教师在自己没有教学任务的时间内，随堂听结对对象的课程，发现问题，课后及时反馈给该教师。同时在其他教学活动方面，如备课、批改作业等方面，优秀教师有检查和督促的责任。

（二）优质课展示

作为优秀教师（拜师结对的"师父"），每人至少每学期展开一次教学展示活动。在展开授课活动前，优秀教师首先进行"说课"，重点阐述自己的学科教学理念和教学设计的思路，接着开始授课。授课的时候，该学科组所有拜师结对中的"徒弟"都应该参与观摩学习。授课完毕后，观摩者分别阐述自己的观后感。

（三）科研引领

在教师集体中，有些教师的科研能力比较强，因此，拜师结对也在教学科研方面展开。

以上仅从校本角度对教师专业发展做了探索。当然教师专业发展途径还有很多，其中校本教研是幸福教育教师专业发展的基本途径，教育科研是幸福教育的主要途径。

第四节　幸福教育的学校师资队伍建设

本节以田中学校为例，幸福教育的学校师资队伍建设为"青蓝工程"、骨干教师工程建设、名师工程建设，等等。目的是构建起运用幸福教育的学校师资队伍。

一、概述

《中国教育改革和发展纲要》指出，"振兴民族的希望在教育，振兴教育的希望在教师"。教师是学校发展的一项关键资源，师资的数量和质量关系到学校发展的规模、速度和人才培养的质量。拥有一支高素质、高水平的师资队伍是办好学校的主体，建设一支业务素质过硬、师德高尚、教学实绩突出的教师队伍则是办好学校的关键。重庆市田家炳中学不仅按照德才兼备的原则加强师资队伍建设，而且培养和造就了一支师德高尚、业务精良、结构合理、学科配套，具有田家炳特色和创新意识的师资队伍，培养出在市内外乃至全国都有一定影响的知名教师。

截至2021年，重庆市田家炳中学现有教职工队伍280人，学生总数为3500余人。在280名教职工中，教学人员与行政人员（27人）之比为10∶1，专任教师与学生之比为1∶13。全校教职工中，现有特级教师1名，正高级教师1名，高级教师53人，中级教师103名，重庆市五一劳动奖章获得者1名，重庆市学科名师1名，重庆市骨干教师6名，九龙坡区有突出贡献的专家1名，九龙坡区中小学名校长工作室1个，区中小学科技名师工作室1个，九龙坡区学科教学名师8名，九龙坡区中青年骨干教师24名。具体情况见表4-1。

表 4-1　重庆市田家炳中学教师队伍基本情况表

学校基本情况	教职工总数		280人	专任教师人数		266人
	教学人员与行政人员比		10：1	专任教师与学生比		1：13
学校校级领导	职务	姓名	全日制学历	职称	年龄	荣誉称号
	校长、党委副书记	汤晓春	大学本科	正高级教师	57岁	重庆市特级教师、重庆市五一劳动奖章获得者、区突出贡献专家、区优秀校长、和谐德育全国百名德育专家、重庆市第四届科研先进个人、重庆市人文校园建设百佳人文校长、九龙坡区优秀教育工作者，连续10年被评为九龙坡区优秀校长
	党委书记	周蓉	大学本科	高级教师	55岁	区优秀党员、教育系统优秀党务工作者
	副校长	代琳	大学本科	高级教师	52岁	区优秀党员、教育系统工作成绩突出工作者
	副校长	江红明	大学本科	一级教师	45岁	区教育系统最美工作者
	副校长	颜晋	大学本科	高级教师	48岁	区教育系统优秀德育工作者、工作成绩突出工作者
中层干部	岗位数量		17人	高级职称人数		7人
	中级职称人数		10人	平均年龄		42岁

续表

教师队伍基本情况	政治面貌	中共党员	100人	共青团员	13人	民主党派	11人
	年龄结构	50岁以上		8人	40~49岁		88人
		30~39岁		91人	20~29岁		79人
	性别结构	男性		78人	女性		202人
	学历结构	研究生及以上学历		18人	占全校教职工比例		6.7%
		本科学历		246人	占全校教职工比例		92.5%
		专科及以下学历		2人	占全校教职工比例		0.8%
	职称结构	正高级教师		1人	特级教师		1人
		高级教师		53人	中级教师		103人
		助理级教师		95人	见习期教师		17人
	专业发展	市级学科带头人		1人	市级骨干教师		6人
		中小学名校长工作室		1个	区级科技名师工作室		1个
		区学科教学名师		8人	区中青年骨干教师		24人
		区级突出贡献专家		1人			
	业务能力	能熟练应用信息技术教学		266人	占教师总数比例		100%
		能参与课程教学		247人	占教师总数比例		92.9%
		能参与课程研究与实践		255人	占教师总数比例		95.9%

二、"青蓝工程"建设

重庆市教育委员会为实施科教兴市和人才强市提出"青蓝工程"战略,这一重大工程能进一步加强队伍建设,为培养骨干教师和选拔学校优秀拔尖人才、学科、学术带头人提供了一个绿色平台。

（一）目的和意义

《荀子·劝学》说："青，取之于蓝，而青于蓝。"大量青年教师从事教育事业，他们充满着青春活力，对教学工作也充满着热情和期待，但是他们在职业素养、教育思想、教学方法、为人师表等方面都比较欠缺。为了帮助新教师加速成长，尽快地胜任自己的工作，达到应有的教育、教学水平，重庆市田家炳中学为青年教师的成长搭建了一个可持续发展的绿色平台——"青蓝工程"。大力开展"青蓝工程"活动，实践"以幸福的教育培养幸福的人"的办学理念，通过精细化管理加快学校青年教师的培养，增强质量意识，提高教学质量，努力使青年教师达到半年入门、一年过关、三年成骨干的愿望，从而为学校建立一支师德高尚、业务精良、结构合理、理念先进的青年教师队伍打下基础。

（二）内容和形式

"青蓝工程"活动内容是聘请学校的市区级学科带头人或者骨干担任青年教师的指导教师。市区级学科带头人或者骨干教师在各自的学科上都会有一些独属于他们的教学方法和经验，这是他们多年参与教学工作的积累。他们积累的这些独到的教育教学方法通过"青蓝工程"活动传授给徒弟，"青蓝工程"是打造成熟教师的摇篮。青年教师需要靠自己的勤奋来积极成长，更需要得到名师的指导。"青蓝工程"活动采用"一带一"的形式确定师徒关系。"师父"对"徒弟"传授教育教学理念及教育教学授课实战经验，通过指导教师的传、帮、带，在师德师风、教学内容、教材教法、课程设计、教学改革、备课、上课、实训、说课、说专业、微课制作、信息化应用、混合式教学、作业布置与批阅、命题辅导、监考阅卷、课题研究、学生管理等方面手把手地给予指导，使青年教师的业务水平、教学综合能力得到有效提升，尽快成为教学骨干、教学能手，全面提高学校教学质量。

（三）建设要求

为加速青年教师成长的步伐，提高青年教师的教育教学水平，学校充分发挥自身师资力量的优势，加大青年教师的培养力度，促进学校可持续发展，我校以"青蓝工程"为依托，以师徒结对为基本形式，通过传、帮、带等多种方法和途径，切实加快青年教师的成长，提高青年教师的教育教学能力和教育教学研究水平。"青蓝工程"师徒结对职责如表4-2所示。

表4-2　重庆市田家炳中学"青蓝工程"师徒结对职责要求

师父职责	徒弟职责
1.教书育人，为人师表，热爱学生，热爱教育事业。在师德风范、工作态度、教学业务、班级管理等方面做出榜样。 2.指导徒弟认真学习"新课标"，熟悉教材、考试要求，对学科教学任务有较全面的认识，指导徒弟熟悉教学常规。 3.指导徒弟钻研教材，熟悉教材，做好备课工作；每学期帮助审核教案8篇以上，提出修改意见；每学期指导徒弟至少在校内上一次公开汇报课。 4.指导徒弟如何上课、如何小结、如何改进提高；每周为徒弟上1节示范课，同时，每周至少听1节徒弟的课，并对每一节课都要有详细的评点。 5.指导徒弟认真做好学生作业的布置、批改和讲评工作以及试卷命题质量分析、教学总结撰写等。	1.认真遵守师德规范，自觉执行师德标准，教书育人，为人师表。 2.认真钻研教育教学理论，熟悉教材、考试要求，认真执行教学常规，主动争取师父的帮助和指导，虚心学习，有疑必问。 3.主动邀请师父审核自己的教案，以及听自己的课（每周1节以上）；每学期至少在校内上一次公开汇报课。 4.有计划地听师父的常态课（示范课），每周至少听1节课，并写好听课心得。每听一节课、上一节课都要有小结、反思。同时提倡多听其他教师的课，特别是同学科的课，做到取一家之本，采众家之长，创自己的风格。 5.认真做好学生作业的布置、批改和讲评以及科学命题、试卷质量分析等工作。

续表

师父职责	徒弟职责
6.指导徒弟积极参加教育教学科研活动，参加课题研究、各项业务竞赛和交流活动；指导徒弟撰写教学小结和教学反思以及期末教学总结。	6.积极参加教育教学科研活动。积极参加课题研究以及各种竞赛、研讨活动；认真撰写好教学小结和教学反思以及期末教学总结。
7.认真指导徒弟分析学生情况和班级现状，制定班级管理措施，传授班级管理的方法和艺术。	7.主动请师父协助分析学生情况和班级现状，制定班级管理措施，多向指导教师请教班级管理的方法和艺术。
8.每学期按照合同和相关管理要求，对徒弟在结对期间的表现及时做出工作记录和书面鉴定等。	8.每学期按照合同和相关管理要求，认真做好平时工作记录，写好拜师学习的心得体会、工作学习汇报总结等。

教务处、学生发展处定期召开督查会并进行阶段评估，对合同双方的职责、任务履行情况进行检查。通过听徒弟汇报课，看所教学生成绩，看幸福班级评比情况，看师徒听课记录、徒弟总结、师父评价等。每学年评选一次"青蓝工程"活动先进个人。参与"青蓝工程"活动的教师（包括指导教师）每学年上交一篇"青蓝工程"活动工作论文或一篇工作小结。同时，精心组织，狠抓落实。教务处成员要增强责任感，切实使"青蓝工程"活动落到实处，真正发挥指导教师的作用，注重教师的培养质量，使这项活动真正做到规范化、制度化。

"青蓝工程"活动，能很好地把学校内部的资源合理地、充分地利用。在教学工作中真正实现以老带新，以新促老，相互探讨，相互切磋，共同提高，形成"比、学、赶、帮、超"的教师共同成长局面。"青蓝工程"活动的推广，利于青年教师的教学能力提升和个人成长，教务处、学生发展处应督促每位青年教师积极参加"青蓝工程"学习，量化学习任务、严格考核。同时，青年教师要明确培养目标、总结成长得失，从而加速教师队伍整体素质的提升。

三、骨干教师工程建设

"骨干教师"指的是业务能力和学术水平较高，有一定知名度、被大家公认、具有较为丰富的教育经验，在学校的实际教育教学活动中承担了较重的工作量，对教育研究方面有一定兴趣和较为突出的能力，取得过一定的教育教学研究成果，并对一般教师具有一定示范作用和带动作用的教师。创新人才的培养、学校整体实力的增强，学校的发展、生存，都离不开骨干教师，所以建设一支优秀的骨干教师队伍是建设一所名校、特色学校的重中之重。

（一）培养目标

通过培养，骨干教师能够参与专业人才培养模式与课程体系的改革，主持本专业的核心课程建设或实验实训室建设，在青年教师中起引领作用，发挥骨干教师的专业引领优势，带动本校一般教师探索提升专业水平的途径，开展专业建设和发展活动。既能调动骨干教师的积极性，又能带动一般教师的专业发展，从而提升教师专业发展和学校教育教学水平，进一步推动全校教学研究工作总体水平的提高。

（二）培养措施

1.骨干教师素质培养

探索骨干教师的培养机制，是促进教师队伍整体发展的有效途径。将教研和培训有效地结合在一起，促进教师的专业化成长。

通过骨干教师培养计划，按照《骨干教师申报制度》确定骨干教师人选，每年安排骨干教师深入教学第一线，给予他们充分的科研自主权，资助骨干教师完成课题研究工作，提升骨干教师的科研能力，养成自我反思、自我发展能力；推荐参加教育主管部门的相关培训，支持参加各类学术委员会的活动，充实学科专业知识，夯实领域知识结构，拓宽领域知识视野；准确把握教育目标，逐步形成个性化教学风格和教学特色，这些具体的要求为骨干教师的专业发展指明努力的方向。

2.课程建设能力培养

一是参加高水平的课改专题研讨会、研修班，或到全国示范性中学观摩学习，通过观摩听课等方式加强与区域教师之间的沟通交流，学习先进的教育理论，开阔视野，相互借鉴，进行反思改进，更新教师理念，提高课程建设水平；二是通过主持教研课题或课程建设，培养研究型教师，使其尽快成长为学科带头人、教育改革的先行者，充分发挥骨干教师在专业和课程建设中的地位和作用。

（三）管理与考核

对骨干教师采取动态管理办法，参照学校名师相关管理办法进行考核。

（四）培养保障措施

1.切实加强领导

年级管理领导小组在学校师资队伍建设工作组的指导下制订切实可行的培养计划，加强对骨干教师的培养与指导。详细制订具体到人的培养计划，确保骨干教师培养有计划、按步骤实施，如期实现培养目标。

2.建立目标责任制

根据项目建设主要任务与目标，将各项建设任务分解到人，各负其责，最大限度调动骨干教师的积极性与创造性。

3.加强检查督促

学校应对培养的骨干教师从德、能、勤、绩四个方面提出明确的要求，例如对专业书籍的阅读篇数和层级、科研课题的层级、获奖论文的等级、公开课的范围、导师带教的数量等加强检查督促。

4.提供经费保障

结合骨干建设相关经费使用管理办法，增加培训经费投入保障，使教师培训长效发展，保障和提供骨干教师的培养经费。

四、名师工程建设

根据《重庆市田家炳中学名师培养工程实施方案》要求，学校开展系列名师培养活动，取得初步成效。坚持"以幸福的教育培养幸福的人"办学理念，引领名师培养对象开展混合式研修活动。

（一）工作目标

遵循名师成长规律，本着学校创建平台、专家引领指导、个人主动发展、团队共同提高的原则，以平台创建为基础，以自主研修为重点，以团队学习为支撑，以实践创新为关键，以养成教学风格和凝练教学思想为主线和归宿，实现造就一批名师、培养一支团队、带动一门学科、产生一批成果的目的。

（二）实施步骤与要求

1. 组建一支积极向上的队伍。在启动名师培养工程前，遴选具有教育情怀的骨干教师组建教师专业发展共同体。

2. 建设一个开放平台。随着信息技术的不断更新，借助网络助推教师的专业发展。在网上开辟"名师成长工作室"，让全体教师通过网络"观摩"并"模仿"名师的学习历程，这样工作室不再是个人示范的平台，而是成为名师与全体教师携手成长的"纽带"，实现区域教师专业发展的"共同富裕"。

3. 修正一种教育立场。"名师"的最大作用体现在对学生进行有效的教学活动上，而教师的教育行为受"名师"各自的教育立场所左右。对名师的培养首先要帮助教师修正和重建科学的教育立场。其方式也极其简单——读书，读好书。

4. 提升专业能力。加强教师学科素养能力的建设，以有力的学科专业化支撑教师的专业化。

5. 回归一节有质量的课堂。无论用何种方法选拔"名师"，他们都不能离开自己的课堂而去成为一个没有班级的"空头名师"。对这批优秀的教师而言，他们有一个无法推卸的义务和责任——必须把自己的课堂变得越来越生动，必须让学生的学习越来越有趣，必须让自己的课堂成为自己与学生共同成长的磁场。只有这样，他们的"名师"称谓才具有影响力，才能通过自己的课堂影响到隔壁的那间教室，才能影响所在的那个楼层乃至整个校园。

（三）管理与考核

对骨干教师采取动态管理办法，参照学校名师相关管理办法进行考核。

（四）培养保障措施

1.建立教育名师专家指导委员会，承担教育名师培训和名师工作室日常管理工作，负责培训计划和考评办法的制定、实施和质量监督，培训的管理以及推荐、指派和确认导师。

2.创设优良培养环境，为培养对象创造良好的工作条件，培养对象所在单位要主动安排其承担重要的教学任务和教育科研项目，鼓励他们参与校内学术年会和市内外的研修、学术交流等活动，并在经费和时间上给予支持。

3.建立并实施名师培养活动反馈机制，到名师实践场景开展实地调研指导，全面把握培养对象成长情况，对培养对象进行研修情况考评，对考评不合格的培养对象取消培养资格。

第五章

幸福教育的
课程建设

———

前一章讨论幸福教育的教师心理特点和需要、幸福教育的教师专业发展价值、幸福教育的教师专业发展途径、幸福教育的学校师资队伍建设等。本章主要探讨幸福教育课程的核心理念和建设目标，幸福教育课程的结构、内容与开发，幸福课程的实施、评价与保障，等等。现分节讨论如下。

第一节　幸福教育课程的核心理念和建设目标

一、幸福教育课程的核心理念

（一）幸福教育理念

我们学校始终秉承着"以幸福的教育培养幸福的人"的教育理念，主张在幸福的校园环境下，由幸福教师培养学生拥有幸福人生的过程中所需要的幸福观、幸福品质和获得幸福的能力。通过教育，让学生能够发现幸福、创造幸福、享受幸福，进而幸福地生活。一方面，要让他们正在接受的教育过程本身是幸福的；另一方面，要为学生未来的幸福生活奠定基础，即幸福地教育学生如何得到幸福的生活。幸福教育是一种教育理念，也是一种教育实践，而课堂教学是落实幸福教育的主要阵地。为此，学校构建基于核心素养的幸福教育课程体系，建立了融合国家课程、校本课程、学校特色课程的幸福课程，即幸福"CSA 课程"体系（"C"即 Core courses，是指满足学生终身发展和适应未来社会所需的基础性课程，"S"即 Selective courses，是指满足学生个性化需求的选择性课程，"A"即 Advanced courses，是指满足学生在某一领域内终身所需的发展性课程）。

（二）以学生发展为本，落实立德树人的理念

课程的建设必须坚持"以学生的发展为本"，落实立德树人根本任务。全力推进素质教育和新课程，其明显的特征为：一是强调个体潜能的开发，让学生把自己发展的可能性展现出来；二是重视培养学生的完整人格，强调德、智、体以及智力与非智力因素全面和谐地发展；三是主张学生是学习的主体，倡导凸显学生的主体地位；四是促进学生主动健康地发展；五是要求教师尊重学生的人格和个性差异等特征。幸福教育课程必须体现三大性质：一是全面性；二是选择性；三是发展性。并且认为幸福课程建设应有三个层次：适应层、选择层、超越层。这里特别一提的是发展性课程。发展性课程是帮助学生在生活中发现问题、提出问题，在实践中解决问题，从而促进学生学会合作、学会交流、学会倾听、

学会批判和反思。发展性课程主要包括学科研究性学习、项目策划、团队构建、科学实验四类结构。发展性课程重点在于帮助学生学会学习、终身学习和可持续发展。幸福教育课程体系具有更强的科学性、均衡性、综合性和选择性，更好地适应了时代要求和学生发展需求，更好地实现了由"以分数为标准"到"以每个学生德、智、体等诸方面素质与个性得到充分发展为标准"的转变，帮助每个学生都得到主动、全面的发展。为了培养学生的核心素养，基于学生的"人生幸福"，学校审时度势，结合学校发展实际，以学生人生幸福为愿景，致力于实现差异性、多样性、整体性发展，通过幸福取向的课程改革建设，让学生享受教育的幸福，真正让教育情怀有施展之地，使生命个性有自然滋长的空间。

（三）注重课程的时代性，加强课程的实践性理念

我们的幸福教育课程不断丰富课程资源，增强课程知识的时代性，促进学术研究新成果向教材下移。幸福教育课程选择贴近学生生活、社会生活，具有一定现实意义、时代价值的内容。基于时代性价值取向下的幸福课堂，它以实践、探究、反思、体验、感悟等为基本手段，意在通过教师的组织、引导和调控，激发学生的学习兴趣、激活学生的思维、激励学生的主动探究，促进学生各学科知识、思维能力和意识的成长和发展，帮助学生树立正确的人生观、民族观、历史观和时代观，培养面向21世纪现代公民所必要的科学态度、人文素养。现代教学论认为，学生是学习的主人。教师是学生学习的指导者。幸福教育课堂的教学过程，是以学生为主体，以教师为主导，使教师的"教"和学生的"学"相统一的过程。从教

师的"教"来看，"幸福教育课程的设计与实施有利于教师教学理念的更新，有利于教学方式的转变，倡导灵活运用多样化的教学手段和方法，为学生的自主学习创造必要的前提"；从学生的"学"来看，"幸福教育课程的设计与实施有利于学生学习方式的转变，倡导学生主动学习，在多样化、开放式的学习环境中，充分发挥学生的主体性、积极性与参与性，培养探究问题的能力和实事求是的科学态度，提高创新意识和实践能力"。因此，幸福教育课程在教育教学实践中都务必强调学生的深度体验和参与，其教学方式强调参与式教学。高度关注学生学习过程中的实践经历，强调学生学习的过程是主动参与的过程，让学生积极参与动手和动脑的活动，通过探究性学习活动，加深对各学科科学概念的理解，提升应用知识的能力，培养创新精神，进而能运用科学的观点、知识、思路和方法，探讨或解决现实生活中的某些问题。

（四）立足核心素养，完善评价机制的理念

我们的幸福课程定位学生的核心素养，着重在这四个方面培养：厚基础、陶情趣、有特长、高品质。这些核心素养是学生应该具备的"最核心"的知识、能力与态度，也是学生终身发展、融入社会和充分就业所必需的素养的集合，只有具备这些素养，学生的人生幸福才有不竭的源泉，才有给予人幸福的能力。幸福教育课程评价的发展方向即"发展性评价观"，其基本特点是：评价的多元性，注重对学生综合素质的考查，促进学生的全面发展；评价的主体性，强调保护学生的自尊心和自信心，体现尊重与爱护，关注个体的处境与需要；评价的开放性，强调突出发展，

关注学生的主观能动性，激发积极主动的态度，要将评价贯穿日常的教育教学活动中，发挥评价的教育性功能。

二、幸福教育课程建设目标

幸福教育课程目标是一个由"获取知识、生成能力、养成品格、学会方法"以培养核心素养为目的而构成的课程目标系统。

（一）获取知识

按照《布卢姆教育目标分类学：分类学视野下的学与教及其测评（修订版）》将教育目标分为"知识向度"和"认知历程向度"。其中在知识向度中，安德森等将知识分为四类，即事实性知识、概念性知识、程序性知识和元认知知识。对知识的界定与分类是为了明确什么是知识，告诉教师指导与帮助学生学习哪些东西。"获取知识"这一课程目标，是对学生在教师的指导与帮助下，主要通过学科课程与活动课程实施所达到的基本目标予以规定与明示。学生通过课程实施"获取知识"进而生成与发展知识层面的基本素质。知识是人的核心素养的最基本要素，"获取知识"目标是课程目标的最基本层面，是其他课程目标的基础。知识的传递与继承是人类社会文明得以延续的基本保证，获取知识也是课程实施的基本任务。

（二）生成能力

一般而言，能力可划分为一般能力、创造能力、特殊能力。所谓一般能力，也称智力，如感知能力（观察能力）、记忆能力、想象能力、思维能力、注意能力等。其中思维能力是核心，因为思维能力支配着智力的诸多因素，并制约着能力发展的水平。所谓创造能力，是指在工作或社会实践活动中所表现出来的具有生产独特、新颖、有更高社会价值产品（有形的、无形的）的能力。所谓特殊能力（又称专门能力），是顺利完成某种专门活动所必备的能力，如音乐能力、绘画能力、运动能力等。从本质上来说，学校课程实施就是指导与帮助学生通过获取知识，最终生成与发展能力，即发展其一般能力，培育其创造能力或特殊能力。这也是我们学校教育的追求。此外，幸福教育课程还追求幸福能力的培养。何谓幸福能力？幸福能力指的是个体感受幸福与创造幸福的能力。个体感受幸福的能力是指，幸福是人的情感的主观感受，感受力是主观世界通往客观世界的第一关隘，通过培养感受能力，能将外部美好事物转化为内在的幸福体验。创造幸福的能力表明，幸福是能被人创造出来的，当人具有创造性的灵魂时，就能将创造力发挥得越充分，幸福的体验也就越丰富。要践行幸福教育，就必须以幸福作为教育的逻辑起点，提高师生的幸福能力。它是人们在追寻幸福道路上，通过察觉、捕捉、选择、创造而获得的一种智慧。

（三）养成品格

美国品格教育代表人物托马斯·里克纳和马修·戴维森教授认为"品格"包括两部分：优越品格与道德品格。培养作为一个合格公民应备的"优越品格与道德品格"也是我们幸福课程的目标追求。优越品格和道德品格，在一个有品格的人身上是以一种融合的、相互依赖的方式互相支持的，两者均可以通过八种品格的力量加以具体阐释：一是终身学习和批判性思维者；二是勤奋、能干的人；三是懂得社交技巧、具有高情绪调节能力的人；

四是尊重的、负责任的道德主体；五是追求健康生活方式的自律的人；六是有贡献的社区成员和民主的公民；七是伦理思考者；八是精神上追求高尚的人。课程目标就应该定位在指导学生生成与发展这八种品格上，这也符合《中小学德育工作指南》中的要求：教育和引导学生热爱中国共产党、热爱祖国、热爱人民、拥护中国特色社会主义道路，弘扬民族精神，增强民族自尊心、自信心和自豪感，增强公民意识、社会责任感和民主法治观念，学习运用马克思主义基本观点和方法观察问题、分析问题和解决问题，学会正确选择人生发展道路的相关知识，具备自主、自立、自强的态度和能力，初步形成正确的世界观、人生观和价值观。教育必须以指导学生成为"真正的人"为首要任务，以发展人性、培养人格、改善人生为根本目的，最大限度地促进主体人性完善、人格健全、人生幸福。这是教育的本质体现，也是教育的价值展现。幸福教育就是以幸福作为终极目标，在师生创造性的实践活动中，实现人生的价值，即对幸福人格的完善。

（四）学会方法

把"学会方法"作为课程目标，既把握住了教育的本质，又抓住了课程实施的关键。"学会方法"就是教师指导与帮助学生学会"过程方法"，旨在促进学生保留或迁移所习得的知识，进而生成与发展一般能力和创新能力，养成良好的品格。

幸福教育课程建设要符合中学生的特点，针对教育对象和教育内容的特殊性进行，帮助学生懂得真正的幸福、享受真正的幸福、学会追求和创造真正的幸福。以幸福作为教育的目的与宗旨，将教育作为获取幸福的手段与方法。将目的与手段统一起来，最终让幸福成为教育前行道路上的指明灯，让教育推动着幸福的车轮不断向前。

第二节　幸福教育课程的结构、内容与开发

面对教育改革的历史使命，我校成立了课程改革的课题研究小组。经过课题组长期不断的探索实践，我校构建起以"幸福"为基点的"136"幸福教育体系，即以幸福的教育培养幸福的人的办学理念，益物、益人、益己的办学目标，实施幸福教育的六种途径（幸福校园、幸福文化、幸福教师、幸福学生、幸福课堂、幸福活动），提出了"三有三会"（有爱心、有文化、有特长；会选择、会生活、会创新）的课程培养目标，确立了"把每一个学生培养成为具有幸福能力的人"的育人理念。通过有针对性的教育培养，使得田中学子成为"三有三会"的时代新人。如图5-1所示。

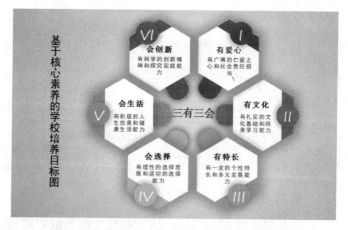

图 5-1　基于核心素养的学校培养目标图

一、幸福教育的课程结构

课题组深入分析未来人才需要的核心素养和能力，打破原有的课程间的壁垒，有效整合国家课程，补充相应的校本课程、班本课程，开发活动课程、特色课程、环境课程，使之形成一套较为科学的、基于国家课程又高于国家课程的课程体系，即幸福"CSA 课程"体系（"C"即 Core courses，是指满足学生终身发展和适应未来社会所需的基础性课程，"S"即 Selective courses，是指满足学生个性化需求的选择性课程，"A"即 Advanced courses，是指满足学生在某一领域内终身所需的发展性课程）。

学校开设了基础性课程、选择性课程和发展性课程，其结构如图5-2所示。

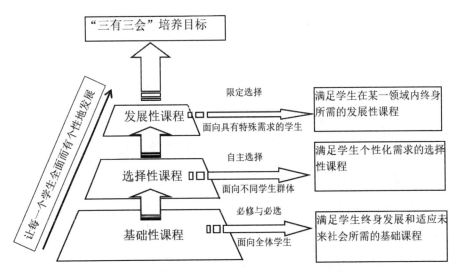

图 5-2 幸福"CSA 课程"体系层级图

新的幸福"CSA 课程"体系具有更强的科学性、均衡性、综合性和选择性，更好地适应了时代要求和学生发展需求，更好地实现了由"以分数为标准"到"以每个学生德、智、体等诸方面素质与个性得到充分发展为标准"的转变，帮助每个学生都得到主动、全面的发展。集课程整合与教育创新之大成，最终指向新高考改革和学生核心素养的养成。

二、幸福教育的课程内容

基础性课程是以国家课程为指导的学科课程，中学阶段它主要包括语文、数学、外语（主要是英语，也可以选择中学阶段开设的其他语言）、物理、化学、生物、历史、政治、地理、信息技术、通用技术、音乐、体育、美术等学科。在中学阶段，这些学科课程要求每个学生必须达到课程目标规定的基本要求，才算合格。合格的学生就具备了参加升学考试的资格，即我们常说的中考和高考。除了学科课程以外，基础性课程还有地方课程，包括心理健康、综合实践、环境教育、劳技、班队课、团队课等。选择性课程大部分是在学科课程基础上衍生出来的课程，主要分为德馨课程、修文课程、启智课程、阳光课程、生涯课程五类结构。选择性课程既可以培养学生的学科素养兴趣以加强学生自主学习的能力，又可以充分挖掘学生的内在潜力，发展学生特长，张扬学生个性，突出学校办学特色。学生通过选择性课程的学习、体验、实践与成果展示，实现学生在"做中学、学中悟、悟中得"，从而达到学生品格、个性、能力与情感的整体性发展。发展性课程主要包括学科研究性学习、项目策划、团队构建、科学实验四类结构。发展性课程帮助学生在生活中发现问题、提出问题，在实践中解决问题，从而促进学生学会合作、学会交流、学会倾听、学会批判和反思。发展性课程重点在于帮助学生学会学习、终身学习和可持续发展。我校的课程安排如表5-1所示。

表 5-1　重庆市田家炳中学课程设置及课时安排表

科目\时间	高一年级				高二年级				高三年级			
	第一学期		第二学期		第一学期		第二学期		第一学期		第二学期	
	学段1	学段2	学段3	学段4	学段1	学段2	学段3	学段4	学段1	学段2	学段3	学段4
语文	**必修（8学分）：**"整本书阅读与研讨""当代文化参与""跨媒介阅读与交流""语言积累、梳理与探究""文学阅读与写作""思辨性阅读与表达""实用性阅读与交流"7个任务群／周4学时。				**选择性必修（0~6学分）：**"语言积累、梳理与探究""中华传统文化经典研习""中国革命传统作品研习""中国现当代作家作品研习""外国作家作品研习""科学与文化论著研习"6个任务群。"整本书阅读与研讨""当代文化参与""跨媒介阅读与交流"在选择性必修阶段不设学分，穿插在这6个任务群中。参加高考的学生必须修满6学分。**选修（0~6学分）：**"汉字汉语专题研讨""中华传统文化专题研讨""中国革命传统作品专题研讨""中国现当代作家专题研讨""跨文化专题研讨""学术论著专题研讨""校本课程研习"7个任务群。"整本书阅读与研讨""当代文化参与""跨媒介阅读与交流"在选修阶段不设学分，穿插在其他任务群中。						总复习	
数学		**必修（8学分）：**预备知识、函数、几何与代数、概率与统计、数学建模活动与数学探究活动5个主题，并融入数学文化／周4学时。			**选择性必修（0~6学分）：**在函数、几何与代数、概率与统计、数学建模活动与数学探究活动中选择0~4个主题，并融入数学文化。参加高考的学生必须修满6学分。**选修（0~6学分）：**数理类课程，经济、社会和部分理工类课程，人文类课程，体育、艺术类课程，拓展、地方、生活、大学选修类课程5类选修课程和校本课程。							

续表

科目 时间	高一年级				高二年级				高三年级			
	第一学期		第二学期		第一学期		第二学期		第一学期		第二学期	
	学段1	学段2	学段3	学段4	学段1	学段2	学段3	学段4	学段1	学段2	学段3	学段4
英语	必修（8学分）			**选择性必修（0~8学分）**：在英语4、英语5、英语6、英语7中选择0~4个模块。参加高考的学生必须修满8学分。 **选修（0~6学分）**：在提高类（英语8、英语9、英语10），基础类，实用类，拓展类，第二外国语类等课程和学校自主开发的校本课程中选择0~3个模块。							总复习
	英语1/周4学时	英语2/周4学时	英语3/周4学时									
思想政治	必修（6学分）				**选择性必修（0~6学分）**：在当代国际政治与经济、法律与生活、逻辑与思维中，选择思想政治作为选考科目的学生选择3个模块，其他学生选择0~3个模块。 **选修（0~4学分）**：财经与生活、法官与律师、历史上的哲学家3个选修模块和校本课程。							
	中国特色社会主义/周2学时	经济与社会/周2学时	政治与法治/周2学时	哲学与文化/周2学时								
历史	必修（4学分）：中外历史纲要/周2学时。				**选择性必修（0~6学分）**：在国家制度与社会治理、经济与社会生活、文化交流与传播中选择0~3个模块。参加选择考的学生必须修满6学分。 **选修（0~4学分）**：史学入门、史料研读2个选修模块和校本课程。							
地理	必修（4学分）				**选择性必修（0~6学分）**：在自然地理基础，区域发展，资源、环境与国家安全中选择0~3个模块。参加选择考的学生必须修满6学分。 **选修（0~4学分）**：天文学基础、海洋地理、自然灾害与防治、环境保护、旅游地理、城乡规划、政治地理、地理信息技术应用、地理野外实习9个选修模块和校本课程。							
	地理1/周2学时		地理2/周2学时									
物理	必修（6学分）				**选择性必修（0~6学分）**：在选择性必修1、选择性必修2、选择性必修3中选择0~3个模块。参加选择考的学生必须修满6学分。 **选修（0~4学分）**：物理学与社会发展、物理学与技术应用、近代物理初步3个选修模块和校本课程。							
	必修1/周2学时	必修2/周2学时	必修3/周2学时									

续表

科目＼时间	高一年级				高二年级				高三年级			
	第一学期		第二学期		第一学期		第二学期		第一学期		第二学期	
	学段1	学段2	学段3	学段4	学段1	学段2	学段3	学段4	学段1	学段2	学段3	学段4
化学	**必修（4学分）：** 化学科学与实验探究、常见的无机物及其应用、物质结构基础及化学反应规律、简单的有机化合物及其应用、化学与社会发展5个主题 / 周2学时。				**选择性必修（0~6学分）：** 在化学反应原理、物质结构与性质、有机化学基础中选择0~3个模块。参加选考的学生必须修满6学分。 **选修（0~4学分）：** 实验化学、化学与社会、发展中的化学科学3个系列和校本研修。						总复习	
生物学	**必修（4学分）**				**选择性必修（0~6学分）：** 在稳态与调节、生物与环境、生物技术与工程中选择0~3个模块。参加选择考的学生必须修满6学分。 **选修（0~4学分）：** 现实生活应用、职业规划前瞻、学业发展基础3个方向的拓展模块和校本课程。							
	分子与细胞 / 周2学时		遗传与进化 / 周2学时									
信息技术	**必修（3学分）**				**选择性必修（0~6学分）：** 参加春招考试的学生必学这3个模块。				**选择性必修（0~2学分）：** 模块4~6。 **选修（0~2学分）：** 模块1~2和校本课程。			
	模块1：数据与计算模块 / 周1学时 模块2：信息系统与社会 / 周1学时				模块1：数据与数据结构 模块2：网络基础		模块3：数据管理与分析					
通用技术	**必修（3学分）**				**选择性必修（0~4学分）：** 一是参加春招考试的学生必学这2个模块。二是可供劳动课程选择内容。				**选择性必修（0~2学分）：** 模块1~4、模块6和模块8~11。 **选修（0~2学分）：** 模块1~4。			
	模块1：技术与设计1/ 周1学时 模块2：技术与设计2/ 周1学时				模块5：电子控制技术		模块7：技术与职业探索					
音乐	**必修（3学分）：** 在必修和选择性必修中选择相应模块作为必修学分内容 / 周1学时。课程组合为： ·必修（2）+选择性必修（1） ·必修（2）+必修（1） ·必修（1）+必修（1）+必修（1） ·必修（1）+必修（1）+选择性必修（1）				**选择性必修（0~9学分）：** 除必修学分选择模块外余下的模块； **选修（0~2学分）：** 校本课程。							

续表

科目＼时间	高一年级		高二年级		高三年级	
	第一学期	第二学期	第一学期	第二学期	第一学期	第二学期
	学段1 学段2	学段3 学段4	学段1 学段2	学段3 学段4	学段1 学段2	学段3 学段4
美术	美术鉴赏 周1学时	必修（3学分）：在选择性必修模块中国书画、绘画、设计、雕塑、工艺、现代媒体艺术中选择2个模块作为必修学分内容／周1学时。		选修（0~9学分）：选择性必修余下的模块和美术史基础、速写基础、素描基础、色彩基础、美术创作与设计基础。		
体育与健康	必修（12学分）：包括必修必学（体能和健康教育）2个模块和必修选学（6个运动技能系列）10个模块／周2学时。高中三年必须持续开设必修内容。 选择性必修（0~18学分）：除必修学分选择模块外余下的模块； 选修（0~4学分）：校本课程。					
综合实践活动	研究性学习	6学分，学生至少应完成2个课题研究或项目设计，以开展跨学科研究为主。				
	社会实践	2学分，包括党团活动、军训、社会考察等。				
劳动	志愿服务	2学分，在课外时间进行，三年不少于40小时。				
	其他	4学分，内容与通用技术的选择性必修内容以及校本课程内容统筹。				

备注：1.高中课程设置不分历史类、物理类。

2.选择性必修、选修课程内容的周课时，根据各学科课程标准和当地的实际进行，可根据课程特点选择部分选修课程在高一年级开始安排。

3.劳动教育课每周不少于1课时，学校要对学生每天课外校外劳动时间做出规定。每学年设立劳动周，可在学年内或寒暑假自主安排，以集体劳动为主。高中三年劳动共6学分，为必修学分。

4.生涯规划教育在高一、高二、高三年级实施，高中三年不少于4学分，其中专门课程不少于1学分，课时由学校在地方课程和校本课程中统筹安排。

三、幸福教育的课程开发

（一）基础性课程的开发

基础性课程都是依据中学阶段的课程标准，并由各类学科教材作为课程教学的基础，在学校进行班级授课。基础性课程我们通常也叫作学科课程，例如高中物理学科课程。下面我就以高中物理学科为例来谈谈我校是如何尝试构建幸福教育课程的。

物理学科是一门理论和实验高度结合的精确科学，在高中物理经典力学里面，牛顿运动定律是动力学的基本原理，在高中物理课程标准里面的要求是：通过实验，探究物体运动的加速度与物体受力、物体质量的关系。理解牛顿运动定律，能用牛顿运动定律解释生产生活中的有关现象、解决有关问题。课标中，首先就需要学生通过实验来认识物体运动的加速度与物体受力、物体质量的关系。要研究三者之间的关系，就需要设计解决这一问题的实验装置。作为教师，就可以在课程的设计上下功夫，将学生与课程有机地结合在一起，实现主、客体间的深入了解。在前面的学习中，学生已经操作过小车在水平木板上被重物拉动的实验，所以要构建这个实验的基本结构应该没有太大的困难；学生已经具备测量物体质量和加速度的能力，那么这个实验的难点就集中在力的测量上。既然学生已经具备了这些能力，教师就应该大胆放手，把实验研究的主导权交给学生，让学生在实验学习的过程中感受幸福。通过教师创设的问题，引导学生发现小车受绳的拉力和木板对它的摩擦力，这两个力与小车运动的加速度有关。解决问题一：摩擦力不易测量，如何处理？解决问题二：绳的拉力通过实验室现有的器材也不易测量，如何解决？学生可以通过各种途径查找解决这两个问题的方法。这样的课程设计就避免了传统教学中只有教师讲授，学生被动接受。问题一实践：学生最快想到的方法是消除摩擦，给小车一个作用力，让这个力平衡摩擦力。这个想法看似把问题变得更复杂，其实这不就是后面我们用重力平衡摩擦力（见图5-3甲）的基本思想吗？而更难能可贵的是，在其他的拓展性实验（见图5-3乙）里面，正需要学生利用这种平衡思想的转化来创设新的实验方案；如果学生通过其他途径认识了气垫导轨，那么摩擦力的问题就可以顺利解决，不过在这节课里教师可以引导学生作为其他实验方案同步进行。问题二实践：学生面对连接体模型，初期大多会有这样的错误认识，实验中重物的重力等于绳的拉力。而我们这个实验恰好就要利用这个原理来进行实验，这种主、客体间迸发出的思想冲突，正好可以激发学生的好奇心和求知欲，这就使得主、客体之间有机地结合起来，让课堂的教与学达到高潮；假如学生通过其他途径认识了传感器，那绳子对小车的拉力就可以轻松测量，这不，一个新的实验方案又诞生了。如果学生能够结合初中物理的滑轮装置，还可以演变出其他测量绳拉力的实验方案。在这样丰富多彩的课程氛围中，学生主动参与课程学习，认识并发现问题，通过思考和其他途径来尝试解决问题。教师作为课程与学生的纽带，始终作为幸福课程的引领者，并不断促进学生在课程中的发展与完善。课后，即使没有教师的帮助，学生依然能够继续思考和研究，我认为这才是我们教师追求的幸福课堂。

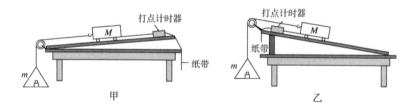

图 5-3 摩擦力实验设计

也许有人会问,这样的课程设计能否让学生顺利掌握本节的相关知识?是否适应升学考试呢?如果是一个熟悉物理高考实验考题的教师,不难发现,课程中这些用于启发和引导的问题,大多是高考中力学实验题常见的拓展应用和创新设计,而图5-3的两个实验设计图就是来源于2020年浙江省的高考物理试题。所以幸福课程的开发并不是降低学生对知识的要求,更不是逃避升学考试的挑战,而是创建全新的课程模式,让学生在课程中感受幸福,化机械为生动,化腐朽为神奇,为培养学生终身学习的习惯打下坚实的基础。

(二)选择性课程和发展性课程的开发

选择性课程和发展性课程是课题组近三年来,致力于幸福"CSA课程"的全面性、系统性、特色性体系建设,逐渐形成了以"拓展体验"和"科技教育"为代表的市级精品课程;以"幸福体艺"和"生涯课程"为代表的区级精品课程;以"整本书阅读"为代表的校级精品课程。在这一过程中实现学生、教师和学校三位一体的成长与发展。

特色课程案例1:整本书阅读

通过学校"整本书阅读"的课程实施,阅读已经成为学校师生教与学的自觉行为，成为学校文化渗透的一部分，逐渐形成了学校另一文化特色。

"整本书阅读"课程内容：为进一步推进阅读在学校师生中的真正落地，学校着重以课程为抓手，建成了以图书阅览室阅读课程为中心，以常态阅读课程和阅读活动课程为分支的阅读课程体系。其中图书阅览室阅读课程重在营造阅读氛围，着重解决学生阅读兴趣、阅读习惯的问题。常态阅读课程立足于国家课程，重点在于分析，着重解决学生在阅读方法上的差异与不足。阅读活动课程立足学生阅读表达的精深，重点在于输出，着重解决阅读表达形式的单一性问题。

"整本书阅读"课程实施：一是常态阅读课程的实施：基于课程体系的构建和"整本书阅读"理念下的校本课程群的开发与实施，学校结合"整本书阅读"理念内涵以及语文学科特点，通过不断实践、探究与总结完善，逐步建立了"明确内容、分解目标—自主预设学习路径—创设情境、完成任务—拓展阅读、运用展示"这一可借鉴可推广的常态阅读课程实施模型。二是图书阅览室阅读课程的实施：基于学校课程体系规划及各年级学生心智情况，通过在具体的课程实施中不断调整、不断优化，基本上确立了我校图书阅览室阅读课程的实施策略，第一，确定学年阅读主题及书目；第二，确定具体课时及场地；第三，教师做阅读指导；第四，学生到图书馆阅读；第五，以班级、年级为单位的阅读成果展示与评价。三是阅读活动课程的实施：阅读活动课程的重心是阅读活动的设置与开展，基于学生阅读素养发展诉求及学校既有的设施平台，我校确定了"三个依托"的阅读活动课程实施策略。首先，依托阅读社团开展每周一次的阅读展示活动，重在阅读表达，主要阅读社团有五个，即辩论社、演讲社、戏剧社、文学社、阅读社。其次，依托各年级的"阅文论坛"开展每月两次的阅读分享活动，重在学术研讨。最后，依托学校"整本书阅读活动节"开展每年一次的主题阅读活动，重在阅读素养的综合表达。

"整本书阅读"课程效能：我校自全力推进"整本书阅读"校本课程，着力建设语文课程创新基地以来，吸引了重庆田家炳中学联谊会教育代表团来校考察、学习、交流。"整本书阅读"成果获得了一致好评。近年来，我校举办整本书阅读活动节，主题鲜明，形式多样，内容精彩，师生参与积极，社会影响广泛。

特色课程案例2：生涯课程

高中阶段是人生的重要阶段之一，学校应该帮助学生找到自己的兴趣志向，指导学生和家长提前规划学生未来求学和就业的发展方向。

"生涯课程"内容：本课程包括职业、职业素质、职业能力、职业生涯规划含义、职业生涯规划特征、职业生涯规划内容、职业生涯规划意义、如今职业生涯规划发展现状、当今经济形势与求职现状等内容。

"生涯课程"效能：通过专门课程教学，高中学生在职业态度、职业生涯规划方面均实现发展。

态度层面：通过专门课程的教学，高中学生树立起职业生涯发展的自觉意识，树立积极正确的职业态度和就业观念，把个人发展和国家需要、社会发展相结合，确立职业的概念和意识，愿意为实现个人的生涯发展和社会发展主动做出积极的努力。

知识层面：通过专门课程的教学，高中学生了解职业发展的阶段特点；清晰地了解自身角色特性、未来职业的特性以及社会环境；了解就业形势与政策法规；掌握了基本的劳动力市场相关信息、相关的职业分类知识以及就业创业的基本知识。

技能层面：通过专门课程的教学，高中学生掌握了自我认识与分析技能、信息搜索与管理技能、生涯决策技能、求职技能等，还通过课程提高学生的各种通用技能，比如沟通技能、问题解决技能、自我管理技能和人际交往技能等。

重庆市田家炳中学职业生涯规划教师李彦宇上"职业兴趣探索"示范课，九龙坡区各校代表团到重庆市田家炳中学考察、学习、交流。

特色课程案例3：科技教育

2016年9月重庆市田家炳中学挂牌"重庆市九龙坡区中小学科技教育特色学校"。2019年9月荣获"重庆市中小学科技教育先进集体"荣誉称号。我校拥有田正芬"科技名师工作室"，并且还创办了"科技创新人才实验班"，进行科技创新人才贯通培养实验的实践及研究，在保证学生全面发展、质量优秀的基础上，优先侧重培养学生的科学精神和素养，进而促进学生成为胜任国家未来现代化发展的领军型人才。

"科技教育"课程内容：课程是达成教育目的的核心载体，"科技创新人才实验班"学生的培养最终还是要落实到课程建设上来。为了满足学生成长的个人要求，适应社会发展，达成"科技创新实验班"培养目标，在基础知识分科课程的基础上，增加了科技特色课程、科研实践课程、科学竞赛课程。

"科技教育"课程实施：特色课程实施有一个基本原则，即在保证学生学习时间不变和负担不加重的前提下，加强对学生进行科学素养和科学精神的培养，进一步提高课堂教学的效率，有效提升学生的科学思维能力与品质。在此原则指导下，课程具体实施如下：一是国家基础课程。根据国家课程标准要求，开齐开足所有的基础课程。同时要求在教学过程中，教师要经过良好的课堂教学设计，促使学习者通过对知识本质的理解和对学习内容的批判性运用，追求有效的学习迁移和真实问题的解决，以高阶思维为主要认知活动，热情高涨地投入学习当中。要求学生在基础课程学习后，通过深度加工知识信息、深度理解复杂概念、深度掌握内在含义，主动建构个人知识体系并有效迁移应用到真实情境中以解决复杂问题，能够在真实社会情境和复杂技术环境中进行批判性反思，最终达成高阶思维能力的发展。二是科学教育课程。实验班的学生每周开设80分钟、每学期40课时的基础科技教育课程，学习形式以讲座与互动相结合，由高校专家、科研一线的教授主讲。

"科技教育"课程效能：近年来，我校举办科技教育，主题鲜明，形式多样，内容精彩，师生参与积极，社会影响广泛。

特色课程案例4：幸福体艺课程

重庆市田家炳中学积极开展规范化、系列化、多样化的体育活动，特别是通过丰富多彩的校园篮球、足球、排球、田径、健美操、羽毛球活动，打造了精彩纷呈的体艺文化，全面提升了体艺水平和学生综合素质，有力地推动了学校阳光体育活动开展，推进学校体育工作科学发展，促进学生健康成长和全面发展。近年来学校以篮球、足球、排球、田径、健美操、羽毛球运动为抓手，以体启智，以体育德，将体育运动与学校文化融为一体。学校根据"每校有特色，一生一特长"的发展目标，围绕学生全面发展的办学思想，积极组织开展群体性篮球、足球、排球、田径、健美操、羽毛球活动，以促进学生体质和综合素质的提高。目前学校已初步形成了自身的办学特色。2020年入选全国青少年排球、篮球特色学校。

特色课程案例5：拓展体验活动课程

学校体育拓展体验活动课程通过全课程共12学时的学习，旨在帮助学生学会观察和思考、探究和质疑，培养创新精神和实践能力；提高学生的思想品德修养和审美能力，陶冶情操、增进身心健康，感受生活中的美和快乐；培养学生的团结协作和社会活动能力，学会交往、合作，使学生热爱学校生活，适应社会。作为高中选修课程，我们通过与体育课、班会、心育课等相结合，运用选课走班的形式有效开展。每次拓展体验活动课按照准备、实践、分享、再实践、再分享、放松等基本结构授课。内容包含认知团队、感恩与信任、团队意识、创造及领导力、沟通及决策力、挑战毕业墙等。课程内容的选择强调教育性、基础性和时代性，利用最新教育学、教育心理学及国内外最先进的教育教学研究成果，帮助学生认识信任、团结、合作、遵守规则的重要性，学习处理人际交往和提高工作效率的方法。

课题组开展的拓展体验活动课，深受学生喜爱，对学生的人格修养起到了重要作用。五年来，参与的学生纷纷反映，体验课让他们感受到了同学帮助的温暖，帮助同学后的喜悦；团结协作是完成集体任务的关键，认真保护帮助同学才能消除同学恐惧心理（责任与担当），克服心理恐惧必须对同学信任，等等。

虽然在幸福课程的开发与建设上，我校已经有了非常丰富的实践经验，也取得了不少成果，但对幸福课程的追求我们并没有停止，我们会继续探索，努力践行我校的办学理念：以幸福的教育培养幸福的人。

第三节　幸福课程的实施、评价与保障

一、课程的实施

（一）科学编制课程与教材

重庆市田家炳中学根据党和国家的要求，通过探索实践，构建出以"幸福"为基点的"136"幸福教育体系，即"以幸福的教育培养幸福的人"的办学理念，"益物、益人、益己"的办学目标，实施幸福教育的六种途径（幸福校园、幸福文化、幸福教师、幸福学生、幸福课堂、幸福活动），提出了"三有三会"（有爱心、有文化、有特长；会选择、会生活、会创新）的课程培养目标。确立了"把每一个学生培养成为具有幸福能力的人"的育

人理念。通过有针对性的教育培养，使得田中学子成为"三有三会"的时代新人。

在课程编制上，学校结合党和国家对未来人才需要的核心素养和能力，在国家普通高中课程方案基础上，尝试打破学科间壁垒，对各学科进行有效整合，补充相应的校本课程、班本课程、开发活动课程、特色课程、环境课程，使之形成一套较为科学的课程体系。

选择性课程既可以培养学生的学科素养兴趣以加强学生自主学习的能力，又可以充分挖掘学生的内在潜力，发展学生特长，张扬学生个性，突出学校办学特色。发展性课程重点在于帮助学生学会学习、终身学习和可持续发展。

（二）合理制订课程实施规划

学校依据国家课程设置要求，结合"以幸福的教育培养幸福的人"的办学理念，"益物、益人、益己"的办学目标，开齐国家规定的各类课程。在完成基础课程的规划上，利用学生课余时间，开展选修课的教学计划，将选修课按学段学分制分计划进行教学；利用学校各项日常活动以及学校社团活动开展发展性课程的教学，将课堂进行有效的延伸。力求让学生通过科学合理的课程安排在学习的全过程体会幸福、收获幸福！

重庆市田家炳中学课程设置及课时安排表

科目\时间	高一年级				高二年级				高三年级			
	第一学期		第二学期		第一学期		第二学期		第一学期		第二学期	
	学段1	学段2	学段3	学段4	学段1	学段2	学段3	学段4	学段1	学段2	学段3	学段4
语文	**必修（8学分）：** "整本书阅读与研讨""当代文化参与""跨媒介阅读与交流""语言积累、梳理与探究""文学阅读与写作""思辨性阅读与表达""实用性阅读与交流"7个任务群/周4学时。				**选择性必修（0~6学分）：** "语言积累、梳理与探究""中华传统文化经典研习""中国革命传统作品研习""中国现当代作家作品研习""外国作家作品研习""科学与文化论著研习"6个任务群。"整本书阅读与研讨""当代文化参与""跨媒介阅读与交流"在选择性必修阶段不设学分，穿插在这6个任务群中。参加高考的学生必须修满6学分。 **选修（0~6学分）：** "汉字汉语专题研讨""中华传统文化专题研讨""中国革命传统作品专题研讨""中国现当代作家专题研讨""跨文化专题研讨""学术论著专题研讨""校本课程研习"7个任务群。"整本书阅读与研讨""当代文化参与""跨媒介阅读与交流"在选修阶段不设学分，穿插在其他任务群中。						总复习	
数学	**必修（8学分）：** 预备知识、函数、几何与代数、概率与统计、数学建模活动与数学探究活动5个主题，并融入数学文化/周4学时。				**选择性必修（0~6学分）：** 在函数，几何与代数，概率与统计，数学建模活动与数学探究活动中选择0~4个主题，并融入数学文化。参加高考的学生必须修满6学分。 **选修（0~6学分）：** 数理类课程，经济、社会和部分理工类课程，人文类课程，体育、艺术类课程，拓展、地方、生活、大学选修类课程5类选修课程和校本课程。							
英语	**必修（8学分）**			**选择性必修（0~8学分）：** 在英语4、英语5、英语6、英语7中选择0~4个模块。参加高考的学生必须修满8学分。 **选修（0~6学分）：** 在提高类（英语8、英语9、英语10），基础类，实用类，拓展类，第二外国语类等课程和学校自主开发的校本课程中选择0~3个模块。							
	英语1/周4学时	英语2/周4学时	英语3/周4学时									

续表

科目\时间	高一年级				高二年级				高三年级			
	第一学期		第二学期		第一学期		第二学期		第一学期		第二学期	
	学段1	学段2	学段3	学段4	学段1	学段2	学段3	学段4	学段1	学段2	学段3	学段4
思想政治	**必修（6学分）**				**选择性必修（0~6学分）**：在当代国际政治与经济、法律与生活、逻辑与思维中，选择思想政治作为选考科目的学生选择3个模块，其他学生选择0~3个模块。**选修（0~4学分）**：财经与生活、法官与律师、历史上的哲学家3个选修模块和校本课程。				总复习			
	中国特色社会主义／周2学时	经济与社会／周2学时	政治与法治／周2学时		哲学与文化／周2学时							
历史	**必修（4学分）**：中外历史纲要／周2学时。				**选择性必修（0~6学分）**：在国家制度与社会治理、经济与社会生活、文化交流与传播中选择0~3个模块。参加选择考的学生必须修满6学分。**选修（0~4学分）**：史学入门、史料研读2个选修模块和校本课程。							
地理	**必修（4学分）**				**选择性必修（0~6学分）**：在自然地理基础，区域发展，资源、环境与国家安全中选择0~3个模块。参加选择考的学生必须修满6学分。**选修（0~4学分）**：天文学基础、海洋地理、自然灾害与防治、环境保护，旅游地理、城乡规划、政治地理、地理信息技术应用、地理野外实习9个选修模块和校本课程。							
	地理1／周2学时		地理2／周2学时									
物理	**必修（6学分）**				**选择性必修（0~6学分）**：在选择性必修1、选择性必修2、选择性必修3中选择0~3个模块。参加选择考的学生必须修满6学分。**选修（0~4学分）**：物理学与社会发展、物理学与技术应用、近代物理初步3个选修模块和校本课程。							
	必修1／周2学时		必修2／周2学时		必修3／周2学时							
化学	**必修（4学分）**：化学科学与实验探究、常见的无机物及其应用、物质结构基础及化学反应规律、简单的有机化合物及其应用、化学与社会发展5个主题／周2学时。				**选择性必修（0~6学分）**：在化学反应原理、物质结构与性质、有机化学基础中选择0~3个模块。参加选择考的学生必须修满6学分。**选修（0~4学分）**：实验化学、化学与社会、发展中的化学科学3个系列和校本研修。							

续表

科目 时间	高一年级				高二年级				高三年级			
	第一学期		第二学期		第一学期		第二学期		第一学期		第二学期	
	学段1	学段2	学段3	学段4	学段1	学段2	学段3	学段4	学段1	学段2	学段3	学段4
生物学	**必修（4学分）**				**选择性必修（0~6学分）**：在稳态与调节、生物与环境、生物技术与工程中选择0~3个模块。参加选择考的学生必须修满6学分。**选修（0~4学分）**：现实生活应用、职业规划前瞻、学业发展基础3个方向的拓展模块和校本课程。							总复习
			分子与细胞／周2学时		遗传与进化／周2学时								
信息技术	**必修（3学分）**						**选 择 性 必 修（0~6学分）**：。参加春招考试的学生必学这3个模块。				**选择性必修（0~2学分）**：模块4~6。**选修（0~2学分）**：模块1~2和校本课程。	
	模块1：数据与计算模块／周1学时 模块2：信息系统与社会／周1学时						模块1：数据与数据结构 模块2：网络基础		模块3：数据管理与分析			
通用技术	**必修（3学分）**						**选择性必修（0~4学分）** 一是参加春招考试的学生必学这2个模块。二是可供劳动课程选择内容。				**选择性必修（0~2学分）**：模块1~4，模块6和模块8~11。**选修（0~2学分）**：模块1~4。	
	模块1：技术与设计1／周1学时 模块2：技术与设计2／周1学时						模块5：电子控制技术		模块7：技术与职业探索			
音乐	**必修（3学分）**：在必修和选择性必修中选择相应模块作为必修学分内容／周1学时。课程组合为：·必修（2）+选择性必修（1）·必修（2）+必修（1）·必修（1）+必修（1）+必修（1）·必修（1）+必修（1）+选择性必修（1）						**选择性必修（0~9学分）**：除必修学分选择模块外余下的模块；**选修（0~2学分）**：校本课程。					
美术	**必修（3学分）**						**选修（0~9学分）**：选择性必修余下的模块和美术史基础、速写基础、素描基础、色彩基础、美术创作与设计基础。					
	美术鉴赏／周1学时	在选择性必修模块中国书画、绘画、设计、雕塑、工艺、现代媒体艺术中选择2个模块作为必修学分内容／周1学时。										

科目\时间		高一年级				高二年级				高三年级			
		第一学期		第二学期		第一学期		第二学期		第一学期		第二学期	
		学段1	学段2	学段3	学段4	学段1	学段2	学段3	学段4	学段1	学段2	学段3	学段4
体育与健康		**必修（12学分）**：包括必修必学（体能和健康教育）2个模块和必修选学（6个运动技能系列）10个模块 / 周2学时。高中三年必须持续开设必修内容。 **选择性必修（0~18学分）**：除必修学分选择模块外余下的模块； **选修（0~4学分）**：校本课程。											
综合实践活动	研究性学习	6学分，学生至少应完成2个课题研究或项目设计，以开展跨学科研究为主。											
	社会实践	2学分，包括党团活动、军训、社会考察等。											
劳动	志愿服务	2学分，在课外时间进行，三年不少于40小时。											
	其他	4学分，内容与通用技术的选择性必修内容以及校本课程内容统筹。											

"生涯课程"实施：专门课程共18课时，每月1课时，每课时40分钟，分为三年。具体安排如表5-2所示。

表 5-2　生涯课程安排表

年级	教学内容	教学目的
高一上	高中阶段整体认知	了解自己所在学校，认识自己身处的教育环境、学习环境和生活环境的变化，明确初、高中不同，树立主动学习动机
	生涯规划的重要性与意义	了解高中阶段的目标与任务，认识高中阶段在生涯发展中的重要性，明确学习生涯教育的意义，初步树立生涯发展意识
	自我性格与兴趣探索	了解自己的性格，认识自己性格与兴趣的意义，培养、选择、发展自己的兴趣，探索兴趣与生涯发展的关系
	自我能力评估与反思	了解个人能力的基本构成，认识自我能力发展现状，明确自我能力提升目标，探索自我能力提升方法，积极发展潜力
	自我发展和价值实现	了解人生价值的内涵，理解人生价值实现的关键因素，树立正确的人生观、价值观，在社会实践中积极贡献、勇于担当
高一下	行业与职业认知	了解社会各行业各职业的分类，认识不同职业的不同价值，理解"职业只有分工不同，没有贵贱之分"
	自身职业兴趣探索	运用霍兰德职业兴趣测试模型等，了解自身的职业兴趣，初步建立自身职业倾向
	社会职业与高校专业的关系	了解高校专业设置情况，认识专业与职业匹配的重要性，树立专业精神与职业理想，初步规划自我职业发展路径
	高中学科与大学专业的关系	了解高中学科知识与大学专业的关联，明确各高校各专业招考的学科要求及学业质量要求
	高校选考条件，高中学科选择	了解高校招生考试制度，认识并综合评估自身学科学习能力，制订选科计划，明确学科选择倾向

续表

年级	教学内容	教学目的
高二上	选择学科的具体学习规划	了解学科学业质量标准，初步建立自身学科学习目标体系，建立学习自我管理系统，归纳及运用有效的学习方法。
	高中学习生活困难应对	正确认识学习中的各种困难及情绪懈怠，分析困难与问题存在的原因，提高生涯发展的多方面适应力。
高二下	学习目标体系及自我管理系统的评估与改进	评估自身学习目标与方法的合理性，调整自身学习目标体系，重建适合自身的学习方法与习惯。
	持久学习的意志力	了解学习意志力培养的方法，知道意志力对持续学习的重要性，掌握几种培养学习意志力的方法。
高三上	时间管理、创新思维、合作能力	建立精细化时间管理系统，培养逆向、发散、联想等思维方法，树立团队协助意识，积极学习复习备考。
	学习、健康、人际交往、情绪关系	优化师生、生生、亲子关系，缓解学习压力、焦虑，坚持体育锻炼，提高情绪自我管理能力，正确面对高考。
高三下	高校志愿填报方法与技巧	了解录取原则、等第志愿、平行志愿，合理评估自身学业质量，开展志愿填报预演。
	高中阶段生涯发展小结与未来生涯展望	回顾高中生涯发展的得失，懂得感恩，珍视友谊，清晰展望高考后的人生发展路径，让人生未来更精彩。

（三）切实加强学生发展指导

学校利用德馨课程宣传田家炳先生其人其事，传先生之美德，了解校史，不忘田中人披荆斩棘的奋斗史，利用学生团课党课加强思想政治教育。学校成立专门的心理咨询室，聘请专业的心理教师和心理专家对学生在学习生活中遇到的心理难题进行答疑解惑。开展形式多样的启智课程，培养学生兴趣，帮助学生找到自己的兴趣点，为学生未来的职业规划做好启蒙工作。开展职业生涯规划课程，让学生树立起职业生涯发展的自觉意识，树立积极正确的职业态度和就业观念，把个人发展和国家需要、社会发展相结合，确立职业的概念和意识，愿意为实现个人的生涯发展和社会发展主动做出积极的努力。让高中学生掌握自我认识与分析技能、信息搜索与管理技能、生涯决策技能、求职技能等，还通过课程提高学生的各种通用技能，比如沟通技能、问题解决技能、自我管理技能和人际交往技能等。成立科技名师工作室，保证学生全面发展、质量优秀的基础上，优先侧重培养学生的科学精神和素养，进而促进学生成为胜任国家未来现代化发展的领军型人才。

二、课程的评价

幸福课程的评价包括对学生的评价、对教师的评价、对课程的评价。主要应该以对学生的评价为主，对学生的评价应该从以下四个方面入手：

第一是通过问卷了解学生兴趣、满意度。学生是课程评价的一个重要信息来源，对于幸福课程的兴趣和意见在很大程度上是评价的一个重要参考指标，为课程的调整和改进提供依据。为此，评价幸福课程开发的效果，明确今后改进的方向，首先应该对学生进行调查。对于学生的调查通常用问卷的方式进行，例如"你觉得学校开设的幸福课程有兴趣吗；是否喜欢课程的教学方式"等问题可以了解学生对学校主观设置的相关课程的兴趣度和满意度，从而在后期进行合理的调节。

第二是在前期的问卷调查结束后将问题进行汇总分析，通过制作二次问卷或者开设论坛的形式精选深入调查问题的成因，探讨出解决方案及对策。比如你对幸福课程不满意的原因是什么？

这门课你希望增添哪些内容？你对这门课的建议是什么？你目前还希望学校开设哪些幸福课程？……

第三是对学生的学习结果进行评价。不同的幸福课程有不同的特点，在对学生的学习结果进行评价的时候可以采用多种方式，对基础性学科以观察学生考试结果。对选择性课程可以作品展示等手段来对学生的学习结果进行评价。比如书法课就可以让学生通过书法作品来反映学生的学习效果，健身类幸福课就可以让学生展示某段健身操或者某球类运动技能来检测学生的学习效果，微电影制作课就可以让学生制作一段某主题的微视频来检测学生的学习效果，甚至是语言类的兴趣课学生也可以通过朗诵、访谈等形式多样的方式对学生进行测评。

第四是对学生行为进行持续跟踪，建立学生行为习惯个人档案，将学生日常行为进行记录，观察学生从低年级到高年级不同时期兴趣爱好的发展变化，在创建个人档案袋的时候可以让学生明白创建方法与使用意义及对档案填写的具体要求，通过学生的亲身参与促使学生反思自身的变化和成长，记录学生所付出的努力，表明学生的学习方式和个性发展，同时也让教师及时了解学生的成长变化。对学生的评价一定是全方位的，不仅要评价学生的学业水平，也要评价学生的发展性课程的水平。在评价过程中不仅要关注结果，更要关注学生的过程。幸福不是最终的目的，掌握追求幸福的方法才是幸福教育的本质目的。

对教师的评价主要从教师的课程研发能力、课堂教学、教案设计、教学效果等方面进行自评、互评、学生评等。对教师的评价关注教师的研发与实施幸福课程的教育理念和能力、教学手段和方法以及由此达成的教学效果。教师自评主要是教师对自己的教育思想、教育方法、教学效果进行反思，通过反思去促进教师进一步成长和提高。教师自评更能反映出教师是否有勇气客观地正视自己的不足之处，否定自己的不当之处并改进。学生评也可以反映出教师在执教过程中的效果和受欢迎程度。学校通过调查问卷就可以评选出"年度最受学生欢迎教师""最受学生喜爱的班主任"等。

对课程的评价，学校成立专门的课程领导小组，负责对整个课程的实施进行监控和对课程进行评价，找到课程在实施过程中的不足进行调整和完善，努力提升教学质量并适时对评价机制进行合理调节。

三、课程的保障

（一）环境保障

我们在实施幸福课程的时候，除了要保障课程基本教学的硬件要求外，如何将环境建设有机地与幸福课程进行有效融合应是我们首要考虑的因素。如何将环境建设与幸福课程评价有机结合等问题，比如学校的校园文化宣传墙应该摆放杰出校友、优秀学生的照片与事迹还是将学生、教师在各类幸福课程上的精彩集锦或者学生的作品进行展示都是我们应该考虑的。我比较偏向于后者，固然前者是榜样，但对大多数同学来说，个人被集体被社会所认同才是他们追求的其中一种实实在在的幸福，也许有一天他会骄傲地对身边的人说"我当年也是上过学校宣传墙的呢"。这不正是我们想要学生获得的吗？这不也是幸福校园所追求的以人为本在细节上的具体体现吗？

（二）教师的保障

任何一门课程的推进都离不开对教师的相关专业的要求。教师在不断适应新课程的过程中难免需要对课程进行重新理解和对自身业务进行提升，教师既要完成既定的教学任务又要拿出相应的时间去学习新知，是每个教师都要面临的问题。我校在生涯规划课程开设之初，所有任课教师以及课程开发的教师都是来自各个学科的自愿者，他们都没有涉及过生涯规划的相关知识，对生涯规划课程来说，他们与学生在知识层面差异不大。如何快速形成一定的教学力量？学校就加大了对教师的相关知识的培训。将教师送出去找专业的培训教师进行短期的集中培训学习，将相关的专家请进来给全校教师做培训，加速加深教师对生涯规划课程的理解。提供充足的资金保障让教师购买相关知识的书籍学习；与此同时，建立教师的评价与激励制度，鼓励教师发展创新！

（三）制度保障

学校建立了一套落实课程开发、实施、评价的相关制度，使各项课程都得到了有力的推进与保障。例如在课程实施过程中，通过集体备课形式建立集体审议机制，将个体努力转变成集体共识基础上的集体行动。而且参与集体备课的教师彼此互动、相互启发，也可以让课程变得具有发展性，有利于不同的执教者在具体的执教过程中形成一定的差异性。

第六章

幸福教育的
教室课堂模式

——"探究 – 幸福"教学模式

前一章主要探讨了幸福教育课程的核心理念和建设目标，幸福教育课程的结构、内容与开发，幸福课程的实施、评价与保障，等等。从本章开始探讨幸福教育理论在教室课堂中的运用，也就是"探究 – 幸福"教学模式构建与实践概述，以及在各个学科中的运用。

第一节 "探究 – 幸福"教学模式的构建与实践概述

一、"探究 – 幸福"教学模式的定义

重庆市田家炳中学围绕立德树人根本任务，以党和国家的教育方针为指导，以发展学生核心素养为目标，以幸福的教育培养幸福的人的育人理念，立足于培养担当民族复兴大任的时代新人，构建

学校以幸福教育为基础的创新型人才培养的课堂模式，进而规范教育教学行为的操作体系，我们称之为"探究－幸福"教学模式。

二、"探究－幸福"教学模式的特点

（一）彰显教育本质

幸福与教育密切联系。教育是培养人的社会活动，本质上应促进人幸福生活的能力。"探究－幸福"教学模式，一方面培养人包括但不限于对幸福的认知力、感受力、创造力等幸福的能力，帮助个体生命认识自我存在的价值，为当下及未来的生活所服务；另一方面在幸福这一生活的终极目标的指引下，使得全体学生体验幸福的学习生涯。人是教育的主体，也是教育的目的。"探究－幸福"教学模式尊重人的价值、尊重人的尊严，使人成为人。

（二）彰显核心素养

第一，培养真实性学力。"探究－幸福"教学模式不仅让学生懂得知识，更懂得怎样运用知识，培养真实性学力。同时，具有终身学习能力的人能自我成长、自我实现，那自然会体验到幸福，其幸福生活能力得到发展，实现良性循环。第二，养成真实性学习。一是自主学习；二是对话学习；三是深度学习。

三、"探究－幸福"教学模式的实施策略

（一）感情先行的策略

1.感情先行的要求。在教学行为全过程中，培养感情先于知识传授，学生的情感培养与发展应植根于日常具体的教学活动之中。在具体教学环节中，融合感情先于操作步骤。在课堂教学中，教师要创造和谐宽松的学习氛围，特别是要让学生感受到被信任

和被尊重，这样的学习活动不仅促进学生的认知发展，也促进其情感的发展，并产生愉悦的内心体验；在设计教学任务时，学生的情绪与学习内容相关联。

2.感情管理的原则。也就是主体体验原则、传控时效原则、表达适当原则、维持平衡原则，等等。

（二）循环学习的策略

高效的课堂教学不能仅停留在"教室"这个建筑空间，而且要把握课内与课外两个场域和时空，即"问题"生疑的课内循环与"反思"补漏的课外延伸，两个循环相结合形成教学的完整回路与多重循环，尽量减少教学失衡行为和教学效益的流失，裨益教学质量提升。

1.疑为中心，课内循环策略

一是自学寻疑。自学的目的在于引发学生思维。思维是观察、探寻、研究的过程。首先是学生通过自学教学文本的语义和表面的结构理解原文的意义，自主进行意义建构。遇到疑难之处，鼓励学生提出不懂的问题，问题来自学生，问题就是教学资源。教师施教像医生看病那样，分析病例，对症下药，增强针对性。其次是为知者提供了"加速"机会。问题的难度通常是基于学生理解的，与学生心智发展程度相适应的。

二是互帮答疑。学生自学时产生的问题较多，小组成员互帮，惑者提问，知者解答，充分激发学生潜能。小问题组内解决，大问题交给教师。生生互动与师生互动有机结合，实现高效交流。互帮能有效"消解"一部分疑惑，缩小强弱差距，有利于班级优质教学。对互帮不能解决的留存疑惑，则做好标记，静待下一环节解决。

三是倾听解疑。学生"解小疑"，教师"解大疑"，即学生有了难解之疑，教师"该出手时才出手"。教师应根据问题深浅和难度大小及时调控发言者，让学力不同的学生都得到锻炼的机会。倾听者，则要认真倾听并做好记录。记录时，抓关键词，锻炼学生捕捉信息的能力和梳理逻辑推理的能力。

四是群言辨疑。学生在小组内互说自己对大问题的理解，同学"监听"，帮助辨别自己是否真正解决了问题。对不同观点或理解，可进一步论辩，一则加深理解，二则锻炼口头表达。

五是练习测疑。坚持当堂测试，优势在于，"频繁的形成性评价和矫正性反馈都是促进长时记忆、发展推理和分析执行功能的有力手段"。及时的反馈不会使学生因困惑而感到挫败。

六是反思质疑。学生就当堂内容琢磨巧记方法，形成知识结构网络。通常而言，在课堂教学过程中，学生也有不少反思活动，但因教学环节紧凑，完整的较系统的反思不能充分展开。这就需要学生对作业中出现的问题进行反省，回归教学文本，反复思考弄通，对不能解决的问题紧盯不放，进行问题跟踪。问题跟踪即对自己作业中出现的错误进行纠正，在改错中思考和感悟，提出新的问题。

2.反思质疑，课后延伸的策略

在课内"自学寻疑、互帮答疑、倾听解疑、群言辨疑、练习测疑"的基础上，课外重在"反思质疑"，即对学习的主要环节尤其是作业中出现的问题进行反省，并提出新的疑问（假如有疑问）。第一，自编口诀；第二，分层作业。作业布置把握以下三点：一是思维训练强度；二是学习问题难度；三是重"质"轻量。

（三）知识核心建网策略

教材知识结构是学生学习和形成认知结构的必要前提。因此，教师教学设计和教学过程行为必须提炼教材文本核心要素并使之结构化，同时，引导和鼓励学生自主建网形成自身的知识结构，师生的知识结构"两网"相触，有助于激发灵感火花，从"高度"俯瞰知识，"深度"筑基知识，"广度"拓展知识，"温度"化解知识。

1.知识结构化策略

首先，根据课程标准，仔细研读教材，确定本课时教学必须完成的核心知识内容；其次，提炼出核心知识内容之间的逻辑关系、演进方式，利用概念图的方式加以绘制。简言之，即"找准一个点，延伸一条线，分出若干枝，形成一张网"。

2.确定教学重难点策略

确定教学重难点策略即找出学生在学习过程中最可能产生疑惑的地方，通常而言，基本概念、基本原理及应用是教学重点和难点。

3.制定教学目标的策略

教学目标是教学行为的"靶心"。"三维目标"应将其作为整体来把握，从课程资源中进行挖掘，在课程实施中进行创生，以恰当的教育时机和教育方式在"课标目标—学科目标—学期目标—单元目标—课时目标"的教学目标链条中加以分解和落实。

就课时教学目标中的"认知目标"而言，要尽可能数量化，可检测。

4. 精选检测题目的策略

当堂练习或检测是检验本节课教学目标是否达成的重要手段。教师在备课时就要筹划好本节课练习或检测的内容（课本练习、教辅资料、印发题目等），练习或检测的方式（口头复述、笔头书写、师生问答等），练习或检测的范围（是全班还是抽检？如果是抽检，优生、中等生、弱生分别占多大比重？同时，尽可能考虑男女生搭配、前后排都有参与等）。

5. 设计教学步骤的策略

教师围绕教学目标，沿着核心知识展开的主线统筹激励措施、突破重点、利用手段等具体的教学方法，写出教学流程。其中，尤其要注意以何种形式来呈现知识的组织，提纲、图形、笔记、实验、巧记方法、思维导图等依据教学任务灵活应用。

6. 学生自主建网策略

在课堂教学中，教师要将板书或PPT形成"知识结构图"，引导学生逐步建立整体性、系统性的思维方式。引导学生建立知识导图实质上是让学生懂得各门学科的基本概念、基本原理。学生自主建网和教师在备课时确定的"核心知识结构图"是相映成趣的。一方面，学生可对照教师的结构图回忆、再现本节课的学习内容，学会如何进一步绘制优秀网图的方法；另一方面，教师根据学生呈现的网图，查找学生理解的盲点、弱点、难点，以便当堂及时点拨、查漏补缺或者后续跟踪。"教师的图"和"学生的网"形成了交相辉映的理解循环，师生形成视域融合。学生掌握该学习方式之后，即能自觉应用到平时知识学习、单词记忆、单元总结、考前复习等学习环节中去，形成自己的学习风格。

（四）问题导向

1.反馈跟进

第一，自我跟进。即充分信任和重视学生自我长善救失的作用，逐渐由学习问题的纠错内化为自负其责的学习道德。第二，同伴跟进。学生两两结对，利用对方的"纠错本"标记的学习问题互相提问、互相帮助，实践"一帮一，一对红"。同伴跟进可提高跟进的效率，充分利用学生的思维方式、表述语言、情感关系等，有效的同伴互帮跟进，是大面积转化后进生的重要手段。第三，教师跟进。主要有：一是情感跟进；二是指导学生学习跟进；三是检测跟进。强调常规教学的"重点题目试卷"和学生个性差异的"私人订制"试卷都要跟进。

2.变式提高

第一，教师改变设计图式。教师设计的教学活动是否能引发学生的学习兴趣、是否能有效聚焦于学习内容，很大程度上取决于教师设计活动的意图、选取了怎样的活动、如何组织这些活动、这些活动之间是否有联系、活动是否体现了层次性。在推进活动过程中，教师如何通过适切的提问让学生看到活动之间的逻辑关系和教学的重点。只有学生能审辨"学习内容"当中的"关键特征"，学习才能发生。教师在教学设计时应该变以往"讲授容易"取向为学生"理解容易"的取向。第二，学生参与变式编题。长期以来，学生的身份基本上在"学生"和"考生"两点间徘徊，在校的主活动不是"学习"就是"应考"，学生形成的解题思维方式是教师按照他的思维方式"过滤"之后传授给学生的，往往是被动地运用知识与技能，被动地进行情感、态度、价值观的体验，这就难以有真实的体验、难以和真实的自己相遇。由学生参与变式编题，主动出击去"考"别人（包括考自己）能够切实落实学生的主体地位，促进学生对知识的深度理解和深度学习的发生。既能增强问题意识，又能改变思维方式，还能扩大创新空间。

第二节 "探究-幸福"教学模式在语数外教学中的运用

一、"探究-幸福"教学模式在语文教学中的运用

高中语文"幸福课堂"教学模式为：创设情境、导入新课—明确任务、解读文本—开展活动、探究问题—展示交流、小结升华。

（一）课堂导入，创设"情境式"幸福

语文课堂导入分为两种类型：一种是教师精心设置的导语，一种是学生的课前活动。经过几年的教学探究，我发现后者更受学生欢迎。学生自己设置的课前活动，不但轻松调动学生的兴趣，更锻炼了学生的思维能力、口头表达能力等。开学初，学生通过抽签决定上台的顺序，教师根据教材内容和学生的兴趣点以及时事热点等，提前一周给出每周课前活动的主题，学生在课后积极准备。比如，必修上第三单元汇集了不同时期、不同体式的诗词名作，展现出了不同时期诗人们独特的精神世界。于是，我就把

课堂导入的主题拟为"知人论世"，让学生通过查阅书籍、浏览网页等方式收集作家们的生平、诗作等资料，并制作成 PPT 上台展示。比较起我的导语设置，学生的精心制作更令人耳目一新。讲解李白、杜甫时，学生采用了动漫视频、专家讲解、诗词朗读等形式，生动形象地展现了李白和杜甫不同的一生，QQ 版的李白和杜甫、幽默的讲解一下子抓住了学生的眼球，在一片笑声中，学生看完了两人的人生经历，认识到了潇洒的李白和忧心的杜甫，也初步感受他们的精神世界。相较于教师的枯燥式讲解，这样的导入一下子就让孩子们走近了两位作家，并且感受到了语文课堂的幸福。上台讲解的学生拥有满满的成就感，获得了认可的幸福，台下的学生跟随诗人的一生，或怒或喜，或悲或笑，拥有了愉快的学习体验，身心处于快乐之中，创设"情境式"幸福，让教学效果明显提高。

（二）任务解读，体验"愤悱式"幸福

幸福的体验有三种样式，其中之一就是从反面对人性肯定，在人性从反面遭到否定时，如果主体有不安、抱怨、痛苦、愤恨等情感，这可以看作是人在反面地追求人性的肯定，它们反映了人具有肯定自我的渴求并能促使人性的发展。幸福的一堂语文课，不应该只是快乐和愉悦，还应该伴随痛苦的疑惑和思索，不明白、不理解的着急和难过，当人先后或同时受到性质不同或相反的刺激物的作用时，他在幸福的感受上就会发生变化。孔子提到的启发式教育先将学生置于"愤""悱"状态，然后启而发之，让其豁然开朗，也是利用幸福感的对比现象。经历过一番苦苦思索和反复质疑得到的答案，比起脱口而出或者教师直接给的答案，更能让学生体会到学习的乐趣，享受到成功的幸福。这就好比一个面包，商店买的色香味俱全，自己做的难看又难吃，但是后者带来的幸福体验远远胜过前者。

在进行文本教学时，每一堂课设计一个主任务，主任务下设置几个分任务深入解读文本，分任务要体现一定的难度。以教学《以工匠精神雕琢时代品质》为例，主任务为：把握文章主要观点，掌握论证思路和方法；分任务为：分析文本论证思路，分析论点和论据的关系，探究"工匠精神的内涵"，学写新闻评论。学生在完成第一个任务时，从全文看，按照是什么—为什么—怎么办的逻辑顺序进行构思，学生很容易掌握和理解，但具体到某一个段落的论证时，学生就会找不到或找不准观点句，如果需要概括就更难。在教学这一个环节时，班上有一个女生因为始终无法找到关键句，理不清语句之间的关系，着急得满脸通红、抓耳挠腮，提问时语无伦次，我下课单独给她讲解，她听不懂就哭了，说自己好笨，当时吓我一大跳。等她稳定情绪之后，我就拿出课本，从第一段开始，带着她一句一句梳理全文的行文脉络，一步一步启发她。过了几天，她开开心心来找我，告诉我看了几遍文章，又把我推荐的类似的文章都钻研了，理清了思路，又做了几个类似的题型，终于抓住了关键，搞懂了其中的奥秘。看着她一脸的骄傲和自豪，我也很开心。如果没有经历过无法理解的难过和痛苦的思索，就不会体验到豁然开朗之后的喜悦、收获和举一反三的幸福。体验"愤悱式"幸福，让学生在"痛苦"之中感受到了另外一种"愉悦"的快感。

（三）活动探究，开启"众乐式"幸福

《孟子·梁惠王下》中有一句话："独乐乐，与人乐乐，孰乐？"它的意思是一个人欣赏音乐感受快乐，与大家一起欣赏音乐感受快乐，哪一个更快乐。梁惠王回答的是当然与大家一起欣赏音乐更快乐。学习也是如此，高中语文"幸福课堂"教学模式的活动探究环节就有此种难以言传的妙处。

在教学过程中，通过一个一个的学习活动来完成每个任务。比如，在进行《短歌行》和《归园田居（其一）》比较阅读教学时，学习活动一"品味诗歌，把握诗人形象"和学习活动二"知人论世，丰满人物形象"是为完成分任务一"感受曹操和陶渊明的精神世界"而设置的；学习活动三"小组讨论，分析诗人选择"和学习活动四"课堂练笔，评价诗人选择"是为完成分任务二"体悟诗人的人生选择与价值追求"而设置的。活动探究环节有三个步骤：一是学生进行小组合作探究，解决疑难；二是学生共同"解惑"；三是老教师"解惑"。第一个步骤是小组之间的合作探究。每个班级都有学习小组和学习组长，小组成员一一展示自己的难点、疑点，然后组内成员之间一一互相解答，组长负责记录疑惑之处。第二个步骤是各小组长提出本组的问题，其他小组负责解疑。第三个步骤是教师负责讲解普遍性存在的问题。在这个环节中，每个人都可以提出问题、解决问题，那就是展现自我，体会"高人一等"的快乐。当学生提出自己的疑惑，就会有许多小组成员替他解答，这就纷纷展示各自的智慧和能力，当自己的答案得到了

全组成员的一致通过，那种幸福感岂是言语能够言传？当学生之间的见解发生分歧，就展开一场激烈的争论，不管对与错，大家都能体会到辩论的乐趣、思维的碰撞、火花的交流、看法一致的心有灵犀、征服对方的骄傲自豪，被否定的沮丧、被认同的喜悦，这都是探究式学习带来的"众乐式"幸福。这样的课堂学习，也能让学生在预习环节竭尽所能去学习。语文课因为它答案的不确定性、不唯一性，是更适合学生合作探究的，也是最能体现幸福感的课堂。幸福就是一种心态，你感觉幸福，那就是幸福。在活动探究中，开启了"众乐式"幸福，每一个学生都有机会得到他人的认可，在众人中得到认可，那一定是幸福的。

（四）展示交流，感受"获得式"幸福

语文课答案的不确定性不仅让孩子们在探究环节中进行头脑风暴，思维能力得到了大大的提高，同时也在展示交流环节让孩子们大放光彩。在展示交流环节，每一个孩子都有机会登上讲台展现自己，无论答案正确与否，学生都是主角，因为有一位哲人说过我们从错误中学到的东西往往比从正确中学到的东西多得多。

教育要帮助学生实现幸福的内外两种价值的转化，把幸福的外在享用过程转化为学生的内在素质体系，又用内在的素质去反作用于学生的幸福感受。幸福教育就是在教育中创生"丰富"的幸福资源。最后一个环节即是学生学习的生成和升华，是幸福教育内化以后的体现。很多语文课堂往往在最后一个环节都是设计的展示交流，即使是公开课、名师课亦如此，为什么？一是因为听说读写乃是语文的根本着力点，无论怎样改革，都离不开这四大要素，尤其是写

和说，就是学生学习文本以后的生成，获得了知识。二是因为我们教师深知展示交流的巨大魅力。在这里，学生写出了东西且写得不错，就会觉得自己学了语文是有用的，可以把自己所见所感、所思所悟表达出来，就会感到很满足。如果自己的文字获得了同学们的掌声和教师的表扬，那种飘飘然的幸福使人舒服惬意。如果有机会站上讲台再来一番深情演绎，感受到来自台下羡慕的眼神和深情的膜拜，那滋味就甭提多幸福了。曾经有一个学生，就是在对曹操进行评价时，获得了全班同学和教师的一致好评，从而爱上了写作，并且立志成为一名作家。可见，展示交流，让学生感受到了"获得式"幸福，让我们听到了课堂上学生知识和能力拔节的声音，让学生成为学习的主角，收获了满满的幸福。

二、"探究－幸福"教学模式在数学中的运用

数学在教学中，重视对学生的"四基""四能"和"六素养"的考查，即注重知识的全面性掌握，又突出对于知识的侧重性。对学生的知识结构、认知结构、素养结构的考查系统、全面，题型结构、难度、梯度越来越规范，所以在数学的教学中，彰显了数学这个学科独特的结构之美。同时，在讲解的过程中，设置问题有层次，难度分布结构适当，坚持低起点，缓坡度，凸显梯度之美；在考查学生双基的同时，还注重对学生基本思想、基本活动经验的考查。因此培养学生对数学的兴趣，提高幸福感，可以真正地启发思想，培养能力，提高素质。

（一）起点意识

教师在讲解新课之前需要知道学生的"知识起点"究竟在哪

里，明确要讲解的课程需要做什么样的复习，只有这样，才能有效地完成本堂课的目标。让学生在起点开始对数学知识产生兴趣，例如，在学习椭圆和双曲线这个知识点时，由于其公式繁杂且运算量很大，很多学生刚开始接触时都觉得难度很大。这时候教师的引导和教学方式就很重要了。教师除了告诉学生椭圆和双曲线的公式是什么，更重要的是引导学生明白公式的来源，每一个字母都代表什么，是如何推导得到的。教师可以组织学生进行小组讨论，小组派代表来黑板上写推导过程，这样，学生对知识点的掌握和理解就会更加深刻。学生在上课前应该进行预习，对知识点有一定的认识，这样就从被动学习转变为主动接受知识。教师、学生加强互动，互相学习，达到幸福教育的目的。

（二）目标意识

教育方面，教师最主要的目的是建立起孩子对高中数学的浓厚兴趣与幸福感。

第一，寓教于乐，激发兴趣，讲求教学艺术。在数学学习的进程中，只是掌握内容时间的不同，并没有行不行的差异。所以课堂教学一定要"浅，慢，少"，既不能急于把知识点挖得太深，速度也不能太快，而且习题一定要小而精，等孩子们体会到了一些乐趣之后，再因势利导，由浅入深。使他们产生成就感，也是减少自卑，提高自信的最好方法。激发创造力，发展创造力，让他们成为知识的主体。。例如介绍奇函数 $f(x)$，教材中是先观察 $f(x)=x$ 与 $f(x)=1/x$ 的图像，这时候就可以让学生在黑板上画出这两个图像，点评后观察，$f(-1)=-f(1)$，$f(-2)=-f(2)$ ……进一步让学生观察图像特征：横坐标都是同时互为相反数，即 $f(-x)=-f(x)$，接着提出具有这个特征的函数我们就叫作奇函数。再问学生：你能给奇函数下一个定义吗？学生说，教师写并补充完整。定义出来后，再引导学生解读分析概念，问：为什么定义域是定义域内任意的 x，而不是部分 x，说明函数的奇偶性是整体性，而不是局部性。这样层层递进，就可以把本课推向高潮，引起学生在心理上的期待和渴望，从而让学生在思维调动上做自己的主人，体验到教学的幸福感。

第二，鼓励关爱，营造轻松愉悦的学习氛围。现代心理学研究成果认为，一个人的成功，重要的不是他智商的高低，而是取决于他的情商的高低。我们教师要正确对待学生的差异问题，要看你处于发展阶段的学生的可塑性，用关爱代替偏见，用理解代替责难，用激励代替埋怨；要让学生感受到教师的真诚和爱心，变自卑为自尊，变自弃为自强。当学生看到教师用一种亲切、鼓励、期盼的眼神去关注他的时候，无疑会对他产生巨大的学习动力。

（三）线索意识

问题是数学的心脏，好的数学问题就是一节课的"线索"，它把数学知识、方法、思想像珍珠一样穿在一起，有了"线索"，课堂才不会显得凌乱，才会有层次感。所以，在教学中，教学设计者有一个很重要的任务就是要设计出好的问题，而不是一些大而无当的"任务"。

通过上述三点的阐述，我们认为，学生的学习活动与其他的实践活动一样，也有其内在的规律性。通过长期、系统、科学的训练和指导，可以使学生形成积极的学习态度，养成良好的学习习惯，掌握科学的学习策略和方法，凸显数学在教学模式中的结构之美、梯度之美和幸福之美。

三、"探究－幸福"教学模式在英语教学中的运用

（一）建立良好的师生关系，营造愉悦的教学氛围

通过集体备课，我们英语教研组制定了"321"教学要求，即每周至少轮流与三名同学私下交流沟通、每节课至少要让两名学生上台展示和每节课至少要让所有学生开怀大笑一次。

我们传统的教学是将教师和书本放在教学活动的核心位置，学生没有轻松愉快、自由发展的空间，加上繁重的课程、作业和考试负担等因素，严重地束缚了学生主观能动性的发展。为了改变这一现象，每节课前5分钟，我们英语教师会让两名学生上台展示，展示内容可以是演唱一首英文歌曲、背诵一首英文诗或讲一个英文小笑话等。通过这个活动，不仅把学生带入英语学习的愉快氛围之中，也让教师发现了很多学生的闪光点，并及时地加以表扬和鼓励，增强了学生的学习信心和动力。高中阶段紧张的学习节奏和残酷的升学压力让许多学生都感到焦虑和困扰，而开怀大笑是减轻压力的最佳方式，能让人从焦虑困扰的心情中解脱释放出来。因此教师在课堂上使用诙谐幽默的教学语言和教学方式不仅可以活跃课堂氛围，还能够让学生放松心情，提升英语教学效果。

（二）以生为主，自主合作

在课堂教学中，教师必须改变既当导演又当演员，学生只当观众的做法，而以学生间的活动为主，教师只起一个指导和引领的作用。比如在每单元语言点学习环节中，传统方法是教师讲解，PPT展示，学生记笔记，课后记忆。但从考试情况反馈看，许多明明反复讲过的知识点，学生遇到相关的题还是不会做，教师看到着急，学生也很无奈。后来我们把班级学生分成若干小组，每个小组负责课文一段内容知识点的分析总结，然后在课堂上由学生负责讲解，并相互探讨，相互补充。通过这种方式，明显感觉到学生的积极性提高，课堂也变得更生动有趣。再譬如，每个单元都要复习，而重复已学的知识点，许多学生感到乏味，我们就试着让学生用本单元的重点词汇编故事，并进行故事接龙，学生许多有创意的故事常常逗得大家哄堂大笑，在轻松愉快的氛围中，学生不仅复习了本单元的重点词汇，也被启发了想象力，锻炼了读后续写的能力。

（三）及时鼓励，帮助学生找到学习的成就感

在教学过程中，教师完全可以凭借自己的教学艺术，为学生创造获得学习成就感的机会，比如教师可以将同一班级的学生分开档次进行教学目标要求，而不是强求一律地按照一个标准来执行。例如，我任教的班里有一位来自海南的同学，尽管非常用功，但由于起点较低，英语几乎每次考试都是班级最后一名，我并没有对他提什么可望而不可即的要求，而是给他降低难度，让他从初中的基础知识开始学习，并特别看重他的长处和优点，及时予以表扬。对他的英文作文也是精批精改。我发现他在作文上尽管常有许多语法错误，但字迹工整，思路清晰。讲评时，我时常将他的文章念给同学们听，分析他文章中的精彩部分，特别赞许他

的勤奋和韧性。后来，他的写作提高很快，成绩也慢慢进步。这一事例充分证明，起点不高的学生通过自己锲而不舍的努力完全可能后来居上，而教师及时给予的表扬和鼓励正如同"催化剂"一样，使学习成就感在学生的心田升华成一种巨大的精神力量。

综上所述，教师如果想从根本上提高英语教学的整体质量，就必须重视学生在学习过程中的幸福感。教师在教学过程中，应该根据学生的实际情况，结合幸福教学的根本目标，从正确的角度出发，采取科学合理的措施提高学生的幸福感，激发学生对英语学习的积极性和主动性，从而提高英语教学的整体效率。

第三节 "探究－幸福"教学模式在理化生教学中的运用

一、"探究－幸福"教学模式在物理教学中的运用

（一）"四人四环四力"模式

1.四人：按照物理成绩优、良、中、差四人为一个学习小组，并编号1、2、3、4，其中1号为学习小组长。

2.四环：课堂由自主预习、合作探究、教师精讲、学生精练四环节组成。上课前5分钟对预习或复习的情况进行检查；3分钟左右提出小组的疑问；20~25分钟围绕授课内容，以教师讲授、合作探究学习为主要方法实施达标精讲；10~15分钟精练拓展。

3.四力：信守"课堂即生长"，围绕建设"幸福课堂"，精心设计，灵活生成，充分展示教师物理教学的魅力，去激发学生学习物理的活力，利用一切积极因素培养学生领悟物理的学力，通

过多形式活动增强学生团队协作精神，提升学生的知识运用能力、动手实践能力、创新创造能力。

4.为实施好物理"幸福课堂"模式，物理教师应从这两个方面着手：第一，教师集体备课和智慧教学。教学语言反复推敲，做到准确简练、幽默诙谐，让教师的教学魅力成为学生乐学的催化剂；教学过程规范灵活，做到精心预设、智慧生成和谐统一。第二，让课堂成为教学相长的生产车间。教学形式对话开放，做到师生相互欣赏，让课堂成为教师学生智慧碰撞放射火花、共同提高的场所；强化思维训练和人文思想熏陶，做到三维目标扎实落实，让课堂成为全面实施素质教育的坚强堡垒。

（二）课堂实例：力的合成与分解

本设计的基本思路是：情景→探究→归纳→应用。本节设计要突出的重点：互成角度的两个力的合成及平行四边形定则。方法是：让他们通过"提出问题—猜想与假设—制订计划—进行实验与收集证据—分析与论证—交流与合作"的过程获得切身体验，通过科学探究归纳出互成角度的二力合成遵循平行四边形定则，更深刻地理解矢量合成法则。本节教学过程如表6-1所示。

表 6-1　力的合成与分解

教学环节	师生活动	教学资源	设计意图	核心素养
1.创设情境，引入新课	教师：在前面的学习中，我们研究了力，与力相关的生活实例随处可见。比如说，要提起这个重物，我们需要提供力来克服它的重力。请两位男同学来帮我把这个箱子提起来，先请他们坐着。能提起来吗？箱子很重吗？那站着再提一次吧。两位男同学坐着提箱子、站着提箱子、一位女同学单独提起箱子。同样的箱子，为什么两位男同学坐着不能提起来，站着却可以提起来，而一位女同学可以较容易地提起箱子呢？学习了今天的知识，你将知道答案。	拴好绳子的纸箱 预设：学生参与很好，课堂气氛活跃。	利用生活中的常见现象，通过学生亲身参与，有趣地引入课题。	实验探究：通过生活小实验，提出问题，获得经验事实。 科学态度与责任：以科学的态度对经验事实进行本质认识。
2.认识合力、分力、共点力，提出力的合成与分解	教师讲解，学生思考并做好笔记。 1.等效替代 在上面的活动中，箱子被两位男同学合力和一位女同学单独提起，效果是相同的，我们把这样的关系称为等效替代。 2.合力与分力 在物理学中，像这样的一个力单独作用的效果跟几个力共同作用的效果相同，这个力就叫作那几个力的合力，这几个力就叫作那个力的分力。 3.力的合成与分解 在物理学中，我们把求几个力的合力的过程叫作力的合成，把求一个力的分力的过程叫作力的分解。 4.共点力 在刚才的实例中，我们对重物受力分析，延长力的作用线，三个力怎么样？我们将作用于同一点，或者作用线相交于同一个点的几个力称作共点力。我们今天研究的就是共点力的相关知识。 提出疑问： 如果将两个共点力合成，可以确定合力的方向必将落在什么区域？ 怎样才能准确定量合力的方向以及它的大小呢？ 互成角度的两个共点力，其合成具有什么规律呢？ 发现物理规律的常用手段是什么？	板书：重物受力分析图 预设：这部分知识较简单，通过课前提重主线，课程流畅，逻辑性强，便于学生掌握。	通过提重物小游戏，提出等效替代的物理思想，通过等效替代提出合力与分力的概念，力的合成与分解。 根据重物受力分析提出共点力的概念，明确我们本节课研究的范围。 提出解决问题的方法："求互成角度共点力的合成"，让学生养成通过实验寻找物理规律的科学习惯，体会探究过程的乐趣。	物理观念：了解分力与合力的概念，提出力的分解与合成，形成对物质世界的本质性看法。 科学思维：体现"等效替代"的物理思维，建构力的合成与分解的物理模型。

教学环节	师生活动	教学资源	设计意图	核心素养
3. 实验探究：互成角度的二力合成规律	实验探究：那么请大家通过实验来寻找互成角度二力合成的规律。今天老师给大家准备了以下这些实验器材，请大家先分小组讨论实验方案。 讨论的时候可以思考以下问题： 怎样保证合力与分力等效？ 力的大小如何测量？ 力的方向如何确定？ 学生分组讨论，设计实验方案。 请学生回答实验方案……如果我们已经得到了力的大小和方向，那么如何形象地表示一个力呢？力的图示。 下面请大家按照刚才我们讨论出来的实验方案，做实验，作出一组等效的合力与分力。 实验过程中，请大家注意以下几点： 弹簧测力计与桌面平行，拉力大小适当。 作力的图示时，取适当的单位长度，并保持统一。 学生分组实验，教师巡查教室并指出学生实验中的不足与失误。 投影学生的实验结果：大家已经完成了实验，老师投影几组同学的结果。我们一起来看看合力与分力存在怎样的关系。$F=F_1+F_2$？$F=F_1-F_2$？都不对，我们已经用了作图的方式形象地描述了力的大小方向，请大家从图像上，从几何上寻找一下它们的关系。 有同学觉得合力像角平分线？有同学觉得这像一个平行四边形？像和是还是有区别的，我们一起来验证一下大家的想法吧！ 教师投影学生实验成果，并总结：在实验误差允许范围内，互成角度的两个共点力合成遵从平行四边形定则。	学生实验器材（两人一套）：图板、白纸、弹簧测力计（2个）、橡皮筋、绳套、三角板、刻度尺等 交互式白板，及时展示学生实验成果，四人小组交流互动。 预设：提出实验方案有一定难度，教师应引导。带领学生认识器材，强调合力与分力等效。寻找二力合成的规律难点，加强学生间沟通、交流。	让学生通过实验来寻找规律，利用已知的实验器材设计实验方案，让学生在讨论与交流过程中锻炼思考、交流以及合作的能力，充分锻炼学生。 学生亲自动手实验，培养动手能力的同时激发学生的探究热情，培养合作探究意识。 学生通过用力的图示来描述力这个矢量，再次强化矢量的方向性，并通过几何关系来寻找合力与分力间的关系。让学生体会到物理科学研究中的数学方法应用。	实验探究：通过进行"力的合成规律"探究实验，掌握科学探究的基本步骤与方法，体会实验探究在物理学科中的重要地位。 科学态度与责任：在探究"力的合成规律"的过程中，引导学生在物理实验中如实记录，客观对待所得到的实验数据，遵循基本的科学伦理与道德规范。
4. 力的分解规律，矢量运算法则	提出力的分解是力的合成的逆运算，力的分解也遵从平行四边形定则。 提醒学生查阅回顾历史上平行四边形定则的由来。 通过位移的合成关系，完善矢量与标量的概念： 既有大小又有方向，相加时遵从平行四边形定则的物理量叫作矢量。如力、位移、速度、加速度等。 只有大小，没有方向，相加时遵从算术法则的物理量叫作标量。如质量、路程、功、体积等。	微课：平行四边形定则的由来。 预设：通过力与位移的合成规律，提出矢量遵从的运算法则。	1. 力的分解遵从规律的提出，完善学生知识体系；矢量标量完善定义。 2. 提醒学生去了解历史上平行四边形定则的发现历程，加深对定则的理解，全方位了解物理规律的探究。	物理观念：通过完善"矢量、标量"的定义，使学生形成对物质世界系统、严谨的科学认识和理解方式。

教学环节	师生活动	教学资源	设计意图	核心素养
5.探究合力与分力的大小关系	应用平行四边形定则：若两个分力大小一定，这两个力的合力随夹角如何变化？ 我们通过作图可以看到两个分力大小一定时，合力随分力夹角θ（$0°<\theta<180°$）增加而减小。 老师这里有一个平行四边形，我们可以动态地来看一看这个问题。二力合成的大小范围$|F_1-F_2|\leq F\leq F_1+F_2$ 揭秘课前的小游戏，我们现在通过橡皮筋提起重物，橡皮筋的长度可以很好地表示力的大小，我们发现当夹角变大时，橡皮筋变长，所需的力就越大。两位男同学坐着夹角会更大，需要施加的力也就更大。我们再用作图的方式来看看这个问题，根据平行四边形定则，合力不变，夹角越大，分力越大。 向学生展示人力拉车小视频，让学生利用平行四边形定则来自主分析原因。关于平行四边形定则的应用，生活中还有很多事例。为什么斜拉桥的桥墩都建得比较高？观光索道应设计得紧绷些还是松弛些，斧头刃的夹角都比较小？还有很多很多这样的实例，大家慢慢去观察、去发现。	演示实验器材：重物、绳子、橡皮筋 预设：橡皮筋的形变非常直观，学生可以直接观察到分力的变化，结合受力分析图使学生熟悉平行四边形定则。	1.通过两分力大小不变，夹角变化讨论合力；合力不变，夹角改变讨论分力。加深对平行四边形定则的理解。 2.通过生活中实例的分析，使学生认识物理学习都来源于生活，最终也会使用于生活中。	科学思维：通过建构"力的合成与分解"的物理模型，来解决生活中的实际问题，培养学生的逻辑思维与科学推理。 科学态度与责任：通过解释生活中的物理现象，体会生活与科学的紧密联系。
6.课堂小结 7.布置作业	课堂小结：我们通过等效替代的思想提出了合力与分力的概念，通过实验探究了二力合成的规律，得到了平行四边形定则。体会到任何一个物理规律的总结，物理现象的发现，都须经过人们一步步探究，做大量的工作。希望同学们也可以保持科学探索的热情，体验科学的奥秘，亲身实践并获取知识。 课后作业： 1.思考：如何求多个共点力的合力？ 2.三个大小为3N、4N、5N的共点力，夹角可变，其合力范围为多大？	PPT展示课堂小结，回顾科学探究的基本步骤	让学生回顾本节课内容，再次体验到科学研究的过程与方法。通过作业提出新的疑问，为进一步学习埋下伏笔。	科学态度与责任：发展学生对物理学科的好奇心与求知欲，体验探索自然规律的艰辛与喜悦。

二、"探究－幸福"教学模式在化学教学中的运用

（一）明确探究主体

"探究－幸福"教学模式是以学生为主体，充分发挥学生的主观能动性，调动学生的学习积极性，培养学生的化学学习兴趣，帮助学生解决遇到的化学问题，更有助于学生的终身学习习惯的培养。这种探究式教学模式，突破了课堂时间的限制，有效地激发了学生的学习内驱力，使学生利用更多课外的时间去发现身边的化学，并进行自主探究，学习的内容更多元化。要让学生真正感受到自己是学习的主人，是课堂教学活动的主体，由此激发出学生主动参与教学活动的热情，变"要我学"为"我要学"。

（二）激发探究兴趣

例如，我们生活中经常会使用到一种化学试剂乙醇，对于乙醇大家并不陌生，最常见的是医用酒精、白酒、啤酒等。教师可以通过视频、图像等有关资料向学生展示，创设情境式教学，针对乙醇的作用、危害，物理、化学性质等，提出相关问题，引发学生对乙醇的兴趣，促使学生积极探索有关乙醇的知识。在实际的教学中，教师首先要激发学生的兴趣，让学生结合自己所了解到的常识、所学习到的化学基本知识，进行小组合作讨论探究。此时教师可进行适当的引导和提出解决问题的关键，对于学生的探究结果要给予学生充足的时间发表自己的观点，也可让其他学生相互指正和评价。教师通过上述方式开展教学活动，一定会让学生对所教学内容记忆深刻，掌握牢固。

（三）设置探究内容

例如，在学习化学实验的第一课时，就应该带学生走入化学实验室，让他们了解化学实验的各种工具和注意事项，可以在教师的监督下进行粗盐提纯实验，经过过滤溶解蒸发的过程体验化学实验的动手操作和严谨性。之后让学生思考提纯的其他方法。要有效地调动学生学习的兴趣和积极性，发挥学生的主体性，使学生自主掌握探究的方法，探究内容要根据学生的实际情况来选择，合情合理设置探究问题，细化和分步探究过程，激发学生的自主探究能力。针对不同层次的学生，探究模式也需要不断地反复实践，积累经验。

探究式教学模式明确了学生在教学过程中的主体地位，充分发挥了学生的自主性，调动了学生的学习积极性，培养了学生对化学的学习兴趣，有效地帮助教师完成教学目标，达到了既定的教学目的。使化学知识的重点难点突出，并且结合学生的认知和需求，在教学过程中适当地开展与组织探究式的学习活动，使这种教学方法切实地发挥作用，成为教师讲课的有利途径，成为学生学习的有效助力。

三、"探索－幸福"教学模式在生物教学中的运用

（一）幸福文化教育在生物教学中的渗透

在教每一届高一新生时，我都会向学生介绍我国有哪些为国效力的著名的生物学伟大科学家，比如我有两个梦——"禾下乘凉梦"和"杂交水稻覆盖全球梦"的著名杂交水稻之父、共和国勋章获得者袁隆平院士；还比如2015年因发现抗疟药物青蒿素而

获得诺贝尔生理学或医学奖的著名科学家屠呦呦女士；又或者放弃美国高职位高待遇来报效祖国的中国科学院院士、结构生物学家施一公，等等。通过对这些著名人物励志故事的学习，加深学生对生物学科的认识，知道学完生物学科未来可以为国家做些什么，从而提高学生的责任意识、大局观念。尤为重要的是，在生物教学中渗透幸福文化教育，从学生接受这个角度上讲，更具体、更亲切，因而具有更大的感染力和说服力，更容易激发学生热爱祖国的思想感情，这是那些空洞的、概念化的说教所无法达到的。

（二）幸福课堂教育在生物教学中的渗透

第一，巧用生活实例，加深知识理解。比如在讲到必修一第五章呼吸作用的应用理解时，说到做醪糟，我们会让学生明白挖槽是为了让酵母菌进行有氧呼吸，密封是为了进行无氧呼吸发酵产生酒精；讲到创可贴为什么要透气时，我们会让学生明白是避免厌氧菌的繁殖；在农业生产上种植农作物要注意松土，是为了让根部细胞更好地进行有氧呼吸，为根部吸收无机盐离子更好地提供动力；合理灌溉及时排水是避免无氧呼吸产生酒精毒害细胞；在讲到光合作用中冬天大棚薄膜的颜色应该选择白色、蓝色还是红色时，学生利用所学光的特点，可以明白为什么基本上薄膜都选择白色的。在生物教学中，有很多像呼吸作用和光合作用这样的生产生活应用实例，我们可以从学生的所见所感中去启发他们顿悟。

第二，善用拟人手法，给知识赋予生命。例如在讲授"光合作用与呼吸作用的关系"时，可把"光合作用"比喻成"干活儿挣钱"，而把"呼吸作用"比喻成"消费花钱"，挣到的钱减去花掉的钱积累的钱就是"净光合"，这样解释既具体又形象，学生容易理解和记忆。还有在讲述保护色、警戒色、拟态三者的区别时，可以设计成：保护色＝我不在这儿，你看不见我；警戒色＝我很厉害噢！请别惹我，否则我不客气的；拟态＝我不是我或者我是冒牌货。通过这些有声有色的比拟，可使学生有一种如临其境、如闻其声的真实感觉，增强了知识的趣味性，便于学生记忆和掌握。

第三，引用诗句，给知识增添情趣。例如，在讲细胞膜这节时，引用一首自创诗：是谁隔开了原始海洋的动荡？——这句诗刚好体现细胞膜将细胞与外界环境隔开的功能。是谁为我日夜守边防？——这句诗体现了细胞膜控制物质进去的功能。是谁为我传信报安康？——这句诗体现了进行细胞间信息交流的功能。还比如在学习生态系统的食物链时，可以用到"螳螂捕蝉，黄雀在后"来讲解食物链的生物关系；在学习生态系统的稳定性时可以用到"野火烧不尽，春风吹又生"；学习细胞器时可以借用"知否？知否？应是绿肥红瘦"这句诗来提问引出绿和红与叶绿体和液泡有关。生物教学中，适时引用一些典型的诗词穿插讲解，可消除学生学习的疲劳，增强教学的幸福趣味性，提高课堂的艺术性，既启迪了思维，又陶冶了情操，一举两得。

第四，穿插信息技术，给课堂带来活力。比如，在学习光合作用时，课本开始有一个关于植物工厂的文字讨论题，如果仅仅是让学生去根据文字想象出植物工厂的样子再去思考，学生一点儿兴趣都没有，但是笔者刚好在网上下载了一个有关植物工厂的视频，放给学生看，学生犹如亲身体验，一下就对植物工厂的原理清清楚楚，可以有效提高学习生物的兴趣和积极性。再比如在学习酶这节时，要让学生理解酶的作用原理，就必须借助一个 FLASH 播放加热、加无机催化剂、加酶的作用原理演示过程，学生看完后就可以加深理解三者的区别，容易得出正确解释。所以在课堂教学中，适当合理地使用多媒体能提升学科幸福感和认同感。

（三）幸福实验教育在生物教学中的渗透

生物学实验一般分为验证性实验和探究性实验，这两者都可以提高学生科学素养、提高生物学教学质量。在生活中一般都让学生尽量选取趣味性、实践性强的实验进行操作或者探究。比如，在必修一的实验教学中，笔者认为效果非常明显的一个实验就是探究植物细胞吸水和失水，学生可以自己通过操作，完全理解并成功运用所学知识来解决书本上的疑问。还比如趣味性强的选修教材实验——制作豆腐乳和泡菜，学生可以通过自学内容，自己准备材料和简单的工具，亲自为家人或者朋友做点成品。这样可以把所学知识联系生活实际，既从中尽情地享受"一滴汗水一分香甜"的欢乐，又可以通过此过程体会美食制作过程的不易。在探究实验过程中，有效地开发和利用各种实验资源，能让孩子们在探究实验活动中感受到幸福。他们都积极参加这些实验探究，最后他们可以取得满意的探究结果。

（四）幸福课外活动在生物教学中的渗透

为了很好地在生物教学中渗透幸福教育，锻炼学生的意志力，拓宽学生的知识面，可以布置学生进行一些可行性的课外活动。比如，适当采集并制作动、植物标本，举办标本展；为校园植物挂牌；调查本校学生的早餐营养状况；向本班甚至全校同学宣传艾滋病的预防知识；举办生物论坛讨论当前热点生物学知识；撰写生物小论文并交流心得、体会等。让学生从课外活动中收集整理材料，可以帮助他们提高学习生物学科的能力，还可以训练学生的组织能力和表达能力。

综上所述，教师在教学中应渗透幸福教育理念，努力挖掘教材中各种促进学生感到幸福的因素，设计富有幸福色彩的风趣式教学，就一定能够加深和拓宽学生对教学内容的理解，达到我们预期的教学效果。

第四节 "探究－幸福"教学模式在政史地教学中的运用

一、"探究－幸福"教学模式在思政教学中的运用

（一）深挖教材内容，让学生认识幸福

教学九年级第一课第一框"坚持改革开放"，我在第一个班要求学生分别从吃、穿、住、用、行、享等方面，谈谈和家人的幸福生活。虽然学生也能说出现在的生活水平有所提高，"吃得更好""穿得更美""出行更方便"，但我从他们敷衍的语气、闪烁的眼神中解读出其并未真正认可这些成就。对这些从小在"蜜糖罐"中成长的学生来说，眼前生活中的一切早已非常熟悉，自然也难以从中品味出幸福的味道，更不会去思考取得这些成就背后的原因。于是，在第二个班上课前，我提前布置，让学生回家向自己的父母了解以前的生活，把父母小时候吃、穿、住、用、行、

享等方面的照片整理出来，然后与现在的生活进行对比。当一组组新旧照片对比呈现在面前时，学生发出了一声声惊叹。从他们脸上，我看到更多的是自豪、喜悦、幸福。面对相同年龄段的教学对象，采用不同的教学设计，产生不同的教学效果，这就是对比产生的幸福感。

（二）关注学生，让学生感受幸福

讲授"我们的情感世界"，我借助一段网络视频。视频展示了孩子成长历程中与父母情感发生的变化，从一开始的完全依赖到青春期的渴望独立、"逃离"家庭，再到长大成人后开始理解父母、想念父母、担心父母身体。流畅的动画视频，配上《时间都去哪儿了》这首非常应景的歌曲，一路观看下来，许多学生都流下了感动的泪水。这一教学环节，不仅让学生明白了"伴随着我们的生活经历不断积累、发展，人的情感会不断丰富、深刻"的道理，而且让学生体会到父母深沉的爱，理解父母教育孩子的不容易，品味来自家庭的幸福，产生孝敬父母的责任感。

（三）开展多元活动，让学生体验幸福

每学期，我都会组织学生开展课前5分钟"时事评论"活动，从选题、撰写评论稿、做好配套课件到上台演讲展示，每个环节都是学生自主开展、合作探究。刚开始，学生选题狭窄、评论肤浅、演讲束手束脚，经过教师引导帮扶，越来越多的学生开始懂得拓宽视角、深入分析，上台演讲展示也越来越自信得体。从他们脸上兴奋、自信的笑容，可以看出他们很享受这一活动。初中道德与法治教学过程中，需要不断落实对学生的幸福观教育。教师和学校都需要转变传统的教学思想与理念，将育人作为重点，开展教学工作。充分利用我国优秀的传统文化，为学生营造幸福观教育的环境与氛围。同时也需要与其他学科之间建立起内在联系，有效提升教学的有效性。相信通过教师、学校以及学生的共同努力，初中道德与法治课程幸福观教育的水平势必会有所提升。

二、"探究－幸福"教学模式在历史教学中的运用

（一）创设情境，激发求知欲望

创设的情境不管是学习情境、生活情境还是社会情境，都应该注意一个度，激发学生的求知欲望，是学生未达到但踮起脚来又能够得到的度。

例如，在学习统编教材《两宋的政治与军事》时，教师创设的问题情境为"宋初加强中央集权的背景是什么"就不如"宋代统治者为什么重视解决君权旁落、地方尾大不掉的内忧，而忽略外患问题"精彩。虽然问题导向是一样的，但对于高中学生的认知和情感需求来说，后者更具满足度。高中生在比较长时间的学习后，已经初步形成了一些与此问题相关联的知识储备，同时也掌握了一定的"背景"类问题的思考模式和方法，在历史发展规律、历史事件关联等方面又缺乏逻辑思考，若直接设问背景，学生虽会在已有的基础本能驱使下去从政治、经济、文化等方面思考并试图找出答案，但终显干瘪，并且习惯于把历史内容扁平化为一条条的需要死记硬背的干知识，幸福体验感不佳后慢慢成为负担。而后一种设问，就充分调动了学生的认知和情感，带进个人的生活经验、情绪感受后结合已有的知识碎片把历史立体化、

生动化，学生感受到这种现象是宋代统治者取舍权衡以后的结果，进而产生探知造成取舍的原因的欲望。

（二）问题探究，充分沉浸过程

例如，统编教材《明至清中叶的经济与文化》一课，课标要求"了解明清时期社会经济、思想文化的重要变化；通过认识明清时期封建专制的发展、世界的变化对中国的影响，认识中国社会面临的危机"，这对学生的整体思维、辩证思维的要求都比较高，学生在探究这个问题时必然会面临诸多困难。有的同学通过自主探究就能圆满达到要求，因而体验到成功的喜悦，人性得到通达，无疑他是幸福的。有的同学因无法达标而感到痛苦、难过、愤怒，这样的感受体验也是幸福的，因为这从反面来看正是他自我实现的价值追求。接下来，他还可以在安全、尊重的氛围中通过合作探究等方式完成课堂标准，众多相同（归属）的同学合作讨论，形成思维碰撞，教师再适度引导学生从"明清之变与世界之变的异同""变化本身的局限"等角度探究思考，进而得出结论：明至清中叶的经济与文化在不断变化发展，但变化本身有局限，与世界巨变有差距，同时所有的变化都给原有格局带来挑战，而明清政府加强封建专制的应战之举使中国背离世界发展的潮流，从而给中国造成巨大危机。在此过程中，学生从感受挫败的体验中感到痛苦，在与众多同学的讨论中感到压力被分担并找到归属，在师生共同努力中收获成长。这些悲喜交加的情绪触动会使幸福感更持久，而过程中学到的方法、态度、经历又增长了未来幸福的能力，以至于提高学生幸福的主观能动性。

（三）能力提升，收获幸福本领

历史学是一门社会综合性较强的人文学科，其重要的社会功能是探寻历史真相，总结历史经验，认识历史规律，顺应历史发展趋势，推动历史前进。那么它对提升学生生活能力，收获幸福本领的作用就尤为显著。在历史课堂教学中，学生用已有的生活经验结合时代背景尽可能"穿越"到过去，与历史共情，感知历史魅力，增强感悟理解认同。在探究过程中，有感情地学习，与师生共情，投入沉浸享受，幸福生长。最后，让情感与认知内在统一起来，提高能力，迁移和移情，认知情感化，情感认知化。用深刻的情感化后的认知增强理解分析并探究处理生活的能力，用认知武装自己对情感控制的能力，充分感受幸福和创造幸福，增强幸福本领。

三、"探究－幸福"教学模式在地理教学中的运用

（一）营造幸福教学情景，提升地理课堂教学品质

1.用心创设幸福的课堂场景

比如，在学习高中地理必修三"全球定位系统"这个知识点的时候，可以结合马航失事这个时事热点，学生学习兴致一定会高涨。在上这节课之前，先给学生播放马航失事的新闻，教师再提问：在马航事件发生后，外界议论纷纷，有人提出疑问，为什么现代社会GPS系统这么发达还找不到失事飞机呢？在学生讨论1~2分钟后，让同学们观看一个北斗卫星专家解释视频，视频内容大致如下：现今普遍而言，民航飞机上安装的都是美国的GPS系统，但这种GPS系统只具备单向通信功能，如果发生事故，只能是GPS系统给失事

飞机传输信息，而飞机只能被动地接受卫星信号等待救援。我国的国产北斗卫星导航定位系统则解决了这一难题，中国的北斗具有双向通信功能，发生事故后可主动地向卫星系统发出求救消息。不仅如此，中国的北斗有个特点，就是地面工作人员可直接和卫星通话，相当于一个卫星电话。如果说飞机上装的是北斗的导航，飞机去哪儿了，飞机每时每刻的信息通过卫星就可传递到国内来。在这一小段视频里，不仅有 GPS 的工作原理动态图，能巩固学生之前学习到的有关 GPS 的知识，还有卫星工作的动态图，让同学们对抽象的知识形成具体的认知。在观看的过程中同学们聚精会神，求知欲极强。视频播放结束后，同学们了解失事飞机找不到的原因、我国北斗卫星的厉害，也把课堂上所学的知识巩固了，更重要的是使他们的民族自豪感增强了。

2.用爱心培育幸福的课堂主体

给学生制定力所能及的目标，如高一有一个女同学连续几次测验都是全年级最低分，于是与她谈话，并予以积极的心理暗示，使她摆脱最低分的困扰，逐步找回自信，最后考试的时候达到了年级平均分。了解学生年龄特征，针对群体、个体差异进行教育，使其获得幸福感。在准确把握学生特点的基础上教育引导学生就能做到有的放矢，学生也能较愉快地接受。

（二）构筑幸福教学平台，增强地理课堂教学实效

1.创设展示擂台，让学生成为幸福课堂的自我设计者

比如在学习高一必修一《地球的运动》这一课时，可以让学生提前预习，利用乒乓球和铁丝制作简易的地球仪，并将地球上

主要的经纬线画在上面。再准备几盏小台灯。在上课前由教师提问为什么地球上会有昼夜更替和四季变换的现象。在地球上每天每年都会发生这样的变化，很多同学却不知道为什么会有这样的变化。此时教师先利用地球仪和小台灯模拟地球的自转（教室关闭所有灯并拉上窗帘），同学们会发现地球仪朝向台灯的那一面是明亮的，而背对着的那一面却是暗的，并且教师的手一直有规律地拨动着地球仪绕着地轴自西向东地旋转，地球仪上每个面明暗程度总在发生变化。观察结束后让学生用自制的地球仪和台灯演示地球自转并归纳其规律，最后由教师再次提问为什么地球上会有昼夜更替的现象。此时大部分学生已经了解其原因，再由教师总结并讲解其他知识点。在讲解公转知识点时，学生对地球运动的知识点已经有了一定的了解，可让学生根据课本上对地球公转的定义和规律自己模拟地球的公转，再由教师点评并详细讲解。在活动课堂中每个学生都能参与进来，通过自己的实践得出真知，大大提高了学生的课堂参与度，提升了学生的学习兴趣和求知欲。还有许多像讨论、采访、环境调查等活动都可以引入地理课堂中来，使地理教学生动起来，更使学生得到了多方面的锻炼，深刻贯彻新课程理念的标准。

2. 搭建合作舞台，让师生成为幸福课堂共同受益者

首先，通过师生间多边合作分享幸福。在教学中，教师与学生的角色是不同的，但他们在人格上是完全平等的。教师以平等的态度对待学生，尊重、理解、肯定，以心换心，也必然受到学生的尊重、赏识和欢迎，从而提高课堂幸福认同。比如，每当讲

解难点、重点问题时，教师可以让学生先开展交流、讨论，说出他们的想法和看法，鼓励学生间互相启发，然后进行归纳总结，充分肯定优点，及时弥补不足，让师生在充分的互动中学习知识、感受幸福、分享合作的快乐。其次，通过学生间团结合作分享幸福。在课堂教学中，教师不应倡导学生树立竞争对手，而应该让同学积极寻找合作伙伴，结成互助组，通过相互督促、检查、讨论、总结，实现取长补短，共同提高。

总之，地理教育强调的学生幸福是使学生逐步形成人地协调与可持续发展的理念，成为具有地理素养的公民。地理教育关涉的学生幸福更多的是教会学生如何更好地生活，更好地与社会和地球和谐共处。地理教育的目标致力于为每个孩子的终身学习和未来发展奠定坚实的基础，帮助学生走向人生幸福，这是地理教育的最终理想。

第五节　"探究 - 幸福"教学模式在音体美教学中的运用

一、"探究 - 幸福"教学模式的构建在音乐教学中的运用

（一）通过实践激发孩子的探究力

"把教师的目的化成学生的目的"便是教育是否成功、幸福的关键——学生为主体的幸福课堂激发孩子的探究力。课堂实践来自音乐唱歌课——彝族民歌《阿西里西》中的一段。《阿西里西》是一节二声部的唱歌课，我创设了一个关于友谊的情境，运用两个好朋友之间远距离的相互呼唤来代表两个声部，"呼唤的朋友"

和"回应的朋友"分别代表高低声部。先分开学习高低声部前四个小节的内容后，师生角色扮演配合完成再由生生配合完成。

两个学生配合完成后我提问："他们配合得怎么样？"

生1："还可以，就是声音里面没有呼唤的感觉！"学生融入了情境在认真地聆听和分析。紧接着我再提问："那我们应该怎样让声音有呼唤的感觉呢？"学生面面相觑，小声地讨论起来。

生2："我觉得可以多吸一点儿气。"

我马上给予鼓励的评价："嗯，你的建议很好，我们可以试一试。"

生3："还有要让声音大一点儿，传远一点儿。"

我马上将他们的建议付诸实施："你们的建议很好，用你们自己想出来的办法试着一起呼唤。"

生：阿西里西，阿西里西。

学生唱完后我发现有的同学呼吸方法不正确，吸气浅并且有明显提气和耸肩的动作。

我问："刚才你们在呼吸时我观察到有两种截然不同的姿势，你们通过观察和模仿思考哪一种姿势更有利于自然放松地歌唱。"我将一部分同学吸气时有耸肩的错误姿势和正确的吸气姿势分别呈现给学生让他们独立思考后再小组讨论。

学生边尝试边思考起来。

生4："我觉得唱歌时耸肩首先不美观，因为我看到很多歌唱家在唱歌时并没有这样的动作，他们看起来很自然、很轻松的样子。"

我马上表扬他："你的回答很棒，说明你在生活中是个善于观察和热爱思考的孩子。"

生5："我们小组刚才唱的时候发现深吸气的时候可以不用耸肩，并且吸的时候肚子有一点点鼓出来的样子。"

我用赏识的眼光微笑地看着这个孩子赞道："说明你们这个小组的同学很有想法，并且勇于尝试。"

生6："我觉得耸肩唱歌会觉得全身紧张，声音也不太好听。"

我很满意孩子们的回答："同学们都很乐于尝试和想办法，其实刚才你们已经找到了正确的呼吸方法，将大家共同探讨出来的呼吸方法再一起试试，让我们用放松的姿势轻轻地吸气，吸气的时候肩膀要自然下垂，小肚子和腰部有向外扩张的感觉。"

在音乐教学中，教师为了顺利达成教学目标，不敢放手让学生思考。长此以往，孩子会变得不自信、不再愿意分享自己的想法，有的孩子甚至会被动地猜测教师想要的答案，而身为教师要明白所有教育的目的就是要培养学生的思维能力，这样的教学方式通过教师不断启迪、一步一步引导，提出问题让孩子们自主思考、参与实践、小组探讨最后得出结论，生成为一种能力，即让孩子们养成独立思考、善于合作学习的习惯，又从中获得自我认可的幸福感。

2. 通过音乐实践激发孩子的创新能力，同时增强民族文化自信

各国课程改革都强调创造性与开放性思维的培养，认为教育应该培养胸襟开阔，能够站在全球化视野考察问题并创造性解决问题的公民，各国课程改革普遍注重教育的道德文化层面，强调学生价值观的培养和道德教育，同时增强民族文化自信。

唱歌课的实践中，当整首歌曲唱会唱好之后，教师可以在这个基础上让学生运用他们已有的知识构架进行改编和创新。

师："在二声部合唱的基础上我们可以试着融入其他的音乐元素或者是相关的艺术形式进行歌曲创编，小组讨论你们准备用哪些形式进行歌曲创编。"

30秒后先让学生说说他们准备用哪些形式进行歌曲的创编。

第一组生："我们组准备用二声部合唱结合舞蹈动作。"我及时给予鼓励的评价："这想法有意思。"

第二组生："我们组准备加入RAP的形式。"我用期待的表情告诉他们："非常新颖的创意，值得期待噢！"

第三组生："我们准备加入固定节奏来进行创编。"师："好，开始行动。"……（3分钟后）

"愿意展示的小组请举手！"每个小组表演后都让生生互评。

生1：我觉得她们表演的形式很新颖，李佳表现很出色，如果再自信点儿就会更好。

生2：她们的声音很美，表情很好，我建议低声部的声音可以再小点儿。

最后我在小结中给予学生极大的鼓励并及时引导："你们设计的创编有舞蹈，节奏二声部，还有流行音乐中的RAP都非常有创意，我们的民歌也需要融入时代的步伐，要敢于创新，将优秀的民族音乐继承并发扬。"

二、"探究－幸福"教学模式在体育教学中的运用

（一）建立和谐的师生关系，让学生感受幸福

幸福教学对学生而言，就是学生的学习过程，也是一个幸福的活动过程。构建体育幸福教学中和谐的师生关系，需要教师充分发挥自身的作用。其一，教师要树立科学的学生观，充分地尊重每个学生。要认识到学生是一个充满情感、活力与个性的生命群体，教师和学生的人格地位是平等的。其二，教师要关注每个学生的身体情况、心理特点、认知能力等方面的差异性，鼓励学生以积极的态度参与体育活动，赞扬学生在教学中的一切探索、发现行为和活动，肯定学生在学习过程中所做出的一切努力。其三，教师在教学中要严于律己，做好学生的表率，身体力行，主动参与学生的练习、活动、游戏，缩短师生间的距离，使师生的关系更为和谐、融洽。

（二）体育选项课教学让学生掌握一到两项运动技能，为终身体育奠定基础

教什么运动技能的问题上主要有三个依据：一是要根据学生的身心发展特征；二是要与学生的生活经验和实际相联系；三是要结合学校的实际情况。初中学生身体发展基本成熟，爱好广泛，适合发展速度、有氧耐力和灵敏性，如短跑、长跑、篮球、排球、武术、健美操等项目，但是不过分追求掌握运动技术的规范性，不苛求技术动作的细节和完美；高中是学生体能增长期，适合发展肌肉力量，肌肉耐力，但是兴趣开始细化，自我意识增强，应充分尊重学生的不同爱好和选择，引导他们根据各自的体育特长

和兴趣爱好选择一两项运动项目进行较系统的学习提高，充分发挥学生的自主学习精神。

为终身体育打下基石。学校体育是终身体育的一个阶段，它的主要目标之一是在精学运动技术的基础上，掌握几项熟练的运动技能，为终身体育奠定基础。运动技能有诱发体育兴趣、提高体育意识、加深运动情感体验、逐步培养锻炼习惯的作用。没有技能学习的体育课是空洞的，是短暂的。试想学生毕业之后没有了体育课也没有学到运动技能，他们会继续参加体育运动吗？这不正与"发展体育运动，增强人民体质"和"终身体育"思想相违背吗？当然，提高学生运动技能不是把学生都培养成职业运动员，而是使学生具有体育锻炼的基本能力。

（三）拓展体验活动进课堂

拓展体验活动能够培养学生广泛的兴趣、爱好，发展个性特长；拓展学生的知识领域，使其学会观察和思考、探究和质疑，培养学生的创新精神和实践能力；提高学生的思想品德修养和审美能力，陶冶情操、增进身心健康，感受生活中的美好和快乐，健全学生的人格修为；培养学生的团结协作和社会适应能力。

案例：翻越障碍

1.活动目的

（1）团队协作，责任担当。

（2）团队荣誉，感恩团队。

2.项目概览

（1）适宜学生：初、高中学生。

（2）一般时长：40分钟。

（3）活动场地：室内外均可。

（4）实施方法：小组体验。

（5）场地器材要求：平坦无干扰的空地、音响、弹力绳、体操垫。

3.活动方法

（1）所有人遵循规则，教师负责提供保护与监督，在不讲话、不触碰绳子的情况下翻越高1.5米的绳子。

（2）选出队长，队员犯错，队长承担责任，重点强调保护措施和安全注意事项。

（3）规则：不讲话，不触绳，不踩不当部位，不做与本项目无关的事情，一旦违反，全体成员重来，队长受罚。

4.实施方法

（1）教师讲解规则，示范检查保护的方法，让学生自己想办法，纠正错误动作。

（2）在音乐中完成该项目，严格执行，一旦违规，立即叫停，队长受罚，分享活动经验。

5.实施建议

（1）项目比较危险，需要强调保护措施与安全注意事项，并全程监督。

（2）规则与犯规惩罚须事先讲清楚，执行过程中绝不留情，一旦违规，立即叫停并实施处罚。

（四）构建幸福的课余体育活动

1. 大课间

学校大课间体育活动是在音乐的伴奏与信号的指挥下，按照设计的程序，在规定的时间内有组织地以自编排球操、跑步、自编瑜伽为主要内容，进行连续不断的身体操练过程。

第一，自编排球操。学校体育组教师自行创编了一套"排球课间操"，欢快的舞曲、动人的韵律，以排球动作作为基础的舞姿，展现出独特的青春活力，深受学生喜爱。每年开展排球课间操比赛，让全校学生动起来。

第二，跑步。在奥林匹克运动的故乡——希腊山的岩石上刻着这样的文字：你想变得健康吗？那就跑步吧；你想变得聪明吗？那就跑步吧；你想变得美丽吗？那就跑步吧！跑步被称为有氧代谢运动之王，它是周身的全面运动，而且可以在较短的时间内取得最大的锻炼效果。人体自然的跑动是一切身体运动的基础。

此外，还有自编瑜伽，等等。

2. 课余体育训练："三球一操"

足球、篮球、排球、健美操是我校当前，也将是今后一段时间内重点打造的体育特色品牌。学校积极鼓励有天赋、有潜力，真正热爱足球、篮球、排球、健美操的学生加入队伍参与训练，针对有特长的学生，进行重点培养，让他们加入学校专业训练队，合理安排训练时间，制订出科学的训练计划，为优秀体育生在入学、升学、训练、输送、竞赛、加分等各个环节给予重点保障，奠定幸福人生的基石。

此外，还有阳光体育活动，等等。

三、"探究－幸福"教学模式在美术教学中的运用

（一）培养健康的审美情趣，让学生幸福

我印象最深刻的是我上的第一节课，那是艺术作品欣赏，其中有一张图片就是大卫像，全身赤裸的造型让下面的个别学生发出怪声，说是"黄色图片"，班上的同学哄堂大笑。于是我就抛出了"赤裸是去除一切伪装，裸体是一种衣着形式"的艺术观点，结合《米洛斯的阿佛洛狄忒》的雕像分析男女人体美的不同之处，结合早期古奥运会只准男性参加并必须裸体，还为胜利者塑造纪念像并安置在神殿里供人景仰等知识，讲解了希腊人对于人体的崇尚，认为完美的心灵寄寓在强健的体魄中，只有健全的身体才能有健全的精神的审美习惯，从而才创造出了这些身心统一的人体艺术形象。有了这些铺垫，大大激发了学生对希腊艺术的兴趣，没有了初看人体雕塑的羞涩，连开始起哄的学生也安静地听着讲解。通过这件事情更让我感到在教育教学工作中培养健康的审美情趣的重要性。

（二）包容性的培养，培养学生的大爱情感

我的教学中，在赏析美术作品的时候，我都会让学生起来说说对所欣赏的美术作品的认识，不管是喜欢还是不喜欢都说说自己的理由，而不是直接说出自己认为正确的答案。通过巧妙启发、创设情境等手段，引起学生积极的体验、理解与感悟活动，在过程中以人为本，尊重个性，突出培养学生人文精神核心，给予每个学生以足够的尊重，让学生在愉悦的环境里发展自己的个性品质

的同时学会倾听他人的观点，让他们知道求同存异的重要性。在我讲解这些作品的时候，我也重点讲解作品产生的背景和艺术价值与意义，针对当时当地的一些文化现象或其他范例加以评论和阐述，这有利于学生对艺术的本质特征加深领悟。让他们知道任何事物的产生都有其一定的历史原因，我们不能老是以自己现在所处的环境和我们现在所拥有的价值观去评价它，应该把它放在特定的环境中去评价。同时也要知道不只是我们去选择艺术作品，艺术作品也会选择我们，不同的作品都有一定的针对人群，我们要学会去包容这些目前我们还无法理解的作品，因为存在即合理。

（三）培养丰富的情感世界，进行幸福教育

我记忆最深的是我上初中教材中的《触摸美丽》这一课。当我抛出"你还记得你到目前为止见过的最美的东西是什么吗"这个问题的时候，很多学生选择的答案是沉默。我结合书中的图片从普通的一堆锈铁链讲起，引导他们去思考，看到这些会想到什么，有的学生想到了他们的父辈，坚硬并沧桑的感觉，一幅简单的图片表达出高雅的审美情趣。受到激发的学生开始努力地去回忆那些自己在身边看到过的美丽的东西和那些让自己惊叹过的东西。通过对美术作品的有目的的欣赏进而到对自己身边事物的发自内心的自然而然的欣赏，是美育的最终目的。让学生通过美术学习去获得一双能发现美的眼睛，能用自己的眼睛去发现美，用自己的心灵去感受美，让自己被自己周围的事物感动，就能让自己的情感世界更加丰富。情感世界丰富的人更容易感到幸福，通过学习美术欣赏让自己的学生感到幸福，我想每个教师都想有这样的成果。

第六节 "探究-幸福" 教学模式
在心理信息职业生涯规划教学中的运用

一、"探究-幸福" 教学模式在心理教学中的运用

（一）通过团体辅导活动，培养学生追求幸福的能力

学校可以为学生开展团体辅导活动，通过活动一方面可以磨炼学生的意志品质，另一方面可以增加学生之间的情感交流和团队合作意识，提高学生的交往能力，有利于学生身心健康发展，提高学生的幸福能力。建议学生用"幸福账本"记录积极情绪与消极情绪，记录每天幸福的事情和难过的事情，以月为单位，进行讨论，看看幸福的"盈亏"，对幸福进行总结，对消极情绪予以疏解；以互助、自助为机制进行心理疏导。肩负学生教育重任的班主任，有必要组织学生进行心理互助、自助，启发学生寻找适合他们的幸福，提高他们创造幸福的能力；感恩教育，督促学生学会感恩，建议重拾纸笔，用书信的方式向远方的亲人道一声感谢，让学生明白，家人、朋友、教师的帮助等一切并非理所当然，这些都是回味无穷的礼物，让学生点滴记录他人恩惠，常怀感恩之心，让那些曾经的"心安理得"变成"无限感激"，这个过程就是学生主动创造幸福的过程。

（二）自我调节与教育引导相结合，提升学生的积极情感

积极情感是满足个体某种需要时伴随的愉悦的情感体验，表现为对自我生命的认同、肯定和接纳，是对生命意义的自觉、愉悦，以及对整个世界的同情、关怀与钟爱。积极的生命情感使人

振奋、昂扬向上和富于爱心，成为人生的动力。积极情感是提升个人幸福层次的要素和重要内容。加强学生幸福教育，引导学生树立健康向上的积极情感需要通过学生自身和教育者两方面来实施，即增强学生的自我调节能力和加强心理健康教育对学生的教育和引导。通过有意识地为学生创设一些问题情境，或提供真实案例供学生参考和分析，在此基础上对学生加以引导，启发学生的积极思维，提高学生解决困难的能力。

（三）提高教师素质，发挥教师的感染力和示范作用

在幸福教育中，学生和教师是相互"感染"的。当教师把自身的幸福体验外化为表情传达给学生，学生可以通过观察在自己内心产生同样的心理感受，在这一过程中教师对学生的幸福发挥了"感染"作用。教师与学生的这种幸福感受是创造与享受的内在统一，这种统一的过程，对幸福教育的教师不是牺牲而是享受，不是重复而是创造，不是谋生的手段而是生活的本身。在此过程中，教师的幸福层次直接影响着学生对幸福的感受，只有努力提高教师的幸福感和幸福层次，才能使学生在教育教学过程中体会真正的幸福，体验真正的幸福教育过程。

（四）课题研究引路，逐步提高师生的幸福指数

第一，课题引路，形成特点。我们可以确定把"培养学生的学习兴趣、方法、习惯"作为"幸福教育"的三个落脚点，进行实践研究。开展课题研究，不但提高了教师的科研能力，也让教师在研究中感受到了做教师的幸福。第二，层级培训，注重实效。一是抓基础。在全体教师中树立"心理健康教育人人有责"的理

念，通过多种形式的培训，促使每位教师在日常教育教学活动中调整自己的态度和行为，避免"师源性心理健康问题"的发生，促进学生心理健康水平的提高和人格的健全发展。二是强骨干。充分发挥心理教师的作用，把心理健康教育纳入校本全员培训的重点内容。使核心组成员成为推进心理健康教育的骨干。三是树典型。多多邀请专家进校园，为师生普及心理健康知识。第三，深入实践，探索途径。

采取多种渠道、多种方法，探索多种途径。一是开设心理健康教育活动课；二是在学科中渗透心理健康教育；三是健康教育；四是在实践活动中提高学生心理素质；五是发挥心理咨询室作用，促进身心发展；六是家校配合，提高心育水平。此外，我们还可以开设心理热线或开设家长心理信箱，不定期举办家长心理沙龙、组织家庭教育热点问题讨论，教师家访、利用网络的优势等开展活动，都取得了良好的教育效果。

二、"探究－幸福"教学模式在信息技术教学中的运用

（一）用和谐的师生关系打造"幸福课堂"的基础

教师的感情会激发学生的学习兴趣，学生的发奋努力则能促进教师对学生的引导更加充满激情和希望。师生情感交融在一起，就能取得理想的教育教学效果。在实际教学过程中，如果学生受到教师的恰当的评价和鼓励，他们就会得到精神上的满足，产生一种成功的情绪体验。这种满足和体验，会增强学生的信心和兴趣，产生再上一层楼的"自我鼓励"的心理状态和奋发向上的力量。教师要用自己的热情和信心去点燃学生的激情，用愉快的心绪、和蔼的表情、亲切的动作、温和的语调、激情的话语，去提高学生对信息技术学习的兴趣。

（二）充分应用各类资源，让学生在看、听、说、做中感受美感，享受幸福

信息技术课程的学习与实践，离不开网络资源素材。为了在信息技术的课堂上有效地开展幸福教学，教师可以引导学生从网络资源里引用一些信息技术课程的延伸内容。例如，在基础程序的设计课程里，引导学生网上查找有助于理解计算机语言的游戏教学，进而达到让学生基本掌握基础程序的制作过程。然后，在课程结束后，引导学生将自己的学习方式进行总结，在下一堂课程中进行探讨与交流。这样不仅调动了学生自主学习的能力，也丰富了课堂教学的方式，是符合幸福教学理念的实践。通过鼓励的方式，让学生突破，真正将学到的理论知识系统化。

（三）运用课堂"三种教学方法"，打造信息技术幸福课堂

第一，在情境导入中，引领学生感悟幸福。第二，在合作学习中，引领学生体验幸福。第三，在项目式学习中，引领学生收获幸福。第四，鼓励肯定，体验成功。第五，活学活用，提高能力。新课程改革重视学生的可持续发展，把对学生的人文关怀放到一个突出的位置。给学生以轻松、活泼、快乐，让他们学会享受生活，引导他们以积极、乐观的心态面对事物。幸福的教育理念在信息技术课堂上的实践，对于学生更好地掌握信息技术知识，培养学生的创新能力，对自我进行人才塑造具有重大意义。

三、"探究－幸福"教学模式在生涯规划教学中的运用

（一）强调学生主体地位，开展体验式课堂

无论是哪一门学科，我们教学的主体都是学生，教学过程中应充分发挥学生的主体作用，教师要做好自己的角色定位，应该做学生生涯发展的促进者、引导者，而不是学生生涯发展的约束者、制定者。生涯规划是学生的生涯规划，所以教师应该把规划权还给学生，给学生创造更多自我探索的机会，给学生提供一个自我体验平台，而不是教师对信息的灌输。幸福本就是一种感受，所以追求幸福生涯的过程离不开学生的自我体验。

（二）挖掘学生潜质，开展个性化课堂

世界上没有完全相同的两片树叶，所以我们的学生也各不相同。无论是能力的不同、性格的不同还是兴趣的不同，生涯规划应该是包罗万象的，我们要尊重学生的个体差异，遵循学生的个人发展规律，让每一位学生都能在生涯规划中得到成长。因此生涯规划课堂不仅要帮助学生梳理、解决共性的问题，也应该关注到个体，让部分学生的个性化诉求得到满足。要实现这样的个性化课堂就需要将生涯规划延伸到课堂下，鼓励更多的教师参与到生涯规划中来，尝试全员导师制，开展个体咨询和个性化的生涯指导，从而弥补课堂教学的不足。

（三）生涯规划课堂教学的策略

1.案例剖析法

例如在《唤醒生涯意识》这一课中，可以以央视对"清华学霸退学"这一事件的主人公刘立早的现场采访视频为素材，让学

生参与到课堂讨论中。基于问题导向，通过故事分享，让学生认识到生涯规划对整个人生发展的重要性，从而唤醒学生的生涯规划意识。进行科学的职业生涯规划也将更有效地帮助学生尽早确定目标，有的放矢地进行规划和学习，提高学生的学习原动力，为幸福生活创造更多的可能。

课例片段：唤醒生涯意识。

生涯故事：刘立早，重庆人，1998年第一次参加高考，以612分的成绩被浙江大学录取，但是低于他报考的生物医学工程、计算机和建筑专业的录取分数，被调剂到化工系。2002年，刘立早以本专业第一名的成绩毕业，并被保送到清华攻读硕博连读。但是只读了一学期，觉得自己并不喜欢现在的专业，而是对建筑特别感兴趣，经过长时间的挣扎和纠结，2003年3月，正在清华大学就读硕博连读的刘立早出于个人兴趣原因放弃了已经进行了一个学期的化学反应工程专业的学习，向校方提出退学申请。2003年6月，刘立早第二次参加高考，并顺利进入清华大学建筑系。

生涯交流：

（1）你如何看待刘立早退学这一事件？

（2）你觉得刘立早放弃五年的学业重新参加高考值得吗？

（3）你觉得对中学生开展生涯规划对自己的幸福人生有什么意义？

生涯感悟：人生就像是一场旅行，生涯规划就像是出发前的攻略，做一个好的攻略我们才能感受到旅行的乐趣，欣赏到旅途中最美的风景。

　　生涯阅读：哈佛大学有一个非常著名的关于目标规划对人生影响的跟踪调查，该项调查的对象是一群智力、学历、环境等条件都差不多的年轻人。调查结果如图6-1所示。

图 6-1　目标规划对人生影响的跟踪调查结果

　　哈佛调查者因此得出结论：目标对人生有巨大的导向性作用。成功在一开始仅仅是一个选择。你选择什么样的目标，就会有什么样的成就，就会有什么样的人生。其实真正的目标，一定是长远目标，全力坚持自己坚信的目标，而且是清晰和能够分解成每一个细小计划可具体实施与操作的目标。

　　2.情境教学法

　　生涯规划是为学生的生涯发展服务的，而生涯发展就是追求幸福生活的过程。所以，在生涯规划的课堂教学中可以创设一些形象生动的具体场景，以引起学生一定的情感体验，让学生能在体验中获取知识。如《自我认知》这一课中，为了让学生对自己有一个真实的认识，可以设计模拟面试的情景：假如你是一名即将毕业的大学生，现在来到一家企业或者单位进行面试，面试官让你做一分钟的自我介绍。

第七章

幸福教育的
校园课堂
——"体验－幸福"模式的构建与实践

———

　　前面第六章探讨"探究－幸福"教学模式构建与实践概述，以及在各个学科中的运用。本章探讨"体验－幸福"教学模式的构建与实践概述、幸福社团活动模式的构建与实践、幸福校园节日活动模式的构建与实践、选修课"主题－幸福"式的教学构建与实践。现在分节讨论如下。

第一节　"体验－幸福"教学模式的构建与实践概述

一、"体验－幸福"教学模式的构建

　　我们构建了"体验－幸福"教学模式，以学生为主体，以活动为载体，要求教师根据学生的生活实际和社会现实来创设情境，强调学生的亲身实践和自主体验，通过学生的体验、交流和反思

来内化知识、提高感知幸福的能力，并最终用于指导学生的行为实践。该模式关注人的情感，旨在培养能够创造幸福、体验幸福、享受幸福的全面发展的人。

二、"体验－幸福"教学模式的特征

（一）以学生为中心

教师的作用是一个学习目标的树立者，学习动机的激发者，学习过程的引导者，学习效果的检验者。学生始终处于主动实践、积极思考的探索状态，主动地动脑、动口、动手，独立地观察、比较、联想、归纳，在知、情、意、行的亲历中改善他们的心智，促进理想人格的塑造，培养学生创造幸福的崇高理想和美好道德品质。

（二）以体验为手段

情境和活动的设计是体验式教学的关键，体验式活动必须贯穿教学活动的始终。只有以体验为核心的教学才能实现学生素质的真正发展。"体验－幸福"教学的过程让学生享受到教育活动中学习的乐趣，并得到幸福体验，让学生感受到育人的幸福和美好的期待。

（三）以自主为机制

这种教学模式突出学生在学习全过程中的自主性，具体则由学生自主选题和开展活动，通过引导学生从行为和情感上直接参与教学活动，不仅能最大限度地调动学生学习的积极性和参与度，尊重学生个体精神的自由，还能着眼于学习潜能的开发，促进学生的自主发展。

三、"体验－幸福"教学模式的实施策略

(一)教学目标:凸显生命关怀

在设计"体验－幸福"教学目标时应凸显生命关怀。除了确定认知方面的目标外,还应明确情感、态度、价值观方面的目标,并从整体上对这些目标进行整合,让学生能从教学中获得多方面的滋养,在发展对外部世界的认识、感受、体验、欣赏、创造的同时,不断体验丰富的学习人生,完善自己的生命世界,满足生命的成长需要。

(二)教学过程:注重体验和生成

在整个体验过程中,学生是主体,激发学生投入体验活动的积极性,并给予其具体落实体验工作的自主权(可自行选择从事自己感兴趣或觉得有意义的体验主题、自行制订计划和开展活动等)。在体验过程中,学生不仅是知识的学习者,更是知识的建构者,不仅在体验的过程中去了解和感知问题、学习相关的理论知识,更能学习运用相关的方法、探索解决问题的思路、反思总结过程中遇到的问题或得到的感悟,从而促进知识和能力的生成。

(三)师生关系:在"相遇"的世界里对话

在体验式教学中,师生之间是平等的"你－我"关系,学生是学习的主体,教师是学生学习和成长的帮助者。"体验－幸福"教学通过充分调动学生的主观能动性,引导学生由被动到主动、由依赖到自主、由课内到课外、由接受到创造性地参加体验,这种教学的真正价值不仅在于学生通过学习可以获得更多知识,而在于可以引导学生在学习中获得感受、体验情感、提高认识并将知识内化成

智慧，最终形成自己丰富的精神世界和多样化的能力结构。

四、"体验－幸福"教学模式的开展形式

"体验－幸福"教学模式是一种把幸福作为核心和终极价值理念的教育方式。它关注人的情感，以学生为中心，以活动为载体，以亲身体验为特征，以观念建构、能力发展和价值观形成为宗旨，致力于培养能够发现幸福、创造幸福、享有幸福的全面发展的人。结合我校的实际情况和特色，将"体验－幸福"教学模式的开展形式归纳成幸福社团活动模式、幸福校园节日活动模式、选修课"主题－幸福"式的教学三种主要类型。这三种类型将在后面分节讨论。

第二节　幸福社团活动模式的构建与实践

幸福社团是田家炳中学在幸福教育理念指导下的具体实践，目前正在一步步完善，走向成熟。

（一）构建"社""团""队"三级培育体系

根据对现今一般普通中学现有社团的基本状况，创新构建了"社""团""队"三级培育体系。该体系一方面可以发展全体学生的兴趣爱好，也可以满足部分学生的个性特长发展需要，还能发现挖掘国家和社会各类专业性人才；另一方面能让学校在特色发展过程中找准方向、找准定位，实现学校更快、更好的特色化发展进程，切实发挥普通中学学生社团的育人功能和育人价值，如图7-1所示。

图 7-1　重庆市田家炳中学"社""团""队"三级育人体系

（二）构建原则

本着全方位、多层次、宽领域的原则，指向学生兴趣爱好，指向学生发展需求，指向学校特色建设，提出了"社""团""队"三级培育体系。学生之间依照个人兴趣爱好，灵活组建团队，进行自主化有序管理，在社长的带领下，在校团委的监督下，有计划地组织社团活动。对部分有发展需求的社团，则由学校参与协同管理，配备专业的社团指导教师。针对部分在专业发展上有更高需求、更高专业层次的社团重新组队，配备专业教练，由学校统一管理。

（三）构建流程

全校社团实行分类指导，分级管理。在学校和校团委学生会的统一管理指导下，全面发展学生自我管理类第一级"社"，再遴选优秀的"社"组建形成第二级"团"，配备导师，固定时间和地点，进行授课，开展各类活动。最后从"团"中精选有专业发展意向且成绩优异的学生组成第三级"队"，并配备优秀的专业教师，开展专业指导，进行专业训练，参加专业比赛，发展专业技能。

"社"的构建。为进一步提高学生的综合素质，努力培养学生健康的兴趣爱好，激发学生潜能，拓展学生特长，使学生个性得到发展，校园生活得到丰富，课题实施后学校积极鼓励开展学生社团活动。学校本着人人都可以参加社团的原则，支持学生依据自己的兴趣爱好自发地组建社团，自主管理。这种自发成立自主管理的社团组织被称为"社"，截至目前我们学校类似这样形式的社团组织有50多个，参与人数有1200人，占高中年级总人数的48%，提高了学生的社团参与度。

"团"的构建。社团的目标及宗旨都是为了更好地实现学生的主体地位，为学生的发展创造条件。学校在学校众多自主形成的社团中选取部分社团重点发展。这种从学生自发形成的社团中选取出来重点发展的社团，我们称之为"团"。被确定为重点发展的社团，需要具备这些条件：一是人数众多，学生参与度高；二是能够帮助学生发展自己的特长，学生可以把自己的这些特长作为高考升学的一种途径；三是这些社团专业师资力量较充沛。学校针对这些社团配备指导教师，提供专门的活动场地，把活动课程化并纳入学校课程体系当中。目前这些重点发展的社团数量已有14个，分为体育竞技类社团、科技创新类社团、艺术特长类社团、拓展体验类社团。为了保证社团开展的质量，严格控制社团的人数，每个社团原则上不超过50人，最低不少于10人。

"队"的构建。学校鼓励"团"组建出自己的专业队伍，队伍里的队员由"团"精心遴选，队员需要表现良好，特长突出，专业发展意愿强烈且成绩优异。这些由"团"精心遴选成员组建的专业队伍，我们称之为"队"。社团指导教师对队员加强专业训练，这些队经常代表学校外出参加区市乃至全国性的比赛。外出比赛不仅开阔了学生的视野，加强与同类社团的交流，还起到了以赛促建的作用，例如篮球社团的篮球队、排球社团的排球队、排舞社团的排舞队外出比赛获奖众多，如图7-2所示。

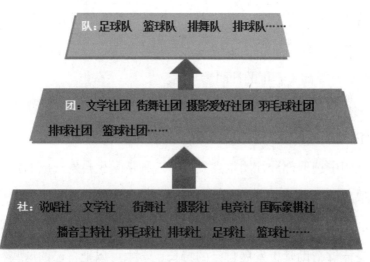

图 7-2 重庆市田家炳中学"社""团""队"具体构成

1.社团课程化

为践行学校"幸福教育"理念，把"社团"的活动作为选修课纳入学校课程体系，由教务处统一管理。社团课程的内容，凸显广度、深度、宽度。既有多元化的课程，满足不同学生的兴趣需求；又有专业化的课程，充分挖掘学生的内在潜力，发展学生的特长。学校研制了《重庆市田家炳中学学生社团活动课程实施方案》，方案对社团课程的开展做了详细的规定：

规定社团课必须定时、定人、定地点；

每个社团都由本社社长负责本社成员的上课考勤、上课课程内容记录以及关于本社团各种事情的通知等；

在课时的安排上尽量与文化课避开，不相互冲突，确保每个社团有自己专门的活动时间，时间上给予保证；

每个社团每周开展活动1课时，每课时40分钟，安排如表7-1所示。

表7-1　重庆市田家炳中学社团课课时安排

"团"	名称	人数	课时	上课时间
体育竞技类	足球社	50	1	周一下午
	篮球社	50	1	周一下午
	排球社	50	1	周一下午
	羽毛球社	24	1	周一下午
	田径社	25	1	周一下午
艺术特长类	街舞社	50	1	周二下午
	播音主持社	30	1	周二下午
	排舞社	50	1	周二下午
	合唱团	50	1	周二下午
科技创新类	数学建模社	30	1	周三下午
	摄影爱好社	25	1	周二下午
	电竞社	20	1	周三下午
	国际象棋社	30	1	周三下午
拓展体验类	拓展体验社	50	1	周三下午

说明：社团课安排在课外活动时间进行，每学期最后两周不开展社团活动。

2. 社团导师制

学校研制了《重庆市田家炳中学学生社团指导教师选聘及管理办法》。

导师的选择。在给社团配备导师时，尽可能考虑其专业背景，让专业的人做专业的事。同时，充分考虑并尊重教师的志愿，建立"自主申报＋答辩"的选拔模式。每个社团配备1名指导教师，聘期一般为1年。社团指导教师申报时须满足以下条件：①专业对口或相近，有相关的专业知识，最好在社团发展所需专业领域有一定的造诣；②有责任心，具有一定的组织管理能力，熟悉社团相关规定；③有相对充足的教学时间。有的社团在校内无法找到专业的指导教师时，可向学校申请在校外聘请相关的专业人员，截至目前已经外聘2名社团指导教师，分别是播音主持社团和摄影爱好社团。

导师的职责。①社团指导教师积极参与学生社团的建设和管理，指导学生社团的组建、章程制定及修改，并对学生社团负责人的更换提出建议，必要情况下提出解散学生社团的建议。②定期为学生开设专题讲座，组织学生开展丰富多彩的社团活动。社团指导教师结合自身教学科研，指导学生社团开展有意义、有创意、可延续并具有较高影响力的品牌活动。③加强对社团的管理，引导社团规范化发展。协助建立健全学生社团内部管理制度，对学生社团及成员的行为加以规范。④社团指导教师每学期至少组织学生社团开展符合其特点、促进学生社团发展、丰富校园文化生活、参与社团实践的各类社团活动4次以上。每2周指导学生社团工作不少于1小时。⑤关心学生社团的发展，协助学生社团制订工作计划，确定工作重点并做好工作总结。社团指导教师每学期初、学期末向学生发展处提交一份书面工作计划和总结，学生发展处将依据其对社团指导教师的工作业绩进行考核。⑥了解掌握学生社团的思想动态及素质培养情况，加强与社团管理部门的联系，参加各级社团组织举办的社团工作研讨会，对全校社团的发展及存在的问题进行研讨，提出可行性建议。指导学生解决在社团工作中遇到的困难和问题，维护学生社团利益。⑦社团指导教师负责学生社团的思想政治工作，要把思想政治工作融于各种活动中，教育引导学生树立正确的世界观、人生观和价值观。

部分社团指导教师聘任如表7-2所示。

表 7-2　部分社团指导教师聘任信息

"团"	名称	指导教师	上课时间
体育竞技类	足球社	史晓东	周一下午
	篮球社	王良	周一下午
	排球社	任普	周一下午
	羽毛球社	卢秦	周一下午
	田径社	谭红利	周一下午
艺术特长类	街舞社	李玲莉	周二下午
	播音主持社	黄蔚	周二下午
	排舞社	颜晋	周二下午
	合唱团	戴玲	周二下午
科技创新类	数学建模社	汤晓春	周三下午
	摄影爱好社	王友彬	周三下午
	电竞社	朱莉莎	周三下午
	国际象棋社	田正芬	周三下午
拓展体验类	拓展体验社	王良	周三下午

（四）形成"134"社团管理策略

1.坚持一个中心，强化思想引领

坚持把立德树人作为学校社团工作的中心，全面贯彻党的教育方针，遵循教育规律，发展素质教育，强化活动育人。注重培养学生创新思维和实践能力，提升人文素养和科学素养，以充分发挥学生自我教育、自我管理、自我服务的积极性。学校坚持建设和管理并重，积极督导、规范运作，促进社团健康发展，推动学生社团在活跃校园文化、统筹推进普通高中新课程改革和高考综合改革，全面提高普通高中教育质量，服务学校改革发展稳定等方面发挥更大的作用，为学生适应社会生活、接受高等教育和未来职业发展打好基础，努力培养德智体美劳全面发展的社会主义建设者和接班人。

2.压实三层责任，强化责任担当

第一，压实党政班子领导责任。学校党政班子将学生社团工作与学校育人大局相结合，把加强和改进学生社团工作作为学校贯彻党的教育方针、推进素质教育的重要组成部分，纳入学校整个工作计划之中，认真分析研究全校学生社团工作，进行宏观战略规划，从资金、场地、师资等方面统筹做好安排，从政治方向上严把关口，切实履行对社团的领导责任。第二，压实校团组织监管责任。校团委在党委领导下，切实承担起对学生社团的日常监管工作，把握学生社团建设和发展的方向，制定、修订《学生社团管理办法》，在社团成立、审批、活动开展、工作考核、评优奖先、财务管理和监督、队伍建设等重点环节明确管理内容、目标和办法。督促学生社团制定、执行《社团章程》和内部工作制度，对学生社团及其成员的行为加以规范，保证学生社团健康、持续、稳定发展。根据实际情况集中力量建设一批特色鲜明、管理规范、在校园有广泛和积极影响的社团，发挥其示范和带动作用。第三，压实学生社团主体责任。学生社团是学生实现自我教育、自我管理和自我发展的平台，通过压实学生社团负责人（干部）、成员的主体责任，发挥社团全体成员的力量，强化责任心，促进社团的健康可持续发展。社团负责人（干部）是社团工作的骨干，各社团在选拔负责人（干部）时一定要注重担当意识、责任意识和服务意识，社团干部应每年进行调整或改选，团委对不称职的干部有权给予罢免或撤销其职务。各社团严格根据社团章程管理成员。

　　3.形成四大机制，保障工作落实

　　如图7-3所示。

图 7-3　"一体两翼"管理机制

第一，创新领导机制。学生社团管理机制创新就是实现领导机制创新。学校探索建立"一体两翼"的管理机制。"一体"：以学校党政团组织为主体，强化学校党组织对社团工作的领导，政治上严把关口，工作上做好协调；"两翼"：导师指导制社团和学生自主管理制社团。形成"学校党组织领导、行政支持、团组织监管、社团组织自我组织"的管理格局。第二，完善保障机制。完善了社团制度建设。加强了学校社团的管理，推动了学生社团健康有序地发展，促进了校园精神文明建设。学校对我校原有的《重庆市田家炳中学社团管理章程》进行了修订。学校还完善了后勤保障机制。学校从经费投入、硬件改善、师资建设等方面做好保障，从而提升了社团课程实施的有效性，促进了学校社团的良性发展。第三，建立激励机制。建立了一整套行之有效的激励制度。在实践中正确把握激励原则，围绕学校育人中心工作，兼顾社团利益，满足社团正当需要，使用合理的激励方法，从环境氛围营造与个体激励两方面，激发每个社团和会员的自主参与意识和投入社团工作积极性。重点从目标激励、物质激励、情感激励等方面着手。创新动态的激励模式，由注重物质激励到注重精神激励，由注重组织激励到注重自我激励，由事后激励到事前激励，从而更好地发挥了学校社团的组织育人、思想育人、活动育人等功能。第四，健全培养机制。人才培养对于社团的发展具有重要作用。学校给社团指导教师搭建学习平台，加强专业培训，建立了一支优秀的指导教师队伍，提高学校社团工作整体水平。同时，学校团委经常性地组织各社团干部的竞选演讲和考评选拔等工作，严把社团干部素质关，发挥社团干部榜样作用。为了让有特长的学生能得到较专业的发展，学校组建专业队伍，配备专职教练，让社团学生得到更高层次的发展。

（五）构建"三位一体"社团评价机制

为促进社团的可持续发展，良好的评价激励机制必不可少。学校完善社团活动课的评价制度，构建了"三位一体"社团评价机制，从而调动了学生参与社团活动的热情，增加了学生参加社团活动的积极性，从而提高社团的运行效率，促进课程实施、教师发展、学生成长，实现社团建设的高质量发展。

1.组建考核评价小组

第一，领导小组由学校校长、书记担任组长，其余副校级干部担任副组长，中层干部、年级主任任组员。主要负责对学校的社团发展进行规划，助推学校特色发展进程；对社团考核过程进行监督，保证考核结果的公平公正；对社团晋级严格把关，确保三级社团的可持续发展。第二，工作小组由德育副校长担任组长，德育主任、教务处主任、团委书记、年级主任任组员。主要负责社团的审批和管理、社团的考核和评价、导师的聘任及考核、课程的设置和管理等。

2.制定考核评价办法

为满足学生个性化成长，促进社团高质量发展，推进学校特色化建设，学校多维度、多层面、多形式对社团进行全方位评价。考核小组分别对社团成员、社团干部、社团导师、社团主体制定考核办法，落实评价机制。

社团成员和干部的评价。为鼓励学生积极参与，发展学生爱好特长，推动学生个性化发展，学校制定了《重庆市田家炳中学社团成员考评表》《重庆市田家炳中学社团干部考评表》。定期开展评价，每期评选优秀社团成员，授予"社团活动积极分子""社团明星""社团标兵"等称号；对优秀的社团干部，授予"十佳社长""模范干事"等称号。

社团导师的评价。为激发社团导师的工作热情，提高社团开展的质量，学校多次研讨，制定了《重庆市田家炳中学社团导师考评表》，考评表操作简便，每学期考核一次，学期考核满分为100分，年度考核分数为两学期考核分数的平均数。根据结果，确定社团导师的年度考核等级，年度考核等级85分及以上为优秀，75~84分为良好，60~74分为合格，60分以下为不合格。聘期内考核为优秀者，授予"社团优秀导师"荣誉称号，并发放证书。

社团的评价。为监督社团活动的开展质量，学校编制了《重庆市田家炳中学社团考核表》，考核包括组织建设（20分）、活动开展（60分）、宣传工作（20分），加分项目和扣分项目。考核基本分为100分，加分项目及扣分项目按次计算。考核得分90分及以上为优秀，80~89分为良好，60~79分为合格，低于60分为不合格。考核不合格的社团，取消下一学期的注册资格。考核工作每学期举行一次，年度考核分数为两学期考核的平均分。每个学年评出优秀社团，授予"最具创意社团""最热门社团""最给力社团"等称号。优秀社团由"社"晋升为"团"，由校团委直接管理；成绩突出的"团"晋升为"队"，由学校统一管理。社团考核工作由考核评价小组组织实施。

（六）深入挖掘社团育人功能

学校通过对社团的育人功能进行深入探索，发现社团具有德育教育和职业生涯教育的独特价值。

1.社团课体现德育教育价值

第一，利用社团常规进行德育教育。社团活动常规包括集合、整队、考勤、着装、器材的取送等常规内容，在活动的开展中，严格要求学生有严密的纪律性——按时出勤、正确着装、有序集合、积极活动等，督促学生养成良好行为习惯。第二，充分发挥导师表率作用。社团导师率先示范，以身作则，认真备课，精心上课，用心育人，用榜样的作用感染学生，在思想上真正影响学生。第三，利用比赛培养规则意识。通过不同形式的比赛或竞赛，培养学生的规则意识、合作意识、竞争意识、自我保护意识等，并渗透到日常生活的方方面面。

2.社团课融入职业生涯教育

学校社团是校园文化建设的重要组成部分，是对学生进行职业生涯教育的重要阵地，是职业生涯规划教学的有效载体。将社团活动与职业生涯规划教学相结合，能让学生更好地树立职业理想，明确职业目标，合理设计职业生涯。第一，学会选择。第二，发展兴趣。第三，了解职业。第四，体验职业。

第三节 幸福校园节日活动模式的构建与实践

一、校园节日活动模式的内涵

（一）校园节日活动

校园节日活动，简单来讲，就是指节日期间由学校组织的、以学生为主体的、在校园领域内展开的各类主题活动。校园节日活动一般包括三大类：一是由国际组织和国家设定的节日内的活动。这种活动一般是指在历史上存在特殊意义的重大日子的活动。二是我国传统的民族节日活动。三是各具特色的校设节日活动。

（二）模式

毛振明先生曾提出教学模式，指出教学模式是体现某种教学思想的教学程序，包括相对稳定的教学过程和相应的教学方法体系，主要体现在教学单元和教学课程设计上。那么就校园节日活动模式来说，其模式的构建就是找到一种或几种标准范式，以校园节日活动为手段，从而达到丰富学生生活，提高学生综合素养的目的。

二、校园节日活动模式的原则

（一）学生主体性原则

主体性是作为活动主体的人在同客体相互作用时，由自身一定的素质结构所产生的功能表现，是人的本质属性的最高层次，是全面发展的人的根本特征。就教育领域来说，主体性主要是指学生的主体性。它包括两个方面的含义：一是学生在自我发展过程中的主体性，是教育者在教育过程中调动、培养和提高学生学习的自主性、主动性、创造性和社会性；二是人在历史发展过程中能独立自主地发挥能动作用，从而成为社会历史发展主体的人的主体性，是教育的重要内容、任务、目的和归宿。

（二）主题育人性原则

学校根据自身校园文化特色和特色的校设节日，创设校园节日活动主题，让学生都在主题的引领下进行活动实践，实现活动性与育人性的有机结合，对当代青少年的成长具有重要的意义。首先，有利于青少年的心理、个性的健康成长。其次，有利于青少年得到正确的思想引导。校园节日活动主题的引导性能帮助青少年得到正确的思想引导，辨明是非，筛除不良因素的影响。最后，有利于健全青少年的道德理论知识。校园节日活动的育人性是教育理论的体现，通过活动的实践，青少年能较为准确地获得较高水平的、较为全面的道德理论知识。综上，校园节日活动的活动性和育人性的结合，能有效地促使学生在环境的熏陶和活动的实践中不断地建立健全思想道德水平，并引导学生形成向善向上的精神风貌。

（三）形式多样性原则

校园节日活动按照节日主题可以分为多个门类，学校在开展校园节日活动时应重视节日活动形式的多样性，以此来满足学生不同的身心需求。不同的活动主题和形式，具有不同的活动作用。开展怎样的活动，需要学校结合节日活动目的、活动特点、学生生长发展特征等进行统筹安排，避免形成单一的、缺乏个性的校园节日活动体系。

（四）体系层次性原则

校园节日活动体系的构建具有层次性。层次性主要体现在学校节日活动是面向全体师生展开的，根据节日活动的性质可以分为以"学生为主导""教师为主导""学校为主导"的多层次活动体系。例如，以学生为主导的"校园歌唱比赛"，这类活动迎合了社会发展潮流，贴近了学生的生活，能吸引学生广泛地参与。又如以"学校为主导"的"艺术节"，这类大型的、面向全体学生的活动，正是学校以育人为宗旨，以展示学生素养为基础，以丰富的校园文化为主导，以营造浓郁的校园文化氛围为目的的"学校主导型"活动。

三、校园节日活动的组织模式

（一）以学生为主导的校园节日活动模式

目前，以学生为主导的节日活动模式在重庆市田家炳中学的活动体系中，并不占主要地位，这是由学生的身心发展阶段所决定的。但是，这种模式是更为贴近学生喜好的，能较好地吸引学生的参与性，其学生主导性对于提升学生的活动素养和综合能力都有着事半功倍的作用，也更有利于提升学生的自信心和成就感。如表7-3所示。

表7-3　2020年重庆市田家炳中学学生主导型节日活动样例

节日名称	主办主体	活动主体	活动主题	活动形式
校园歌手大赛	校合唱队	田中说唱社	《CTTEAM 2020 CYPHER》	说唱
		高2019级（11）班	《SEASONS IN THE SUN》	合唱
		……		
我与祖国共成长——国庆节朗诵活动	团委学生会	学生代表	《我和我的祖国》	快闪
		师生代表	《时代青年说》	师生合诵
		……		

如表7-3所示，2020年重庆市田家炳中学以学生主导型为活动模式的主要有两个：一是由校合唱队策划发起的"校园歌手大赛"；二是由团委学生会策划的"我与祖国共成长——国庆节朗诵活动"。以"校园歌手大赛"活动为例，校合唱队为了队内的招新，在每年秋季发起、组织"校园歌手大赛"。2020年田中说唱社在社长的带领下，集合黑头XX、Sevin Chen、Black-Dl、W.Q等9人自主完成极具田中特色的说唱歌曲《CTTEAM 2020 CYPHER》。在这个过程中他们因共同的爱好，从1个人的团队发展成9人核心团队，经历了教师与家长的不理解、录制经费的紧张等重重困难，最终完成了一首个性十足的《CTTEAM 2020 CYPHER》，为我们展现了当代学生敢爱、敢拼、不怕困难、勇于挑战的精神。

（二）以教师为主导的校园节日活动模式

教师主导型活动模式主要是指由教师根据某一节日活动主题要求、指导学生完成的某一节日活动。教师主导型活动模式须秉承科学性、实用性和适应性三个原则，如表7-4所示。

表 7-4 重庆市田家炳中学教师主导型活动样例

节日名称	主办主体	活动主体	指导教师	活动主题	活动形式
"星光杯"歌唱比赛	重庆市九龙坡区教育委员会	重庆市田家炳中学艺术班	李建芳	《雪花的快乐》	合唱
"行知杯"最美朗读者	重庆市九龙坡区教育委员会	穆祖宇	夏敏雪、吴雪娇	《念奴娇·赤壁怀古》	朗诵
		穆祖宇、杜昕玥、唐鑫烨、宋庆祥、张苗	夏敏雪、吴雪娇	《你的样子》	合诵
第六届全国青年科普创新实验暨作品大赛	重庆市科学技术协会	王海逸、蒋佳鑫、丁子航	李世明	《Electronic Technology Classroom》	实验
		谭俊峰、胡梦依	田正芬	《Electronic Technology Classroom》	实验
		罗琪、罗恩吉、莫诩	胡权阳	《便利店自动感应门误开问题的人工智能解决方案》	实验
			张铭	《风能利用》	实验
......					

（三）以学校为主导的校园节日活动模式

以学校为主导的校园节日活动模式是面向全体学生的，以育人为宗旨，以展示学生素养为基础，以丰富的校园文化为主导，以营造浓郁的校园文化氛围、深化学校的教育活动、激发学生的兴趣爱好、培养学生综合素养为目的的活动模式。目前，在校园节日活动中以学校为主导的校园节日活动模式是最常见、占比最大的活动模式。它在提升学生素养的同时，更注重学生的创新能力和想象能力的培养，注重学生"人"的品格的培养，如表7-5所示。

表7-5　重庆市田家炳中学学校主导型活动样例

节日名称	主办主体	活动主体	活动主题	活动形式
艺术文化节	重庆市田家炳中学	晋善晋美舞团（教师）	《芒种》	爵士舞
		高一师生	《扇舞丹青》	民族舞
		高二（8）班学生	《青春华尔兹》	华尔兹
		最美朗诵者	《百年华诞 百年宣言》	舞台剧朗诵
		街舞社	《hip hop space》	街舞
		高二体艺班	《清平调》	古典舞
		……	……	……
体育文化节	重庆市田家炳中学	初一年级		田赛、径赛
		初二年级		田赛、径赛
		初三年级		田赛、径赛
		高一年级		田赛、径赛
		高二年级		田赛、径赛
		高三年级		田赛、径赛
				趣味赛
……	……	……	……	……

四、校园节日活动"幸福模式"评价体系构建

（一）参与者对节日活动过程情况评价

每个节日活动，不论是以学生为主导、教师为主导还是以学校为主导，都有相关参与者。在节日活动开展的过程中，参与者会对本次节日活动的过程产生一定的评价。例如以参加"重庆市九龙坡区星光杯合唱比赛"为例，在准备比赛的过程中，合唱队员是否积极、队员间是否和睦、个人能力是否充分体现等，都是

参与者的情感体验与直观感受。通过参与者的过程性评价，让节日活动的策划和实施有机地结合，让节日活动达到幸福教育的目的，让节日活动的意义更加凸显，如表7-6所示。

表7-6　参与者对节日活动过程情况评价

节目名称	
年级	
班级	
节目类别	
情感体验	
评价结果	
评价标准	评价方面：团队协作力、氛围、亮点、缺点……

（二）决策者对学生技能掌握情况评价

每个节日活动的展开最终的走向都是目标，每经历一次节日活动其实就是针对不同的活动主题，以决策者来评价学生在活动过程中技能掌握的情况。所谓决策者，在"学生主导型"活动中是由较为权威的学生代表来扮演，在"教师主导型"活动中是由相关教师担任，在"学校主导型"活动中是由学校推举的相关人员担任。他们会根据本次节日活动中各参与学生的技能掌握水平情况进行评价，其水平高低主要以活动呈现的内容中学生技能掌握的多少和展示的效果、反响等进行评价。例如，在"田中艺术节"中，艺术节相关评委（决策者）根据每个班级表演节目的专业性、反响性等方面来选出第一、二、三名，这就是对其技能掌握情况的肯定，如表7-7所示。

表7-7 决策者对学生技能掌握情况评价

节目名称	
年级	
班级	
节目类别	
情感体验	
评价结果	
评价标准	一、主题与内容（满分2分） 　1.主题鲜明，立意新颖，表现形式多样、恰当。 　2.内容健康向上，能较好地展现市政公用行业职工开拓创新、朝气蓬勃的精神面貌。 二、表演技巧（满分5分） 　1.演唱：字正腔圆，吐音清晰，感情投入，节奏恰当，音色清晰而有质感，音准及高、低音把握准确，台风自然高雅。 　2.舞蹈：舞蹈表演富有感染力，有较好的舞台效果，动作整齐，演员表情丰富，服饰搭配合理。 　3.曲艺小品：语言诙谐幽默、通俗易懂，表情生动，动作配合恰到好处，多人配合默契。 　4.诗歌朗诵：朗诵者普通话标准流畅，感情充沛，背景音乐创作、伴舞、场景设计与内容和整体演出效果相协调。 　5.器乐演奏：具有正确的演奏方法、演奏姿势和演奏状态，乐曲演奏规范、流畅和完整，基本功扎实，具有正确把握节奏、力度、速度、音色及音准的能力，能较好地体现乐曲的内容与风格，具有较强的乐感和艺术表现力。 　6.其他：根据本标准之水平做相应评分。 三、舞台效果（满分1.5分） 　1.精神饱满，朝气蓬勃。 　2.讲文明礼貌，仪表大方得体。 　3.上下场从容大方，不造作。 四、整体效果（满分1.5分） 　1.节目内容具有一定的深度和内涵。 　2.坝场气氛热烈，观众反应较好。 　3.舞台画面富于美感。

（三）学生自我评价

学生在节日活动中的自我评价可以唤起学生自己在整个活动过程中的态度与表现的自省，形成相关的情感体验，进而帮助学生提高自我认知和自我教育的意识和能力。如表7-8所示，在"田中艺术节"中，学生在完成最终表演后都会对自己的活动过程和活动效果进行自我评价。这种评价可能是对自我表现的一种肯定与满足，也有可能是对自我表现的一种反省与懊悔。

值得注意的是，出于学生自尊心等原因，单纯的学生自我评价难免会失之偏颇，只有将自我评价与其他功利因素区别开来，才能使学生的自我评价更具有价值。

表 7-8 学生自我评价表

节目名称	
年级	
班级	
节目类别	
情感体验	
评价结果	
评价标准	评价方面：效果上、态度上、技能上……

（四）学生之间相互评价

在校园活动中，学生之间的相互评价是"同班的镜子"和"同行者的激励"。它能够帮助学生提高观察能力和评价他人的能力，也可以帮助学生增强团队意识。

学生之间的相互评价如表7-9所示。

表 7-9 学生之间的相互评价表

评价对象	
年级	
班级	
技术名称	
优点	
缺点	

第四节 选修课"主题－幸福"式的教学构建与实践

一、构建"主题－幸福"式选修课程的目的和意义

调整当代中学生的学习状态、精神风貌迫在眉睫。如何帮助中学生形成正确的人生观、价值观和世界观，强化自我管理，树立明确的人生追求，不仅关系到学生现在和将来、个人与家庭的幸福感，同时还关系到学校的教学质量和发展。选修课是高中课程中一个重要的组成部分，而且选修课的内容丰富、形式灵活、覆盖面广。如果开展得好，在社会如此关注、高考升学极其看重分数的今天，它具有很重要的作用和意义。但由于现在的选修课不进行考试评价，课程联系松散，导致教学效果不好，课程质量参差不齐。通过开设课余以幸福为主题的选修课，可以使学生丰富课余生活的同时，了解生活的真相，觉察生命的形态和意义，明白自己与环境的关系，形成自己的价值观、人生观，获得拥有明确目标的充实感。在学习和探讨中，获得处理人际关系的方法，

不迷茫，不焦躁，能合理规划和调整自己的成长发展路径，明确阶段和进程，拥有自信，内心平和。在实践中，培养学生内在素养，根据自己的兴趣和爱好，锻炼和提升自身能力，会表达，会释放压力和疏解不良情绪，获得提升和超越的成就感，内心愉悦，保持良好的学习生活状态。从而能有效地调整当代中学生的学习状态、精神风貌。

二、"主题－幸福"式选修课程主要内容

教师安排和设置选修课内容时，要精心安排和准备，既要考虑学生的需求和兴趣，也要结合自己的审美追求，遵循教学的客观规律，达成互助互促幸福体验的目的，取得较好的教学效果。首先通过对高中学段学生的调查走访，了解学生关注的实际问题；其次针对学生的实际生活和学习情况，准备与幸福主题相关的20个专题；最后在小范围内征求学生和教师的意见，精选15个主题作为选修课的教学内容，具体见表7-10。

表 7-10 选修课教学内容

探寻幸福生活的形态	探寻通往幸福生活的路径	在实践中能感受幸福，触摸幸福
《国学》经典导读	历史人物的爱好与能力	微电影创作和编辑
诗海吟咏	职业生活概况与研究	"活"化学的趣味
世界影像精读	学业规划与能力提升	简化版八极拳
文学记录生活	人际关系与沟通协作	科技活动与野外拓展
军旅文化和密码之旅	做情绪的主人	美食与地理

三、"主题－幸福"式选修课程教学实践

（一）科学设计

围绕"幸福"的主题，从学生的兴趣出发，以学校为基地，充分利用我校的教育资源，结合教师个人对"幸福"的深层理解，在发掘本地教育资源的同时，开发构建出多样性的、可供学生选择的幸福课程。通过对全体学生各方面的调查与问卷，分析学生在现阶段的状况，以学生为主体，以真正意义上的自我提高与幸福为目的进行教学设计，精心安排，构建符合学生兴趣、需求，促进学生发展的三大类课程：

1.探寻幸福生活。这类选修课的目的是开阔学生视野，从典籍、历史及众多典型的人物身上观察生命的形态，抓住生活的本质，明白人的价值和意义，形成自己的价值取向，拥有自己独立的理想和追求。教师在自己所教授的课程中，分享对生命生活的体验和感受，渗透自己对理想、幸福的理解。在学生自主选择选修课程后，以课前整理收集资料—分享讨论分析—展示成果为主要流程，以调查报告、文学评论、制作视频影音、撰写座右铭等方式展示成果。尊重每个学生的个性发展，因势利导，和他们思维碰撞，在争论思考中使学生自主生成具有独立性的幸福理想追求。既要让学生在思想层面上拓展与深入，也要在能力上得到锻炼和提升，享受成长与超越的幸福感。

2.探寻通往幸福生活的路径。这类选修课的主要目的是在拥有自己幸福理想追求的基础上，能通过对自身情况进行深入了解和评估，了解自身能力与特长，了解社会人际结构，结合现时社

会状况，比对自己的理想生活，能明晰自己的发展之路，能初步规划自己的成长之路，明晰自己的成长进程，在人生道路上不焦躁、不忧虑，获得踏实愉悦的幸福感。教师要和学生一起分工合作，收集大量社会现实资讯资料，分析社会的组成和结构，指导和探讨解决问题的途径和方法。运用科学的理论和方法帮助学生全面了解自己。要用客观且发展的眼光评价学生，用鼓励和讨论的方式去指导学生。以了解与测评—调查与收集—匹配与选择—处理与生成路径为主要流程，以调查报告、测评问卷、生涯规划图册等方式展示成果。

3. 在实践中能感受幸福，触摸幸福。分个人和团体参与，教师制定好教学进程，注重过程中学生的成长与发展，通过运动会、艺术节等活动展示交流成果。三类选修课既可独立选修，又有紧密联系，可以叠加选修。这是根据学生兴趣需求，遴选校内校外各种课程资源，按照民族文化领域、自然探究领域、社会探究领域、艺术探究领域、体育与健康领域五大领域，分层次分类别，按照因地制宜、循序渐进的原则，不断调整、拓展和优化选修课程内容。每个主题5学时，教学过程包括教师讲解、学生收集整理资料、讨论发言、成果展示四个环节。教学中尽可能做到听课与讲课、课外与课内的有机结合。

（二）管理实践

1. 时间与形式

选修课程采用"固四动一"的模式进行。固四：固定时间（全校选修学校课程统一集中安排在每周一和周五下午自习课时间）、固定地点（各班教室和各种活动场地）、固定教师、固定学生；动一：学生选课走班。根据学生选课情况，编成选学班。教师按固定的选学班授课，学校指定教师负责管理。这样的组织形式不占用正常教学时间和空间，便于管理和考评。

2. 严格考勤

严格考勤是保证学习效果的重要措施。考勤管理由指定的教师施行，也可以由同一选学班的同学自己建立管理会负责统计和考勤，以表格的形式记录和反馈。

3. 课程管理

加强了课程管理：第一，对教师及其提供的课程材料进行综合评估，确定开设课程项目和开设时间。第二，公布初评通过的校本课程科目及教师名单，推出幸福选修课程开设科目菜单供学生询问和选择。第三，开学初始认真制订教学计划，确定教学内容的框架。日常的教学工作必须根据教学计划有序展开，做到认真备课、上课、考核，充分发挥幸福选修课程的育人功能。第四，担任幸福选修课程的教学工作，掌握幸福选修课程的管理原则和实施方法，进一步提高他们的实践水平。第五，给教师和学生一个客观评价，以激励性评价为主。第六，请有关专家和上级领导参与开展课程建构的过程，及时指导、帮助教师，使幸福选修课更科学、更深入。

（三）课程评价

第一，对课程的评价。每学期结束时，学校要召开任课教师会议，听取任课教师对课程建设的意见，及时修正不足，完善方案；同时，要对实施的年级进行问卷调查或召开座谈会，关注学生过程感受，喜好的程度，也听取学生乃至家长、社会人士的建议和意见。第二，对学生的评价。一是建立成长档案袋，让学生自己收集学习过程中反映自己成长的资料，如学习时收集到的故事、照片，办的剪贴报，写的采访日记、调查报告，家长、教师、社会人士的评价等，对优秀的成果进行展示宣传。二是教师根据教学内容设计相应的评价表，随时进行评价。最后在一学期结束时，进行终结性的评价，评价的形式根据教学内容的不同，体现多样性。在选修课程结束后颁发结业证书。第三，对教师的评价。一是教师自我反思性评价：每一个主题内容的教学完成后，认真进行反思。二是教学督查评价：学校重点检查备课、教师收集的资料及课堂教学。

四、"主题－幸福"式选修课程教学效果

一是学生通过幸福选修课的学习和实践，拓宽了知识领域，找到了自己的生活方向，在之前更明确自己想要的生活目标，学生对此评价非常高。毋庸置疑的是，高质量阅读与鉴赏，能促使学生提高对美与幸福的认知度。二是对生活与学习有了清晰的规划和安排，进而改善了生活与学习上的不良习惯，提高了自我管理的能力。比如如何结合自己的兴趣和特长，选择大学和专业。由于现在高考改革，高一年级就进行分科，划分职业发展方向。在家长和学生迷茫无措时，及时、明确、清晰地引导他们了解职业现状、大学和专业，如何规划职业发展，制订学习计划。在此基础上，有方向、有方法、有计划地学习生活，从而提高了自我

管理的能力。三是有助于释放压力，调节不良情绪，让人更自信乐观。在高中阶段的学习中由于繁重的课业和高考重压，很多同学会产生厌倦、懈怠的情绪，而通过选修课的学习，他们可以调节心情，释放压力。

五、结论

"主题－幸福"式选修课的构建与实践，主要是通过对幸福生活的探讨、探寻幸福的路径和体验、触摸幸福三大类五个领域相关的15个专题，结合中学生的实际生活和学习中产生的问题，传授他们解决问题的方法，帮助他们更好地处理与应对生活与学习中的情况，促使他们养成良好的学习习惯。有意识地传播正确的思想和幸福理念，树立正确的人生观、价值观和世界观，进而使他们思考人生的意义，寻找生命的价值，从而提高幸福感。经过本阶段的学习，相当数量的学生坦言越来越喜欢本课程，课程对他们的学习和生活起到了非常重要的促进和调节作用。总体教学效果令人满意，达到了预期的教学效果。

第八章

幸福教育的
社会课堂
——"综合实践－幸福"模式的构建与实践

———

　　第七章探讨了幸福教育的校园课堂——"体验－幸福"模式的构建与实践，本章讨论幸福教育的社会课堂——"综合实践－幸福"模式的构建与实践。

第一节　"综合实践－幸福"的概述

一、幸福教育的社会生活课堂让学生快乐成长
（一）社会生活课堂就是一本"最好的教材"

　　社会即课堂，生活即教育。只有在愉悦快乐的情境中，教育才能取得良好的效果。有效地利用社会和生活的大环境作为同学们的学习课堂，使他们能较好地适应社会生活的发展已成为必然。我们通过把社会生活面临的问题当成教材，引导同学们积极面对、

开展讨论、共同参与、共同承担，把我们应该做的、能够做的，通过努力能够做到的事情，做到最好、做到最佳，保持良好、积极的心态，共同完成好这场生命教育、信念教育、科学教育、道德教育，引导同学们进一步树立和塑造正确的世界观、人生观、价值观，培养学生坚韧不拔、从容不迫的奋斗精神和赤诚仁爱、胸怀天下的家国情怀，引导同学们坚定走好人生成长的幸福之路。

（二）让学生在社会生活课堂中不断历练成长

最好的教育就是从生活中学习、从经验中学习。"教育本身就是生活，教育就是生活的方式，是行动的方式。"教育来源于生活的需要，同时也必须服务于生活。我们的孩子生活在社会的大家庭中，要适应社会的潮流，他们必须掌握各种生存的本领，这其中不只学习知识，也学习各种生活技巧，我们的教育要面向生活，取材于生活，拓展于生活，让学生在学校的教育中，感受生活的乐趣，感受生活的艰辛，感受生活的成功。

二、社会生活课堂在幸福教育中的作用

（一）增强学生的自信

教师不仅要关注学生的学习结果，更重要的是要关注学生的社会生活过程，关注学生在社会中的能力、情感、价值观的表现。关注是学生成长的动力。教师的关注，应做到用学生的眼光看世界，用学生的思想想问题，用学生能够接受的方式开展教学。让课堂不再是教师表演的场所，而是学生展示的舞台。关注全体学生，让学生成为课堂的主人，在融入的过程中建立自信，以良好的心态面对学习和生活。

（二）提升学生的学习能力

古语云："授人以鱼，不如授人以渔。"社会生活课堂应该留给学生更为广阔的空间，让学生快乐地、努力地参与到社会生活的方方面面，不断让学生去经历、去思考、去尝试、去摸索，感知新鲜的事物，接受未知的挑战，并在参与社会生活的过程中，主动去掌握方法和技巧，即学会学习，从而提升学习力。

（三）训练学生的表达沟通能力

对话是人与人之间平等的精神交流。对学生而言，交流意味着主体的凸显，个性的张扬，创造力的展现；对教师而言，交流意味着上课不仅是传授知识，而是分享和理解。在社会生活这个大课堂当中，对话是多向的、广泛的、灵活的，交流的范围较广，交流的内容生活化，在这个过程中学生会得到充分的锻炼。同时，对话是需要聆听的，学生在聆听中感受他们的情感，在聆听中获得自己的体验，最终能够在一次次交流中得到成长和锻炼，能够获取学校课堂中得不到的知识和能力。因为参与对话，学生的表达沟通能力在无形中得到锻炼和提高。

（四）分享中培养学生优秀的品质

社会生活课堂中，学生通过与其他人之间的互动交流，表达自己内心的想法，倾诉自己真挚的情感，吐露自己的心声，展示自己的能力；在这个大环境中，让学生学会表达、分享、互动，进而激发学生的潜力，促进学生的成长，让学生懂得分享幸福的同时，自己也能够获得幸福，从而培养学生养成一种良好的沟通、分享习惯。

三、构建"综合实践 - 幸福"的三种模式

有"考察探究"模式、"设计制作"模式、"职业体验"模式。

第二节　"考察探究"模式构建与实践

（一）考察探究的内涵

"考察探究"是一个相对独立的新概念，指学生在教师指导下选择和确定研究课题，以野外考察、社会调查、研学旅行等多种方式，综合运用各学科领域的知识进行问题解决和意义获取的学习活动。从字面意义上来看，"考察探究"包含了"考察"和"探究"这两个相互联系的部分，因而相比传统的研究性学习，其内涵有了明显拓展。一方面，考察探究更加突出了学生到校园外的场馆、社区、地域乃至野外考察自然、经济、文化、社会状况的重要地位。另一方面，考察探究也强调将包括考察、旅行、调查、参观等在内的一切活动都与探究结合起来，也就是以研究性学习的方式加以实施。

（二）考察探究的特征

1.生活性。考察探究活动的主题来源于学生的日常交往活动以及校外机构的参观和考察、研学旅行等，是学生对其生活世界所进行的系统反思和研究，其实施的过程是在生活的真实情境中进行，最终的目的也是为了更好地服务于当前的生活，并为未来生活做好铺垫和准备。

2.自主性。考察探究活动是学生自己做研究的过程，这个过

程既体现出学生个体的独特性，也体现出学生同伴文化的共同特征。考察探究的主题必须建立在尊重学生自身兴趣和需要的基础上，而且是由学生自主选择和确定的，教师只是起到辅助、指导和促进的作用，绝不能代替学生确定主题，或直接为学生指定教师自己感兴趣的主题。研究计划的制订、研究方法的实施、研究结果的分析以及成果展示等一系列活动，都是由学生自主进行与完成的，尽管这些活动的成功离不开教师的有效指导。学生通过考察探究所要获得的也是自己对生活的理解与创造，教师绝不能把自己的观念强加给学生。

3.研究性。主题是学生发现日常生活、研学旅行、校外考察和社会调查中所存在的问题，并对这些问题进行理性思考而确立的；对该主题的研究必须预先了解研究对象和目的地的情况，制订基本的研究计划，包括安排好分工、准备相关工具并提出问题的可能解决办法；在活动过程中小组成员须综合运用所学知识及技能，围绕各子问题展开现场考察和深入探究，收集解决问题所需的资料和数据，并对其进行归类和分析，勇于批判质疑和创造，最后则以适当的方式展示自己的研究成果。因此可以说，考察探究活动的整个过程都需要学生多元智力的投入与整个身心的参与，也唯有如此，学生的理智才能获得真正的生长与发展。

（三）考察探究实践活动的意义

1.考察探究实践活动既是对既有知识的巩固，又是对后续知识的启发。考察探究活动既与学校组织的常规教学过程有所不同，又与其相辅相成，相互交融。常规教学过程为考察探究实践活动的进行奠定了一定的基础理论知识，考察探究活动又反过来加深学生对旧知识的使用以及对新知识的习得。例如要带学生考察探究火力发电站的发电原理，如果没有能量守恒的相关知识，对毫无经验或前提知识基础构建的学生而言，单纯地依靠学生在发电站的直观体验去自行理解物理中能量转化的原理，这将严重影响学生对知识的理解和深入。考察探究实践活动既可以看作是对原有知识的验证，又可以认为是对新知识的启发或者对原有知识的补充。"纸上得来终觉浅，绝知此事要躬行。"教育不仅是学习书本知识，更重要的是如何运用知识进行健康生活，这也与《中国学生发展核心素养》中从学生自主发展的角度提出的培育"全面发展的人"中提出的"学会学习，健康生活"的要求符合。

2. 通过考察探究实践活动可以锻炼学生的生活实践能力，培养责任担当意识，是一种非常重要的育人手段。另外，通过实践活动环节，也能帮助学生对自我有更为明确的认知。在进行实践活动时，比较平时的课程而言，学生被动或主动地都有更多的动手实践环节，一个实践活动预期目的的达成往往需要团体作业，更多的时候不是依靠教师或者某一个学生完成，那么顺其自然地不同的学生根据自身不同的特点分担团体工作中的各个任务，每一个学生在一个团队活动中之中都担任着重要工作。为了保证整体目标的达成，学生在团队中彼此之间会有更多的交流协作，合作意识是学生立身现代生活所应具备的基本素质，积极充分的沟通是进行有效合作的前提和基础。探究考察活动过程一方面可以锻炼交流表达、团队协作能力，另一方面也可以由点到面地培养学生的责任担当意识，培养学生的集体荣誉感。在考察探究实践活动中，学生在不同的环节可能扮演着不同的角色，发挥不同的作用，通过不同的尝试，能够帮助学生对自我有更为清晰的认知，找到自己擅长所在。与此同时，也能够对学生欣赏他人进行正确指引，这对学生成长过程中融入新的集体环境大有帮助。人的本质属性是社会性，在社会参与中责任的履行更能帮助一个人获得自我价值认同；在日常生活、解决问题等环节中，实践创新能力得以锻炼，更能使一个人在生活中获得幸福感。这种获得幸福的能力在学校教学中就是通过实践活动来进行培养的。

3. 考察探究实践活动能够帮助学生感受人文底蕴和培养科学精神。在《中国学生发展核心素养》中从文化基础方面提出"人文底蕴"和"科学精神"，要求学生具有从事人文和科学探究的基本精神和态度。实践活动与学科知识相结合，往往能起到事半功倍的效果。例如在对语文以及历史学科知识的理解基础之上，带领学生到对应景点现场进行感知，在这样的考察探究实践活动之中学生在内心深处产生的人文共鸣往往是重复的课堂教学以及单纯的景点游玩都难以达到的效果。在进行考察探究实践活动时，教师引导学生在自主选择的前提条件下进行考察探究，学生针对所处的环境会先进行观察再发现问题，在此环节中学生的观察能力和思维能力自然而然地得到提升。为了解决问题找到答案，学生需要脚踏实地地开展研究，被动或主动地都需要运用到已有的各个学科的知识以及多种思维方式去获取证据或思路，并做出有利于问题解决的思考，甚至为了解决问题去获取新知。在此过程中，思维方式的严谨、理性自然而然地得以体现，这种思维的建立对于学生以后成长而言是必不可少的。与此同时，由于考察探究实践活动更尊重孩子面对同一环境时自主做出的问题探索，每个学生由于自己成长环境或性格特点不同，提出的问题也有所不同，解决自己感兴趣的问题更能让他们体会到思维的快乐和成功的喜悦，在以后面对问题时，也能够更大胆地进行思考研究，培养了学生的探索精神。

（四）如何入手构建考察探究实践活动

纲要中指出，实践活动课程的内容选择与组织应遵循以下原则：自主性、实践性、开放性、整合性和连续性。那么在构建考察探究实践活动时，应在纲要的指导下注意以下问题：学生是实践活动的主体，在构建考察探究实践活动时，要关注学生自身的需求，但是不等于让学生毫无主题地任意发挥。教师要引导学生围绕活动主题而不是要求学生按照既定的规划刻板行动，应让学生针对活动主题提出问题或强化感受以达到实践活动课程的目的。实践活动要注重"实践"，要让学生亲身经历，但这种经历不应是无任何基础背景知识的胡乱操作，所以在进行考察探究实践活动之前，教师应先确保学生具备相关的先决知识，保证体验的有效性。实践活动应面向的是学生的全部生活，不应拘泥于某种特定场所，探究的问题不限定于某一学科具体知识，学生应在这种生活性的环境中根据自身特点进行考察探究，这也体现出实践活动的开放性。但这种开放性又应该与生活和学校课程相呼应，整个活动进行的同时还要体现整合性，均衡学生自我发展与外部环境发展之间的关系，体现出个人、环境、社会之间的内在联系。教育的最终目的是育人，而实践活动作为育人环节中的重要部分，其目的是指导学生进行后续的可持续发展，所以应该作为成长环节中的一部分而不是独立出来，既要"瞻前"，还要"顾后"，这也是《中国学生发展核心素养》中提出的连续性的体现。

（五）考察探究实践活动实例

1. 活动主题：重庆市九龙坡区职教中心基地开展考察探究综合实践研学活动。

2. 活动时间：2021年11月1日。

3. 活动对象：重庆市田家炳中学高2024届全体学生。

4. 活动目的：通过组织高一年级学生进行考察探究实践活动，到职教中心基地体验不同的职业内容带给他们的直观感受，能够使他们对职业工作内容以及该职业与自己的适配度有一个更为清晰的认知。对于接下来面对的高考选科，对以后从事何种工作的职业生涯规划有更为深入的理解。同时可以激发学生的动手实践能力，培养交流合作能力，培养观察以及思维能力，养成自主学习、合作探究的精神。

5. 活动指导教师：李新委、郭兰英、李海燕、何燕、滕金凤、汪玉琴、昌凤川、杜欣、叶中琴、秦秀梅、邓朝辉、郑玲、康宜新、吴俊桥、冯港。

6. 活动经过：

（1）准备阶段：调查了解，利用上网查询资料以及电话了解九龙区职教中心基地相关信息，包括具体有哪些内容、能容纳多少学生、一个职业体验能允许多少学生进行并提前进行实地考察以及部署安排。

（2）学生进行实地考察：考察的方式包括学生观察、导游解说、学生探究、摄影、提问、学生操作体验等。

7.考察内容安排：根据人数等特点进行分组安排如下（部分）。

甲组：咖啡、茶艺→汽车发动机→物联网智能家居→软式棒垒球→团队心理拓展

乙组：汽车发动机→物联网智能家居→软式棒垒球→团队心理拓展→咖啡、茶艺

丙组：软式棒垒球→团队心理拓展→咖啡、茶艺→汽车发动机→物联网智能家居

丁组：团队心理拓展→咖啡、茶艺→汽车发动机→物联网智能家居→软式棒垒球

8.活动总结。

2021年11月1日重庆市田家炳中学高2024届全体学生前往重庆市九龙坡职教中心基地进行考察探究实践活动，达到了预期的目标，取得了良好的效果。学生通过本次考察探究实践活动，对动手实践的职业工作内容有了更深入的了解，更能帮助学生对自己建立更合理的职业规划。在此过程中，通过交流、合作、发现并解决问题，增强了团队协作能力，提升了学生的综合素质。

第三节 "设计制作"模式构建与实践

一、设计制作的内涵

设计制作指学生运用各种工具、工艺（包括信息技术）进行设计，并动手操作，将自己的创意、方案付诸现实，转化为物品或作品的过程，如动漫制作、编程、陶艺创作等，它注重提高学生的技术意识、工程思维、动手操作能力等。在活动过程中，鼓励学生手脑并用，灵活掌握、融会贯通各类知识和技巧，提高学生的技术操作水平、知识迁移水平，体验工匠精神等。

适当的设计制作活动是一个发现问题，界定问题，通过创造性使用各种材料、工具和技术解决问题的学习与创造过程。

从狭义上说，"设计"是为了提升后续创新行为品质，而在开发某事物或者解决某问题之前所进行的系统精细的规划、观念生成的过程。从广义上考虑，设计本身就是一种建构，而不是为建构所做的准备，包括视觉的、空间的、造型的以及问题解决方案构思等方面的建构。综合实践活动课程中的设计正是通过为现实世界中的问题建构创造性解决方案而进行学习的过程，具有"基于项目的学习"（Project-based Learning，PBL）和"基于设计的学习"（Design-based Learning，DBL）的特征，体现的是具有百年历史的"设计理念"和"设计教学法"（Project Method）的价值诉求。

"制作"是学生本能之一，通常是指对原材料进行手工拆解、装配或加工，形成人工制品并理解其工作原理。相对基于教科书的文化知识传授倾向来说，基于制作的学习具有典型的"操作学习"（Hands-on Learning, HOL）特征，更加倾向于杜威所提出的"做中学"实用主义教育观，强调在真实世界中开展实践性操作、体验性学习。技术孕育的是一种更加强调动手能力的、基于活动的教育。综合实践活动课程通过为学生提供手工制作、数字制作实践机会与环境，促使其成为人工制品的制造者，而不仅仅是消费者。

可见，设计制作是以尊重学生的制作本能为思想基础，以参与实践为特征的创造性学习活动。

二、设计制作的教育价值

设计制作在本质上需要的是深度参与实践性设计协作学习以及计算思维工程思维、创造思维及反省思维等，从而具有独特的教育价值。

有利于深度学习的实现，"学会学习"是时代发展对于当代人提出的要求，也是我国学生发展核心素养之一。学习设计存在这样的悖论：学生无法理解他要学习的东西，只有通过开始做他尚且不理解的东西，在做的过程中才能教育自己。从这一意义上来说，"参与实践促成学习和理解"。设计制作鼓励学生能够结合自身兴趣爱好与现实需要，对具有"理智悬念"的问题做出观察与思考，提出多种问题解决方案，并创造性地运用各种活动材料和工具，将理论、概念等应用于实践，产生实践结果——创意物化，从而获得更加丰富、具体的经验。此时，学习涉及对自身所处的真实世界和工具本身的理解，学术性学习与真实世界的联系得以加强，学习本身的内涵也超越了浅层意义上的"获得"，走向更为深度的学习。

　　培育实践创新能力、开发高质量产品的能力或生产力是我国学生发展核心素养的内容。对于如何实现这一素养的发展，心理学研究提供了三种思路：其一是在教学中注重与创造力相关的思维方式和行为倾向；其二是在课程设置和教学上为学生创造空间，鼓励他们根据自己的特长和兴趣对现实、知识和意义进行独特的建构；其三是通过参与特定领域（艺术、科学、商业、技术等）共同体的创造实践活动培养与之相关的习惯、性向、知识，从而形成专长，并跃升到创造新的理念、方法和产品的新水平。从设计制作的立意来说，以上思路均有所体现，而第三种思路尤为突出。德勒兹（G.Deleuze）曾向我们揭示：人的创造力不只是来自大脑，源自人类精神的凝思或理性的逻辑，而更重要的是发生在身体感觉层次上的具体的活生生的体验与行动，身体本身就是一种生产性的力量。

　　设计制作正是借由信息技术类、劳动技术类活动，发掘学生身体的生产性力量，培育其实践创新能力。一方面，学生通过经历丰富多彩的劳动活动，在了解劳动世界、理解劳动意义、获得积极劳动体验的基础上，形成较强的劳动意识，尤其是尊重他人劳动、愿意参与劳动等积极的劳动观念和态度。另一方面，通过安全而有责任心地参与通用技术、信息技术实践，学生对技术与人类文明有更深入、全面的理解，对技术发展与用技术解决问题有较大的兴趣和较强的能力。同时，在创意设计和创意物化中充分发展工程思维、计算思维、材料认知能力以及相关的审美意识、安全意识、经济意识、质量意识、环保意识以及关心社会发展的责任意识等，从而形成自信而批判性使用技术的技术素养。此外，设计制作作为一个问题解决的过程，学生通过经历如何辨别问题、评估需要，如何思考各种选择及其约束条件，如何制订计划、用建模及迭代的方式解决问题等，进而发展将未知情境转化为已知情境以及在复杂环境中行动等重要问题解决能力。

三、设计制作类活动的实施

虽然不同类型的设计制作过程不尽相同，但总体来说，设计制作的关键要素一般包括：创意设计、选择活动材料或工具、动手制作、交流展示物品或作品、反思与改进。

（一）创意设计

设计作为一种"热情的目的性行为"，本身是关于多元解决方案的提出与选择。因此，几乎所有的设计活动都有两项关键要求：创造性和想象力，全面性和苛求性。这一阶段主要包括：首先是定义问题，即明晰"问题"的本质属性，全面考虑设计的约束条件（如可用材料的限制），厘清与该问题相关的学科知识（如科学概念）；然后进行猜想，通过集体讨论并运用大量的独创性设计理念和解决方案，表达出（如用思维导图画出）设计理念，并将不同的解决方案呈现出来；接着，从中选出一个设计理念、一套解决方案。

为了体现设计的教育价值，还须注意设计的一般特征，如设计过程是一个学习过程，设计需要互动，设计需要理性和直觉性思维，经由设计得来的新事物具有实用效能等。

（二）选择活动材料或工具

选择合适的材料和工具是使创意设计的梦想变成现实的重要条件。设计制作的材料可以包括纸、木、皮、布、纱线、泥沙、金属制作材料等，工具可以包括锯、钳、锥、钻、锉、针、仪器、饮具、笔、电加工等传统工具，编程工具、数据库、可视化工具、概念图、超媒体等思维工具以及激光切割机、3D 打印机、摄影摄像机、机器人等数字化、智能化工具。

在这个过程中，需要注意的是要为学生对材料的判断、自身能力的判断提供机会。材料的判断指能够根据解决问题的需要、现实条件及材料本身的属性特征选择恰当的材料。为了发展这样的"材料认知技能"，需要为学生提供一个独立判断与选择的机会，哪怕是做出不恰当的甚至是错误的选择，也可以是反思性学习的契机。能力的判断指学生可以观察并判断自身能力的限制。在实践过程中，学生若夸大自己能做的事情，也需要通过体验其后果才能进行学习，因而教师仍须为此提供机会。

（三）动手制作

创意物化意味着学生需要进行现场工作，进行系列程序的"动手"操作——将创意物化为人工制品。动手制作的程序可能包括折叠、裁剪、切割、测量、烧铸、制模、作图、激光雕刻等手工制作，以及建模、编程、3D 打印等数字制作。例如，在小学阶段，学生可以开展手工设计与制作，借助于信息技术，设计并制作有一定创意的数字作品。在初中阶段，设计、制作不断改进较为复杂的制品或用品，或以各种思维工具进行建模等。

当然，制作活动并不仅限于"手"，通常还包括心灵、眼、耳、口、手、足等方面的技能和动作的相互适应和协调。在这个环节中，需要特别注意工具使用的安全性与规范性。

（四）交流展示物品或作品

交流展示物品或作品是设计制作过程中不容忽视的一个环节。学生通过交流设计制作的实践过程（包括其间所经历的快乐乃至痛苦），展示实践成果，解释其工作原理，澄明并提升其思维过程等，以期与同伴在思维、情感上"相遇"。

在此过程中需要注意的是：一是鼓励以多元方式进行交流、展示，促进多元化自我表达能力的发展。例如，可以以戏剧表演、绘画、数字故事等方式进行表现，以展板、橱窗、电子显示屏等多种手段展示物品或作品。二是鼓励相互欣赏、相互关心，不断践行积极的倾听与对话，避免消极的批评与指责。这既有利于审美意识、交流能力的发展，也有利于团队意识和互助精神的形成，为学生社会责任感的发展奠定重要基础。

（五）反思与改进

反思与改进过程是学生发展反省思维必不可少的环节，且这里的反思具有双重意义：第一个意义在于学生通过对实践过程中的行动及其结果做出思考，可以使行动及其结果更趋完善。第二个意义在于学生的"在行动中反思"变得更加娴熟，从而成为反思性实践者。其中，前者主要指通过提示学生评估和评价自己的工作，以及问题解决方案的适切性，并思考是否有更好的方式来解决问题、实现目标，而以更好的方式来解决问题，也就是进行再设计过程。

此外，为使设计制作活动具有真正的教育价值，还应满足四方面条件：一是以特定活动目的和行为激发、支持学生持久的兴趣；二是避免只有琐碎的活动、暂时的娱乐性，而是要让活动本身具有内在的价值；三是在设计制作开展过程中要适当地提出问题，以唤起学生新的好奇心与求知欲望，以将其思维引向一个新的境界；四是要有充足的活动时间，以确保设计制作活动过程中的连续性，而不是零散、无关联行动的拼凑。学生通过经历这一多阶段、多步骤、多维度的设计制作过程，既加深了对设计、制作内涵及其特征的理解，也发展了社会理解力和责任感。

综合实践活动是面向学生生活的课程。生活的目的是追求幸福，所以综合实践活动理应关注学生的幸福。在综合实践活动中关注学生的幸福，不是一味地去满足学生当下的快乐体验，而是要引导和帮助学生进入一定的活动状态，这种状态应既能体现综合实践活动的课程特点，又符合人的生存和发展规律，并与社会进步的价值规范相一致，从而促使学生在活动的过程中能自觉地去感悟幸福、创造幸福。

第四节　"职业体验"模式构建与实践

一、"职业体验"模式构建

（一）"职业体验"的内涵

职业体验的对象主要为中学生，是指在社会丰富的职场形态下的真实情境中，通过专业教师的引导和教育，学生沉浸职场，进行现场观摩、角色体验和实操演练，更加真实和充分地了解各行各业的工作内容，加强责任担当。在整个职业体验过程当中，通过认识自我和社会的联系，学生也能更加清晰地认识到自己喜爱或者偏好的职业，从而更好地帮助他们看清自己未来的就业方向，进而找到适合自己生涯发展的路径。

（二）"职业体验"的重要性

2019年，《国家职业教育改革实施方案》提出"鼓励中等职业学校联合中小学开展劳动和职业启蒙教育"。2021年12月，重庆市政府发布的《关于推动重庆职业教育高质量发展促进技能型社会建设的意见》指出，"加快重庆职业教育高质量发展，形成以中职为基础、高职专科为骨干、职业教育本科和应用型本科高校为牵引的技能型社会教育体系。推动职业教育与基础教育融通，支持中职学校成为中小学校开展劳动教育、职业启蒙教育的重要阵地，在普通高中生涯教育中增加职业教育内容"。从中可以看出，无论是从国家层面还是从市级层面，都对职业教育提出了新的要求和方向。职业教育过程，其实是通过专业教学的多样性引导学生从职业意识、职业知识、职业技术等层面体验职业的过程。职业体验则是贯穿整个职业教育始终的、最根本的教育，足够体现职业体验的重要性。

（三）"职业体验"的意义

职业体验的意义就在于让学生对各个职业有一个更加真实的认知，然后达到一个"理想自我"与"现实自我"的融合和统一。从职业教育的发展来看，从职业教育角度出发，职业体验是现代职教体系的重要内容，是打破普职分离壁垒、实现职业教育资源共享、改变人们对职业教育的偏见、提升职业教育吸引力和认可度的重要途径。在普职融通背景下，职业学校将是中小学开展职业体验的主阵地。职业学校有设备先进的实训基地、有对接行业的热门专业、有服务岗位的精品课程、有技能过硬的"双师"队伍以及源远流长的校企合作。职业不同于专业，职业体验教育具有较强的实践性和服务性，将其应用到教学中可以对校内课程进行有效的补充，从而达到提高教学效果和效率的目的。就职业素养来说，真正的教育途径就是通过职业实践，让学生在实践过程中增强对职业的认识，充分地培养学生的职业精神以及对职业的情感。

（四）确定职业体验活动的对象

活动的设计与实施要根据学生的不同年龄来进行，要适应学生的身心发展规律。中学阶段是学生职业生涯思想形成的初级阶段，被称作职业幻想期，如果在中学阶段就能让学生参加职业体验活动，接受职业启蒙教育，将为他们今后的职业规划和职业生涯奠定坚实的基础，更好地实现他们的职业梦想。针对该阶段的学生，职业体验活动的开展与实施应更多地把焦点放在职业认知和体会等相对简单的方面，帮助他们初步了解职业，近距离接触职业，培养学生对职业的认知和兴趣。

（五）培育职业体验活动的师资

指导教师不仅要有深厚的职业背景，还须具备丰富的实践经验和应对突发问题的能力。从学校层面来说，要对职业体验活动师资培育给予高度的重视。可以采用专兼职相结合的方式，由职业学校的专业课教师尤其是"双师型"教师担任专职指导教师，同时聘请行业企业的专家为兼职教师。建立健全职业体验师资定期培训机制，不断提升教师职业体验教育的专业能力。

二、"职业体验"模式主题

主题1：中医药师职业体验活动

活动以常见的药用植物为主，形象地向学生展示药用植物的形态，使学生真正认识植物的根、茎、叶、花、果实、种子。指导教师还会为同学们讲解它们的中文名称、学名、具体功效，等等。同学们不仅了解到藏红花、迷迭香、薄荷、罗勒、百里香、牛至等世界十大著名植物药材，还发现我们经常吃的龙眼、经常喝的菊花茶、经常看到的玫瑰都有很好的药用价值。除了教师讲解相关知识以外，学生还能看一看、摸一摸、闻一闻、尝一尝，与这些药用植物亲密接触，在普及植物学知识的同时，又渗透了中药学的相关专业知识。学生不仅对大自然的神奇感到惊讶，还感受到了我国中药的无穷魅力，对中医药传统文化产生了浓厚的兴趣。

主题2："大国－小工匠"课外社会实践活动

本次职业体验活动来到了九龙坡区职业教育中心中小学社会实践基地，九龙坡区职业教育中心以引导学生感受新时代工匠精神为核心，以体验不同专业课程为载体，给田中学子带来了一场丰富多彩的视听盛宴和实践体验，让学生在劳动体验中学习，在学习中成长。同学们分班体验了咖啡、茶艺、汽车发动机、物联网智能家居、软式棒垒球、西点制作、航空 VR、光影涂鸦等专业课程。

1.光影涂鸦：对同学们来讲，涂鸦并不陌生，最常见的就是用笔和颜料在墙体上进行作画。但是如果涂鸦两字前加上了光影，那指的是什么呢？它其实就是摄影。因为光的世界是千变万化的，每个人都能有不同的作品。而且从摄影的角度来看，光资源利用最大化时就能呈现非常好的感官效果。教师对学生进行一对一指导，讲解如何调试相机，如何借用光来完成我们心中认为最好看的照片。正式拍摄前，同学和教师沟通镜头聚焦和采光路线，和模特儿交流拍照动作，并进行试拍，彼此倾听诉求以达到最好的合作。

2.汽车知识课堂：这个课程是汽车整车维修和汽车模拟驾驶。汽车维修是为了适应社会发展的需要。随着中国社会的发展，汽车数量的增加，汽车维修人员的缺乏，社会需要一批专业强、素质高的维修人员。汽车维修作为教育部实施的技能紧缺人才培养工程重点之一，全国人才需求量30多万。本专业培养适应现代汽车行业发展，掌握汽车构造与原理、汽车电器设备、汽车检测设备使用、汽车故障诊断等多方面的汽车基础知识，熟练掌握各种汽车检测设备的使用及整车的检测流程，具备汽车检测专业较高的操作技能和技术指导。同学们将体验模拟驾驶和了解小汽车的主要内部结构，同学们可以坐到小车驾驶位去实物训练（启动、熄火、照明灯等）。

3.户外团体拓展课程：教师指导学生进行了斯特鲁普效应

的学习，通过这个小测试训练学生的反应能力。其中一个环节是"球"行万里，每位同学手持一根管道，以接力的形式将小球输送到指定位置。

4.图像处理：学习摄影后，我们应该也要学习如何将照片进行细节优美化的处理以至成为更好的作品，而且现在Photoshop已经广泛用于我们的日常生活，通过对Photoshop软件的学习，我们可以掌握一些简单基础的做照片或是创意照片的方法，用电脑做一些简单的海报、招贴。可以把原来不在一张图片上的人物放在一张图上，也可以选用这张照片上的背景，而把那张图片上的人物放在这张背景上，这就使许多画面变得丰富、特别且有新意。我们也可以把平时照的照片放在电脑上，对照片加以修改或修复，把原来你觉得照得不理想的地方调整得更加漂亮，达到我们所要的效果，或是把我们的照片修复得更加美观漂亮。这些对Photoshop软件来说，都是轻而易举可以实现的。

5.工业机器人：我国将成为全球最大的机器人市场，我们不仅要把我国机器人水平提高上去，而且要尽可能多地占领市场，作为新时代好少年，我们要紧随科技的发展历程，缩短与工业科技之间的距离。同学们在助教的指导下，严格按照操作指南来完成掌握操作机器的方法。

6.棒球运动：棒球是以木棒或金属棒击球进行攻守对抗的竞技项目。棒球最早起源于15世纪，即当时流行于英国的板桨球。后来传到美国。软式棒垒球原来是为推广棒垒球而设计，它的竞争性和趣味性都可以和垒球相媲美。软式垒球项目融跑、跳、投为一体，是一项非常好的阳光体育运动，不仅能够锻炼学生的身体素质、开动脑筋，强调选手机敏的反应能力，更能培养学生相互配合的团队协作精神，是一项有益青少年身心的体育项目。

7. 航空 VR：如今，VR 在教育行业的应用越来越普及，旅游、医疗、建筑、机电等专业相继用到 VR 技术，通过建立 VR 实训教学中心的方式，改变传统意义上的教学。航空教学由于其专业的严谨性、安全性，最早使用虚拟仿真系统教学，现在 VR 虚拟现实技术为航空实训教学提供了新的解决方案。众所周知，航空教学涉及的空间科学技术是当代科学技术最先进的领域，是顶尖的科学技术。空间科学技术融科学百科为一体，需要通过循序渐进的积累。航空教育的一个显著特点是实际训练非常重要，目前大多数航空学院采用虚拟仿真模拟训练，这种模式的优点是三维可视化虚拟表现，可通过外部设备交互。

8. 茶艺：茶艺是中华文化之国粹。在中国优秀文化的基础上又广泛吸收和借鉴了其他艺术形式，并扩展到文学、艺术等领域，形成了具有浓厚民族特色的中国茶文化。茶艺包括选茗、择水、烹茶技术、茶具艺术、环境的选择创造等一系列内容。茶艺背景是衬托主题思想的重要手段，它渲染茶性清纯、幽雅、质朴的气质，增强艺术感染力。不同风格的茶艺有不同的背景要求，只有选对了背景才能更好地领会茶的滋味。

9. 西点烘焙：烘焙，又称为烘烤、焙烤，是指在物料燃点之下通过干热的方式使物料脱水变干变硬的过程。烘焙是面包、蛋糕类产品制作不可缺少的步骤，通过烘焙后淀粉产生糊化、蛋白质变性等一系列化学变化后，面包、蛋糕达到熟化的目的，也能使食物的口感发生变化。

在本次职业体验活动过程中，学生有机会接触到各种社会活动，在探索中发现这些活动的意义和价值，产生兴趣，通过各种途径深入学习，从而提高综合素质，促进了全面发展。学生在学习体验各种职业技能的同时，也培养了优秀的心理品质。职业体验活动也引起了家长对学生未来发展的重视。职业体验教育活动拓宽了家长的视野，引起了家长的职业规划意识。一部分家长文化水平不高，他们的物质财富与精神需求并不和谐，加上生计问题，疏于对孩子的教育，更不用说孩子未来的职业规划。我们组织的每次活动都邀请部分家长参加，对于无法到场的家长会推送微信公众号文章，家长也随之更加全面地了解了不同职业，了解了孩子的兴趣，从而开始初步规划孩子未来的职业。这种方式也拉近了家人间的距离，使亲子关系更加和谐。

第九章

幸福教育的
家庭生活课堂

——家庭幸福模式的构建与实践

————

第六章探讨了"探究－幸福"教学模式构建与实践，以及在各个学科中的运用。第七章幸福教育的校园课堂，探讨了"体验－幸福"模式的构建与实践。第八章讨论了幸福教育的社会课堂，探讨了"综合实践－幸福"模式的构建与实践。本章将讨论幸福教育的家庭生活课堂——家庭幸福模式的构建与实践。这样从空间上就构建了教室、校园、社会以及家庭幸福教育模式，构建起了以学校为主导的"学校、家庭、社会"一体化的幸福教育模式，具有重要的实践创新价值。现在，我们就讨论幸福教育的家庭生活课堂——家庭幸福模式的构建与实践。

第一节　家庭幸福教育概论

一、意义

（一）重视家庭教育一直是中华民族的优良传统

家庭是孩子的第一所学校，是孩子的启蒙学校，也是终身教育的学校。因为家庭是孩子的第一课堂，个体知识技能的学习、健康情感的培养、个性人格的养成等，都是在家庭中迈出第一步的。父母和家庭生活留给孩子的影响是任何社会影响都无法代替的。孩子能不能成才，与自幼受到的家庭教育有着紧密的重要的内在关联。搞好家庭教育，是孩子成长的重要条件和途径。

（二）家庭教育是社会、学校教育的基础、补充和延伸

家庭教育是社会主义精神文明建设的必要条件。新时代，社会上不同意识形态充斥着青少年的思想，同时社会上黄、赌、毒等不良影响，对社会阅历浅的青少年学生起到诱惑的作用，此时家长若能正确指引青少年树立正确的世界观、人生观和价值观，杜绝不良的苗头，就可以使青少年免于"灾难"。家庭教育的好坏与社会息息相通，与国家命运和下一代的健康更是紧密相连。孩子就是一棵大树，社会教育是大树的枝叶，学校教育是大树的树干，而家庭教育就是大树的根基。如果去掉大树的枝叶大树还能活，砍掉大树的一部分树干大树也可能存活，可除掉大树的根基大树还能活吗？肯定不能。在孩子的教育中不可或缺的就是家庭教育，仅仅依靠学校教育和社会教育很难教育出优秀的人才。

总之，要充分认识家庭教育的重要性，自觉地做好孩子的教育工作，尽好家长的责任与义务，同时为了孩子的健康成长也要不断提高自身的素质，两代人共同努力成为国家合格的建设人才。

二、家庭幸福模式教育的构建

从内容上说，有优良习惯养成与身心健康、尊老爱幼与孝敬长辈、学做家务与购物理财、学会开代步车与旅游、学会欣赏和处理人际关系五种。

第二节 优良习惯养成与身心健康

一、学生优良习惯的养成

（一）明确培养方向，养成优良习惯

1. 生活习惯

自己的事情自己做，父母的事情帮着做。例如，早晚自己穿衣、洗漱、铺床叠被；用完的用具放回原位，桌面铺位干净整洁；自己整理书包、书桌、书柜、房间；自己的小件衣服自己洗；帮助父母做家务。要想培养孩子良好的生活习惯，父母必然要让孩子充分去实践和锻炼。千万不要因为爱孩子，一味帮孩子做决定，做事情。不然，极有可能，一方面责怪孩子不独立，另一方面又总是默默付出，帮孩子做事情，还埋怨孩子不懂得感恩。

2. 文明礼貌习惯

礼貌看起来是种外在行为的表现，实际上它反映着人的内心修养，体现一个人自尊和尊重他人的意识。父母要教育孩子，学习使用文明礼貌用语，如"您好""请""谢谢""对不起""请原谅"。同时，要注意培养孩子的文明举止，见人要热情地打招呼，别人问话要先学会倾听，并有礼貌地回答，保持服装整洁，站有站相，坐有坐相。

3.道德习惯

养成良好的道德习惯，孩子才能和别人友好相处，积极追求美好的事物，自觉遵守社会行为规范，具有高度责任感，将来才能成为社会上成熟可敬的人。它包括各种行为规则，如尊敬关爱长辈，不随地大小便，不损坏花草树木，爱护公共财物，遵守交通规则，能换位思考、团结友爱，等等。

4.学习习惯

第一，提前预习的习惯。帮助学习"暂时落后"的孩子迅速赶上去的最佳途径是预习。回到家里，通过提前预习，不但可以缩短孩子在学习上的差距，使他在课堂上显得更自信，更有勇气，而且可以让孩子自己摸索出一条学习的路径，积累一些自学的方法。第二，及时复习的习惯。据研究证明，人的记忆分三个阶段：瞬时记忆、短时记忆、长时记忆。上课时认真听课就是把知识从人的大脑中由瞬时记忆变成短时记忆，回家鼓励孩子及时复习可以使知识从短时记忆转化成长时记忆。第三，主动识字的习惯。对大多数孩子来说，学习的最大困难是识字，而大量、机械的识字不但枯燥乏味，还会使孩子失去学习语文的信心。通过亲子游戏，聊天谈话，能为学生识字提供多样的语境，有利于激发孩子主动识字的愿望。第四，经常阅读的习惯。当孩子有阅读的愿望时，家长要及时抓住这个时机，尽可能提供一些适合孩子阅读的材料，只要是孩子感兴趣的，可以先让他建立"读"的乐趣，再扩大"读"的范围，甚至放下手机，和孩子一起阅读，让"阅读"不仅成为"悦读"，更成为家庭成员的联结和互动。第五，口语交际的习惯。家长在和孩子交流的过程中，要有"教育"的觉悟和意识，引导孩子用普通话交谈，说规范的语言，培养孩子准确把握语言，明确表达自己的观点的能力。第六，善于提问的习惯。学问学问，既要学，又要问。辅导孩子学习时，多启发鼓励孩子提出问题。孩子的提问哪怕非常幼稚，也要给予鼓励，逐步培养孩子的思维能力，不能着急。第七，规范书写的习惯。

（二）掌握习惯的培养方法

好习惯的形成大致分为三个阶段。第一阶段：1~7天。此阶段的特征是"刻意、不自然"。我们需要对孩子提出要求，并随时监督他们。第二阶段：7~21天。此阶段的特征是"刻意、自然"，孩子适应了习惯，但一不留神就会回到从前。因此，此阶段还需要父母的关注和提醒。第三阶段：21~90天。此阶段的特征是"不经意、自然"，这就是我们所说的习惯。这一阶段被称为"习惯的稳定期"。一旦跨入此阶段，习惯就已经形成。心理学家研究指出，一项看似简单的行动，如果你能坚持重复21天以上，你就会形成习惯；如果坚持重复90天以上，就会形成稳定习惯；如果能坚持重复365天以上，你想改变都很困难。同理，一个想法，重复21天，或重复验证21次，就会变成习惯性的想法。这样看来，改掉不良的旧习惯，养成好习惯，也就没有我们想象的那么难了。

任何一种行为只要不断地重复，就会成为一种习惯。同理，任何一种思想只要不断地重复，也会成为一种习惯，进而影响潜意识，在不知不觉中改变我们的行为。

（三）树立良好的榜样，有利于优良习惯的形成

在日常生活中，父母是孩子的榜样，只有父母以身作则，孩子才能学好。父母做的比说的更重要，因为孩子是在模仿、观察中长大的，所以说父母要用自身的好习惯去影响孩子，用自身的健康人格去培养孩子的健康人格。培养优良的习惯，不是一蹴而就的，最大的困难在于学生的父母、教师本身可能就有不良习惯。长期以来，本校也通过家长会、请专家到校演讲、宣传（师生、家长共同参与）等形式，矫正教师、家长的不良习惯，提高教师和父母的教育素质。以榜样的力量，潜移默化地影响学生优良习惯的形成。

（四）构建和谐的家庭氛围，有利于优良习惯的养成

很多家长反映，青春期的孩子，不愿意和父母沟通，涉及管教孩子行为习惯的问题上，更是一触即发，剑拔弩张。家长想管，又不敢管，想帮孩子培养习惯，却又觉得习惯已经形成，很难改变，不让关系更糟看似明智却是无奈之举。所以，平时家庭的相处模式，教养方式也非常重要。这就和习惯养成十分类似，需要时间，需要智慧去经营。作为家，最重要的任务就是给孩子提供温暖、支持和帮助，让孩子能够信任家庭。信任是最基础的，其次才是习惯的养成和发展。正如本校德育校长颜晋所说：家庭应是孩子的救命稻草，而不是压垮他们的最后一根稻草。近年来，

学校也不断探讨如何营造家庭良好的支持性氛围，如何有效地帮助家长和孩子营造良好的家庭氛围。通过访谈，科普宣传，不断地向家长传达家庭氛围的重要性，以及营造良好家庭氛围的方法。

二、身心健康

（一）重视孩子的身心健康，并提供支持和帮助

很多家长面对孩子的心理问题，第一反应或许是，孩子太脆弱，太矫情，自己以前是学生，完全没有这些烦恼。面对孩子的逃避和沉默，采用指责、否定的态度。之前有一个学生，在初一时被诊断为中度抑郁，当时医生考虑到学生年龄小，不建议用药，建议做心理咨询。直到初三，家长也从未采取任何能帮助孩子的措施，反而一直要求孩子要好好学习，考个好的高中。孩子问题越来越大，表现出强烈的情绪不稳定，攻击性强。严重时，坐在心理咨询室，和教师沟通一个多小时都还不能控制身体的抖动，一直哭泣，最后用正念疗法中的呼吸疗法，才慢慢平复了情绪。希望各位家长能够正确认识孩子的心理问题，并尽力为孩子提供最及时的支持和帮助，这样才能尽快解决孩子的心理问题，助力孩子全身心地健康成长。

（二）和学校并肩作战，为孩子身心健康保驾护航

学校和家庭是青少年学生学习、生活的主要场所。除了家庭的支持，家校合作，为孩子身心健康共同努力也很重要。本校除了日常的心理健康课、心理讲座、各种心理活动，还专门开设了心理健康中心、心理咨询室，给有需要的孩子提供心理咨询服务。学校会把每学期一次的心理测试结果告知家长，让家长多多关注

孩子的心理健康。遇到有与家庭、父母相关的心理问题的学生，也会邀请家长到学校一起来聊一聊孩子的心理问题，为孩子心理问题的解决，提供两个环境的支持。作为学生最重要的两个生长环境，学校和家庭要注重家校联系，沟通学生问题，一起为学生的身心健康保驾护航。

第三节　尊老爱幼与孝敬长辈

一、在幸福教育家庭课堂中进行尊老爱幼与孝敬长辈教育的意义

（一）在幸福教育家庭生活课堂中，孝文化的直观表现就是孝德认知与孝德行为，也可简单理解为尊老爱幼、父慈子孝等行为准则。对现代幸福教育活动而言，幸福教育的家庭生活课堂的科学开展有利于培养学生良好的孝文化观念，有利于其形成良好的行为习惯，有利于营造和维护良好的家庭环境，为社会的发展进步奠定扎实、稳定的家庭基础。在当今时代，我们必须充分认识到以孝文化为代表的传统中华文化观念的重要意义，积极开展教育工作确保传统文化的良好传承与发展，以此实现社会和谐。

（二）在幸福教育家庭生活课堂中进行尊老爱幼与孝敬长辈教育有利于提升个人的道德素质和实现自我价值。对儒家思想而言，尊老爱幼更是其孝道、仁道思想的重要体现，是个体立足之本、发展根基。孔子等大家认为，个体的德行将以孝德为基础，孝德也是王道教化的关键所在。正如《孔子家语·弟子行》所言，

"孝，德之始也"。在中华民族传统观念中，孝就被界定为核心内涵，被誉为人类社会的形成基础和个体道德的基本构成要素。因此，在日常生活中，孝文化将非常重要，必须将其贯穿于家庭教育、幸福教育全过程。

（三）孝文化必须突出其在家庭课堂中的重要地位。孝文化的教育能够培养孩子正确的价值观，引导其形成尊敬父母、认可和理解父母的科学观念，从而能够在日常生活中发自内心地尊敬、孝顺父母，在日常生活中积极主动地贯彻落实孝道。此外，作为家庭教育的实施主体，父母同样需要采取科学的方法传递孝德观念，培养子女科学的认知和行为习惯，在此基础上打造和谐的家庭关系并营造温馨友爱的家庭环境，让孩子真正感受到家庭的温暖和幸福，从而实现家庭的团结和睦，构建幸福的家庭。

（四）在幸福教育家庭生活课堂中进行尊老爱幼与孝敬长辈教育有利于社会和谐稳定。养老问题的解决关键在于家庭养老，而家庭养老很大程度上取决于孝德教育的开展状况。良好的孝德教育有利于培养孩子科学的理念，帮助其认识到尊敬老人、孝顺父母的重要性，有利于打造和维持和谐的家庭关系，进而实现社会和谐。以幸福教育的家庭生活课堂为起点的孝德教育不仅能提升个体道德品质，也能够维持社会和谐，为国家繁荣富强提供保障。

二、在幸福教育家庭生活课堂中进行尊老爱幼与孝敬长辈的教育实践

（一）在家庭教育课堂中，通过"传诵经典"了解"孝"，家庭教育也将直接影响孩子的健康成长，为其科学发展奠定良好的基础。家庭教育直接关系到家庭是否幸福。在幸福教育的家庭生活课堂上，父母需要真正认识到孝文化教育和传播的重要性，能够根据自身实际情况选择科学合理的教育方式开展教育活动。比如，在家开展以经典诗词作品朗诵等为代表的交流沟通活动不仅有利于提升孩子的文学文化素养，同时也有利于孝德理念的传承。这种以家庭教育为重要形式的幸福教育，能够充分发挥家庭教育的优势作用，为现代德育工作的开展提供一种科学工具，为中华优秀德育思想的传承提供一种有效载体。

（二）在家庭生活教育课堂中，通过体验活动促"孝"行。现代教育理念认为，让孩子学会"应该这样做"与培养孩子"我要这样做"观念虽然同样都是教育的结果，但是二者有着本质的区别。幸福教育的家庭生活课堂则侧重于体验式教育，将教育内容贯穿于家庭日常生活中，在父母的言谈举止、潜移默化下让孩子理解"孝"的真谛，进而培养其科学观念，形成良好的行为习惯。基于以上重要意义，我们必须对家长做好教育工作，帮助其树立科学观念，提高其对家庭教育的重视程度，以丰富多样的活动形式开展家庭孝德教育活动。例如在节假日慰问爷爷奶奶、母亲节或者父亲节给父母送小礼物等，通过这样的活动帮助孩子正确理解"孝"的内涵并培养其行为能力，更好地落实孝文化观念。

（三）在家庭教育课堂中，通过成长足迹展"孝"行。家庭不仅是孩子成长的重要环境，同时也是孝文化践行的重要场所。在孝文化传承发展过程中，不同的家庭往往表现出不同的特征，而不同的父母在观念和行为方面也有所区别。这就要求家庭孝文化教育不能拘泥于形式，而是因地制宜采取科学、灵活的方式方法，开展丰富多彩、积极有效的教育实践活动，比如结合孝行活动，我们可以给每个家庭布置践孝活动，让家长带领孩子利用周末休息时间，做一些传承"孝"的事情，并和孩子一起记录下那些美好的瞬间，写成家长论文上交评比，文章是展现家长在教育路途上成果的最好体现。此外，家长还可以通过多种形式深入挖掘和学习古今名人故事或是生活中有关"孝"的榜样人物，以人物的道德品质和精神素养引导和激励孩子崇德向善。通过这些活动让孩子在切身体验孝文化内涵的基础上更好地理解"孝"的本质内涵，培养其良好的行为习惯并创建和谐友爱的家庭环境，为孩子健康成长保驾护航。幸福教育的家庭生活课堂作为幸福教育的核心要素，必须充分重视其载体功能作用，配合学校教育共同打造良好的教育环境和氛围，在拓展幸福教育范畴的同时构建起良好的家校关系，凝聚学校和家长的优势作用共同提升教育水平，为构建幸福家庭打下良好的基础。让我们的孩子在幸福教育的家庭课堂中懂得"孝"、学习"孝"；让我们的教师理解"孝"、践行"孝"；让我们的家长感受"孝"、传承"孝"，不断推进孝文化的教育，让传统延续，经典传承，构建幸福家庭，孝行天下。

第四节　学做家务与购物理财

一、学做家务

首先，通过幸福教育的家庭生活课堂让家长意识到参与家务劳动于孩子百利无害。教孩子做家务，给孩子做家务的时间和机会。

（一）培养学生做家务劳动

幸福教育的家庭生活课堂让学生意识到学做家务劳动的必要性，改变家务与我无关、影响学习的错误观念。

1.学生要认识到做家务是必备的生存技能。一屋不扫，何以扫天下，自己的生活琐事都不会，将来长大了，离开父母能将自己照顾好？做家务是基本生活技能的训练，是生存技能的训练。野外求生节目得到越来越多人的喜爱，除了冒险，更多的是生存技能的展示。人类几十万年的发展进化，生存是首要的大事，生存技能的探寻是刻在基因里的。做家务是生存技能的练习，做家务是实实在在的生活的一部分。作为独立的个体要会做家务。

2.培养学生劳动意识。劳动光荣，劳动美丽。我们的美好生活是劳动人民创造的，今后的美好生活也需要学生这一代用劳动去创造。人人都要劳动，有劳动习惯是一生的财富，而家务劳动是每个人每天都可做的，是形成劳动习惯最好的劳动任务。

3.学生要知道家务劳动是自己分内的事。自己的事情自己做，家里的事情一起做，有这样的劳动意识和责任意识，有劳动自觉。父母出于爱帮你做了你本该自己做的家务，感恩父母之外不能将它当作理所当然，学生应当主动分担家务，记住自己是家庭的重要成员。

4.学生要知道学习和做家务不冲突。做家务也是一种学习。学生要学的不只是书本上的科学文化知识，还有实践技能，做家务就是实践技能。专家指出，成长过程中，家务劳动与孩子的动作技能、认知能力、责任感正相关。做家务和学习不是非此即彼，而是相辅相成的。

（二）家长如何指导让孩子学做家务

1.家长要给孩子做家务的机会。吃完饭了，碗让孩子洗，别默默地收拾碗筷洗碗。换洗下来的脏衣服让孩子洗，别顺手洗了。维修简单的家用设备让孩子去做，或者一起做。合理安排时间，让孩子去做家务。不要用做家务的时间让孩子做作业，记住做家务也是学习。让孩子的家务劳动天天做，形成习惯。

2.家长要指导孩子做家务。孩子叠的被子跟没叠一样，家长先教如何叠。做饭，多少米多少水，家长先告诉孩子。炒菜如何切，先放什么后放什么，哪些步骤，这些要教孩子。太复杂的和孩子共同完成。担心孩子做不好，就有方法地教孩子如何做家务，而不是不让孩子做，代替孩子做。

3.家长要鼓励孩子做家务。孩子洗了碗，对洗碗这个劳动的行为给予口头表扬。家长欣慰的笑容，家长在亲朋好友面前自豪地说这件事就是对孩子劳动的肯定。做家务是日常事务，切忌和物质奖励挂钩。

二、购物理财

（一）正确对待钱财

金钱和家里的物质财富是父母辛苦劳动所得，既有体力劳动，也有脑力劳动。孩子需要珍惜父母的劳动成果。一衣一食，当思来之不易。金钱和家里的物质应该合理正确使用，不浪费，才是对劳动成果的珍惜，养成勤俭节约的好习惯。

（二）有正确的购物观

父母的劳动成果转化为钱，钱又去换取其他的劳动成果，来满足我们的个人物质生活和精神生活所需、生产所需。孩子要知道购买的物品是所需要的、必要的。不奢靡，所买东西满足自己的当前需要即可。不提前消费，不高消费，不享受性消费。

（三）养成记账的习惯

孩子将自己的日常收支记在账本上，什么时间什么事或者购买什么支出多少钱，什么时间怎样收入多少钱。父母可以通过账本了解孩子的情况。

表9-1（自编）是某位同学记账的一部分。

表 9-1　某同学记账本节选

时间（年月日时）	项目	支出	收入
2021年1月2日8:00	去叔叔家乘坐公交车	1.80元	
2021年1月2日16:00	妈妈给下周生活费		500.0元
2021年1月2日17:00	充电话费	100.0元	

（四）养成储蓄的习惯

有目标、有计划地存钱，存钱罐或是银行账户，银行账户没有特殊情况只存不取。给自己设定一个存钱周期，每个星期或两个星期或一个月，周期不能太长。在这个周期内往储蓄罐或银行账户里存入一定金额。

（五）父母指导学生正确购物理财

学生手里的钱物主要来源于父母，过年的压岁钱也是一部分。过年的压岁钱，金额大的，父母代为保管，做好账务记录。孩子的某些大额支出在和孩子商量后从账户里扣除，也做好记录。平时孩子的零花钱生活费，告知孩子零花钱可以花在哪些方面，如交通费、电话费、文具费。给孩子零花钱，让孩子自己花，当然这笔钱要算好孩子每天的基本花销，在这个基础上上浮一点儿，不要给得太多。查下账本看金额和实际物品是否对得上。给零花钱的周期可以是一天、一周、一月、一学期甚至一年。家长可根据孩子的情况逐渐拉长周期。指导孩子如何规划资金使用，对购买的物品列个清单。家长和孩子一起购物，教孩子与卖家议价，教孩子看商品的质量，看蔬菜瓜果的品质。家长需要有意识地教孩子购物这方面的经验。

（六）让孩子经手生活学习所需的物品的购买

孩子的购物需要父母给学生机会。学生自用的小物品学生自己买，学生自用的价格高的物品一起买，家用物品也要放手让学生去买。家长对孩子购买的物品实事求是地评价，然后进行鼓励。这是一次难得的经验。

探索实践案例：游园活动

以班级为单位，开设摊位，一个班一个摊位。

13:00—14:00，学生将自己的文具书籍等物品在摊位上售卖。1小时之后售卖所得扣除物品成本。攒齐一定的项目资金，摊位可升级，售卖学生喜爱的饮料和食品。食品可以自己做。学生用这笔项目资金去学校小卖部洽谈，以多少的进价购买，然后在游园活动上出售。也可用这笔资金去找食堂工作人员租用电磁炉、锅等售卖热腾腾的熟食。售卖之前物品主人要告知物品价值，售卖时计入成本。最后计算班级纯收入，最高的获得丰厚奖励。当然，钱不是人民币，是其他代替物。物品主人可以凭手中的券去兑换真钱，班级收入凭券兑换真钱作为班费。活动中学生为了吸引客流，有的跳舞，有的唱歌，有的拉琴，有的各种吆喝……学生也在活动中淘到了自己喜欢的物品。

第五节　学会开代步车与旅游

代步车又叫懒人车，是指以代步为目的的交通工具和辅助工具，在国内有时候可以指代步的汽车、电动自行车、电动代步车、两轮自动平衡代步车、独轮平衡代步车。行业内指的代步车一般指电动代步车。

（一）学会开代步车的好处

1.节约空间，减少空气污染。一条车行道，机动车的通行能力为1000~1200辆/小时，而自行车的通过量是3000~3500辆/小时，为小汽车的3倍，停放1辆小汽车的用地可以停放8~12辆自行车。除此之外，电动车、自行车、平衡车等代步车不排尾气，不污染空气。

2.增强力量。学生在学习电动车、自行车、平衡车等代步车的时候会使全身肌肉运动，在锻炼的过程中增加体力、血液流量和骨密度，增强腿部肌肉力量，促使小脑的发育，增加大脑血液的氧含量，促进大脑发育，提高智力。

3.培养均衡感。学会电动车、平衡车等代步车的小孩，能更快速地进行自行车骑行，使肩、脊、腿、四肢、脚、腕得到全面的锻炼，增强身体灵活性，提高身体协调性，促进大脑发育。

4.培养社交能力。学生可以在学习电动车、自行车、平衡车等代步车的过程中找到乐趣，与有共同兴趣的孩子交流，扩大社交圈，加强人际关系。

5.学习交通规则。在学生学习电动车、自行车、平衡车等代步车的过程中，家长可以有意识地引导学生遵守交通规则，提高学生的安全意识。

6.减少压力。孩子的压力来自家长、学校，比如各种培训班、兴趣班。运动可以帮助学生暂时忘记压力。除此之外，家长陪同学生骑行，还可以提升学生的情绪价值，改善学生的心态。

7.提高免疫力。学习电动车、自行车、平衡车等代步车可以使学生保持良好的身心健康，降低学生生病的概率。

（二）旅游的好处

1.欣赏风光，增长见识。旅游是个综合性的活动，它具有很大的学问。简单地说，旅游包含着天时、地利、自然、考古、建筑、园林、动植物学、方言、风土人情、饮食文化、地方土特产等。这些项目学生在旅游中都能碰到，虽然学生不会对这些项目进行特殊研究，但在旅游中，学生可以做个有心人，把旅游的过程当作一个考察学习、增长知识的过程。

俗话说，"见多识广"，旅游是个"流动的大课堂"，学生在旅游中能看到各种稀奇古怪的东西，能听到许多奇闻逸趣和民间传说，也能尝到天南海北的名菜佳肴和风味小吃。学生在旅游中不仅能饱眼福，同时也能饱口福。"吃在旅途"很值得回味。

2. 开阔眼界，增长见闻。古人云，行万里路，读万卷书，提倡"走读"。旅游，就是一次走读的过程。当学生在新疆碰见胡杨或者在海南遇见椰子树，自然会把它和周围的气候、土壤联系起来道出因果，这和过去地理书上的长篇说教比起来更容易使学生接受、理解和记忆。所到之处，不同地方的地势概况、建筑风格、植物动物、着装特点、民风民俗、饮食习惯等，都在学生的亲身体验中了然于心。

3. 觉察自己，倾听内心的声音。旅途中，学生离开原有的生活环境，有了新的起点，而设定的终点还未达到，学生几乎不需要做什么，也无法做什么。旅游对生活在现代社会充满压力充满竞争的学生来说，想想心事，听听自己的内心，是个绝好的机会。人只有在静下来的时候，才能听到自己内心的声音，自我觉察，觉察自己的需要、动机、态度、情感等心理状态和人格特点，从而修正自己的行为，调整方向。

4. 结识新的朋友，留下美好回忆。旅行中，大家抛开以往的生活圈子，同行同赏美景，更容易结下友谊。通常不熟的人，一场旅行下来就有一种特殊的感情，很多美好的记忆中就有这些朋友的参与，想起来自然与众不同。当然，那些美景照片，也是不小的收获，以后翻起来，当年的快乐历历在目，不知道还能愉悦人多久呢。

5.面对险阻，挑战自我。当学生爬上华山、武当山、张家界这些大山时，当学生在一次次旅程中坚持走完几十里路时，学生能明显感觉到自己内心的巨大成就感，能体会到困难被踩到脚下的宽慰。

这里要强调的是学开代步车和旅游时的注意事项等知识也是很重要的，如学生在家学开代步车要注意：选择安全宽敞的学习环境；全方位检查代步车的完整性和安全性；做好防护措施；要有家长陪同；遵守交通规则。旅游时的注意事项如安排好日程、交通、住宿等，也是非常重要的。

第六节 学会欣赏和处理人际关系

一、家庭教育学会如何欣赏孩子

（一）欣赏应始于接受

学会欣赏，不仅是学会欣赏美景，还要学会用欣赏的眼光看待周围的人和事。家庭成员尤其是父母对孩子的欣赏和鼓励，造就孩子不一样的人生。人们在人际世界中经历的第一次评判，很有可能是来自父母的好奇、欣喜和惊叹。称职的父母必须首先接受他们的孩子，接受他们孩子的有限和不完美的性质，这是欣赏的基础。如果父母总是将孩子的不足与其他孩子的优势进行比较，那么就不可能真正欣赏孩子。

（二）欣赏应落实到善于发现和赞扬

父母应善于发现孩子，发现孩子的与众不同，发现孩子今天与昨日的不同，发现孩子的成长与我们预期的不同。发现孩子，意味着父母要学习用新的眼光看待孩子，看待自己，看待生活；意味着他们对生命成长抱有好奇与惊讶，尤其是对青春期前后正经历着人生蜕变与转型的孩子；意味着他们尊重与理解儿童和青少年发展的特殊性与差异性。每个孩子都是一个小宇宙，都是有灵性的。只要我们多一点儿赞许、欣赏、鼓励和包容，少一些不满、苛责、失望和漠视，他迟早都会绽放生命。鲜亮的生命不必然是知识卷面的满分，可能是一份真诚、善良、踏实、感恩，也可能是一种积极、向上、勇气、豁达，还可能是兴趣广泛、多才多艺、专注勤勉、永不言败。你要善于发现孩子的这些优点，发自内心地去赞扬孩子。当父母的脸上流露出赞扬，传递着"我想看看你是谁，我欣赏你"的信息时，婴儿的大脑中会涌入大量的催产素和内啡肽。这些令人愉快的激素能鼓励他们友好而坚定地凝视，从而促进父母与子女的亲密感与理解，提供更多的大脑养料。经常受到赞扬的孩子3岁时能掌握更多技能，之后在10岁时也是如此。反之，日常生活中缺乏赞扬的孩子的大脑网络反应则显得迟钝，尤其在学习的积极性方面。赞扬是健康大脑不可缺少的奠基石，无论我们年龄多大，都不会消减对它们的需要。当孩子的长处经常被父母看到和欣赏时，孩子就会对自己充满信心，而这些优势将会越来越得到发扬，真正成为孩子生活的资源，帮助他学习、工作和生活。

（三）健康的家庭关系启发孩子懂得欣赏人和事

具有良好夫妻关系的家庭，相比之下更稳定，也更有安全感。父母的情感关系以及相处方式，影响着孩子成长的生活环境和精神氛围。当父母彼此相爱，相互欣赏，并在生活中时时肯定对方时，家庭便充溢着正向积极的情感氛围；反之，当父母彼此嫌弃，互相贬损，家庭就会演变成对抗场所，孩子则置身于情感与意见冲突的"火山口"。不幸的家庭各有各的不幸，幸福的家庭都相同：妈妈欣赏爸爸，妈妈肯定孩子生命里来自爸爸的那一部分，孩子会为拥有这样的爸爸而自豪，生命中充满力量；爸爸欣赏妈妈，爸爸肯定孩子生命里来自妈妈的那一部分，孩子会为拥有这样的妈妈而幸福，生命充满爱的能量。父母的一言一行都会对孩子产生潜移默化的影响。当孩子继承了爸爸妈妈的所有，孩子自然既有力量又有爱。所以，家庭成员彼此欣赏、关爱是孩子学会欣赏人和事的基石。

二、人际关系

（一）恰当处理人际关系

1. 为什么要交流

"给我一次谈话的机会，我就能改变这个世界！"看到有人这么说，你一定会如此认为：这个人是不是疯了？其实，这句话一点儿没错，而且是一句"真理"。生活无处不交流，为人处世、求人办事、商品买卖、商贸谈判、政治交往等，所有这些事情都与一件事有关，就是交流。你要想获得别人的理解支持，处处左右逢源，就要先让别人了解你，从陌生到熟悉，从怀疑到信任，从反对到认同，而交流是重要的前提和手段。

2. 善言巧说

故事情景：一位年轻人花高价拜了一名当地最受欢迎的理发师（理发店老板）为师。老板亲自教学，年轻人认真学习钻研，终于可以出师了。年轻人给第一位顾客理完发自我感觉很不错。哪知，顾客照了镜子不满意说："你会理发吗？头发留得太长了。"年轻人被质问得不知所措，低头不语。这时，老板在一旁笑着解释："头发长显得您更加温文尔雅，一看就是文化人。"顾客听了，满意离开。年轻人又给第二位顾客理发，理完后，顾客却说："头发留得太短。"年轻人心想这明明跟第一位留得一样长，想辩解几句，但碍于"顾客就是上帝"只能认栽，遇到挑剔的顾客罢了。老板闻言，笑着解释道："您看这短发正适合您，您看上去更年轻、更精神了。"顾客欣喜而去。连续几个顾客，年轻人给顾客理完发都有顾客不满意这不满意那。年轻人不解地问老板："为什么顾客都不满意？是不是我的手艺没学到家？幸好有您解围，否则店的招牌都要被我砸了。""不只是你，我也经常遭遇顾客挑剔，只不过我善于化解这些问题罢了。"老板正色说道，"其中的关键就是会说话，说顾客喜欢听的话。好听的话谁都爱听，你把话说好了，顾客挑剔的问题就能迎刃而解。对我们而言，说话的艺术丝毫不能比理发的技术差，明白吗？"老板机智灵活，能说会道，每一次得体的解说都让徒儿摆脱尴尬，让顾客由怨转喜，有效地起到了缓和冲突和消除冲突的作用。这就是他能留住顾客、受人欢迎的秘诀。善言巧说者生意兴隆，左右逢源，心想事成；拙嘴笨舌者则财路不畅，寸步难行，每况愈下。口才就是财富，口才成就事业。故辞不可不修，说不可不善。所以，善为说辞，有好口才，应当成为每一个想在生活和工作中取得成功的人努力实现的目标。

（二）比好好说话更重要的是好好倾听

所谓的交流，是两个人或者多个人之间的语言游戏，自然有来有往。在这个过程中，不能所有人都说，有人说，有人听，说的能否说好，听的能否听好都决定着交流的效果。

当然，知道倾听重要，但不知道如何倾听也是毫无意义的。所以，不妨借鉴以下两点技巧：第一，倾听时要保持良好的精神状态，聚精会神，全神贯注，表现出自己乐意倾听而且有兴趣和对方沟通。第二，善于运用微笑、点头、提问题等，及时给予对方回应。只要恰当运用这些技巧，就能成为一个出色的倾听者，能成为一个广受欢迎的谈话高手，赢得众人的喜爱和支持。所以，在家庭教育里，家庭成员之间尽管已经是很熟悉、很了解的了，交流时仍然需要注意倾听。尤其是父母不要当着孩子的面大声争论，孩子有需求时，引导孩子大声说出他的需求或需要寻求什么样的帮助，并有意识地引导孩子想清楚他要通过什么样的交流方式表达什么意图、得到怎样的结果等，这样才能慢慢培养孩子的人际交往能力。

三、恰到好处的欣赏和人际关系能提升幸福感

李同归说，在心理学上有两项著名的调查实验。第一个选取了两组心脏手术的患者，这种手术危险性极高，术后患者成活率非常低。在手术6个月后，有良好人际关系的患者死亡率仅为3%，而人际关系不好的患者死亡率高达20%。第二个实验，通过对瑞士17400人的一项调查显示，认为金钱、财富、健康是生活满意度的主要指标的只占20%，而80%的被调查者认为，孤单、压力才是影响人的寿命以及幸福感的最主要因素。李同归说，从心理学角度讲，每个人都需要自己的"安全基地"，即可以让自己信赖、依靠的人。幼年时"安全基地"可能是父母，童年时可能是伙伴，以至于同学、同事、伴侣等。在人际交往中，根据对自己和他人的态度不同，可以基本将人分成两种："安全型的"和"不安全型的"。第一种人往往很自信，也信任他人，在他们周围永远都有很多朋友，他们事业、生活大都很成功。而第二种人往往缺乏自信，也不信任他人，他们的事业、婚姻大都不是很成功。在美国曾进行过一项相关实验，专家们根据这两种人的人格特点预测是否会离婚，而准确率竟然高达95%。

李同归说，这两种人格的培养与幼儿期的教育紧密相关，在1岁半以前就已基本定型。比如说，当孩子哭闹时，如果母亲能马上做出反应，抱起孩子施以爱抚，孩子就会认为有人关心自己，自己是有价值的，同时也会相信这个世界是可以信任的。而反过来，如果母亲对于孩子的哭闹总是不能及时做出反应，孩子就会认为自己没有价值，这个世界是冷酷的，不能相信的。

第十章

幸福教育的德育

_____

第一节　幸福教育的德育思想基础及德育的目的

一、幸福教育的德育思想基础

从德育的概念来看，学校的德育就是教师有目的地培养品德的活动。从德育的特点来看，德育旨在培养学生的道德信念和人生观，帮助学生形成良好的道德行为习惯，要解决的主要矛盾是求善、行善、知善，以回答"怎样生活才更有意义"。从德育的功能来看，即满足学生的道德成长需要，启发学生的道德觉醒，规范学生的道德实践，引导学生的道德成长，培养学生的健全人格，提升学生的人生幸福感。基于这样的德育理念，我们可以充分认识到，教育需要以幸福作为最终的目标，教育的理想和我们所向往的状态，是促进和实现人的幸福，而这样的一种幸福，是学生学习的重要支撑，是学生成长的重要源泉，也是教师进行德育工作的出发点和立足点。幸福是现代教育的终极价值，"有灵魂的教育"不仅要将孩子们培养成有用之人，还应教会他们追求幸福，将他们培育成幸福之人。由此可见，幸福教育已充分融入教育和德育的方方面面，是促进学生德智体美劳全面发展、健康快乐成长的重要基础。

二、幸福教育的德育目的

幸福教育，主要是为了达到以下五个方面的德育目标：

（一）**深厚的家国情怀**。教育的本质就是增进人类的幸福感，多层面实施幸福教育，实施学有所得、学有所成的教育，是奠定学习者事业成功并走向人生幸福的重要基石，这也是我们所追求美好生活的重要内容。所以，在教育教学中，要让学生明白"为什么学、学什么、怎么学"，来激发学生的学习动机，引导学生树立正确的学习观、人生观、价值观。幸福教育所要达到的目的，就是培养学生的家国情怀，教育和引导学生热爱中国共产党、热爱祖国、热爱人民，拥护中国特色社会主义道路，帮助学生从学习中寻找成长的意义，从学习中感受幸福，收获幸福，并进一步理解幸福，未来可以用自己的奉献，去造福国家、造福社会、造福人民，实现为中华民族伟大复兴的中国梦而不懈努力的理想追求，这也是我们在教育工作中，所必须坚守的为党育人、为国育人使命。

（二）**自身的学习动力**。从教育教学规律来看，我们必须尊重学生的天性个性，充分发掘学生的智力和能力，发挥孩子的自身特长，激发孩子的学习兴趣、学习潜能，培养孩子的学习习惯，让孩子能找到学习和成长的快乐与幸福。通过幸福教育，使学生在知识的获得、能力的突破、情感的陶冶、个性的成长中，找到自己的成就感、获得感、幸福感，引导学生学会观察生活、思考未来、辨别是非、正确判断，学会合理规划自己，不断培养自己的创新能力、创造能力、创业能力，传递一种向上向善的正能量，为人生幸福奠基，走一种幸福成长的道路，在今后的个人发展和事业追求中去寻找幸福。

（三）**良好的行为习惯。**"少成若天性，习惯成自然。"从学校的文化建设来看，通过幸福教育，可以构建充满活力、积极向上、清新雅致、宁静仁爱、秩序良好的幸福校园，优化学校的内部、外部环境，让校园处处成为育人场所，促进学生幸福学习、幸福生活、幸福成长。通过幸福教育，形成一种幸福的校园文化，其主要目的在于推动学生行为习惯养成教育，引导学生培养习惯、养成习惯，把良好的行为习惯记在心中、落到实处，让好习惯真正成为学生一生的幸福。

（四）**正确的教育观念。**实施幸福教育，就是要让教师幸福地教，让学生幸福地学，让教师在敬业乐业中，充分感受到教育的快乐，提升教育的效率，获得教育的价值，增强教育的责任感。通过幸福教育，目的还在于让教师落实"立德树人、五育并举"，树立一种正确的育人观、成才观、评价观，让爱心、责任、奉献、温暖，成为幸福教育的核心价值，成为教师工作的动力源泉，让幸福通过课堂拓展，通过德育拓展，通过评价拓展，引导学校回归教育教而育人、仁而爱人的本原本义。

（五）家校的协同合力。学生健康幸福成长，离不开学校、家庭、社会的同心同德、齐心协力，通过幸福教育，还能让幸福教育的理念，从学校传递至家庭，从学生传递至家长。通过幸福教育，更能推动家庭与学校的协同配合，构建出一种幸福的"家文化"，让家校协力，共同致力于提升学生的心灵品质，形成一种合力，让教育的幸福能够得到拓展延伸。

第二节　幸福教育的育德起点和灵魂

一、幸福教育的育德起点

幸福教育的育德起点为幸福观教育，察知"幸福"。德育在幸福观教育层面，一是在教学要求层面，需要教师能够敏感地洞察自己以及学生的幸福状态，有效地捕捉教育机会，实现高效的"幸福"德育；二是在结果获得层面，要求学生可以在教育过程中，学会确认人的本质目的和感受人的每一阶段生活的意义、生活幸福的丰富性和可能性，能够感受到幸福的存在。通过对幸福情感的认知，从学习感受事物的表面属性，深入能动地发现生存与生活的意义，进而引申出与时俱进的思想观念。在教育路径改革层面，需要明确时代赋予德育的使命是培养有生活能力，有主体精神、积极个性、良好德行和健全人格的人。德育是与人的生产、生活过程融为一体的，不断发展的社会生活越来越强化德育的工具价值。面对置身于现实生活，又具备学生特殊生活方式的群体展开德育，需要积极干预并超越社会生活，引领学生思考当下及未来生活的意义，促进塑造健全的人格。幸福教育的德育要想促使德育走出工具理性的困境，重返原汁原味的生活，寻找生活的意义与价值，德育工作者必须关注学生的生活，使每个受教育者珍视自己的精神追求，体会生活的美，生活得有意义、有价值。这样幸福教育的德育，才能有计划地开展，以幸福教育为切入点，突出人的创造性和人的主导地位，肯定德育教师的需要与幸福感，激发教师的工作热情，重视学生的主体地位，考虑学生的自身发展需要，促进学生的全面发展，结合时代发展的主流意识形态，从而开拓德育新局面。综上分析，幸福教育的德育是以幸福观教育为起点，不断深入和开拓式发展。幸福教育的德育落脚点是教会学生自觉、自主、自由地去创造幸福，感受自我价值，确立积极进取、乐观上进的生活态度和人生目标。

二、幸福教育的育德灵魂

幸福教育的育德灵魂是关注个体幸福，培育核心素养。主要表现在以下两个方面：

（一）幸福教育的德育核心特征是注重学生的个性化情感教育。在德育内容上，从日常生活和非日常生活两个角度，培养学生的角色自我与个性自我的价值观，提高学生的幸福体验能力，推进学生对美好人生的不断追求，以幸福教育的德育方式助力学生对美好人生的筹划、享用、追求与不断超越，进而培育学生适应终身发展和社会发展需要必备的品格和关键能力。正如亚里士多德所言："道德分为心智和德行两个方面，心智方面的道德以知识为基础，是可以教授的，但德行方面的习惯是不能教授的，只能在生活中形成。"将德育回归生活，统一感性现实、理性抽象以及创造性变革等多方面问题，既可以培养学生"角色"自我的生活体验，又可以充分发展个性自我在精神层面的空间创造。因此，当学生的角色自我与个性自我在"日常生活"与"非日常生活"的德育过程中获得了统一，这样的德育过程也必然是幸福的，而其个人修养、社会关爱、家国情怀、注重自主发展、合作参与、创新实践等多方面素养也必然得到适应性发展。

（二）幸福教育的德育核心理念是坚持"以人为本"。苏霍姆林斯基说过："在教学大纲和教科书中，规定了给予学生各种知识，但却没有给予学生最重要的东西——幸福。理想教育是培养真正的人，让每一个从自己手里培养出来的人都能幸福地度过一生。幸福是人的幸福。幸福教育既要符合'人'的规定，又要符合幸福的规定，充分尊重人的自然性、道德行和社会实践性，使教育不仅成为人的幸福之旅，更是培育创造幸福的人的过程。"从幸福教育出发的道德教育是以社会整体幸福为目的的，注重培养学生对幸福的察知、体验能力的培育和追求幸福能力的激发。从本质上讲，幸福教育要培养的是具有超越意识和超越能力的人。德育作为我国各阶段教育的重要组成部分，目标是培养具有良好道德品质的人。德育教育是一个潜移默化的过程，发现问题和解决问题时，应予以及时引导和必要启示。现代德育的理念，其主要特征，就是关怀人、关怀人的德行发展，或者说它的根本精神就是以道德主体的德行发展为本，走向主体——发展性德育。因此，要做到以幸福为德育的主题，贯穿于德育的整个过程，使道德教育成为提升学生幸福感、促进学生成长的重要手段，应注重"以人为本"的教育观念。如美国著名教育家赫钦斯（Robert. M. Hutchins）所言，教育的目的不在于训练"人力"而在于培养"人之独立性"。在德育中坚持"以人为本"的思想就是要坚持"以人的幸福为本"，将德育工作的注意力集中到"人"，注重人的幸福才会有真正的教育，真正意义上的幸福观教育才能由此展开。

第三节　幸福教育的德育内容

一、幸福教育之爱国教育

爱国主义是中华民族精神的核心，它是鼓舞中国人民战胜困难、团结奋斗的一面旗帜，是中华民族不断发展进步、实现民族复兴的强大精神支柱，也是构建社会主义和谐社会的思想基础和重要保证。

爱国主义是永恒的主题，需要被传承和弘扬。思想政治教育的目的与中学生个人的素质和能力的培养、发展非智力因素等方面的目的有着相辅相成的紧密关系。在中学教育中，我们应该追本溯源，注重历史的教育，注重引导教育，以我国骄傲的历史培养学生的历史感、荣耀感和归属感，只有学生有了强烈的主人翁意识、强烈的民族自豪感，这个民族才有向心力，爱国主义教育才能继续并得以延续。我们进行爱国主义教育，将爱国主义教育与学科教学融为一体、相互渗透，使学生在掌握科学文化与培养自身能力的同时，受到爱国主义教育，并将爱国主义精神转化为为人民服务的崇高理想，引导学生树立远大的志向、养成从小事做起的品行，从而使爱国主义教育与学生的世界观、人生观和价值观的形成紧密联系在一起，从而更加努力学习，奋力拼搏，立志成才，促进自身的全面发展。

列宁说过：爱国主义是"千百年来巩固起来的对自己的祖国的一种最深厚的感情"。爱国主义在每个时代有每个时代的内涵，是一个历史范畴，在社会发展的不同阶段、不同时期有不同的具体内容。从贾谊的"国而忘家，公而忘私"，到范仲淹的"先天下之忧而忧，后天下之乐而乐"；从顾炎武的"天下兴亡，匹夫有责"，到林则徐的"苟利国家生死以，岂因祸福避趋之"；从孙中山第一个喊出"振兴中华"，到邓小平的肺腑之言"我是中国人民的儿子，我深情地爱着我的祖国和人民"，到如今我们听到"犯我中华者，虽远必诛"的豪言壮语时，不由得热血沸腾，这就是华夏儿女的民族自尊心和民族自信心，与对中华民族和文化的归属感、认同感、尊严感与荣誉感的统一，为保卫祖国和争取祖国的独立富强而献身的奋斗精神。

二、幸福教育之理想教育

理想信念作为人的精神支柱，是世界观、人生观、价值观的集中表现，它不仅影响着我们的思想，也决定着我们的行动。当代中学生肩负着祖国的未来和民族的希望，必须牢固树立共产主义的理想信念，认真学习马列主义、毛泽东思想、邓小平理论、"三个代表"重要思想和科学发展观，坚持以习近平新时代中国特色社会主义思想为指导思想，才能脚踏实地，立足现实，为建设新时代中国特色社会主义贡献智慧和力量。

（一）主体意识教育

随着新高考改革的推行，普通高校基于统一高考和高中学业水平考试成绩的综合评价，采取多元录取机制，探索全国统考减少科目、不分文理科、外语等科目社会化考试一年多考。同时教育部配套出台了学业水平考试、综合素质评价等相关配套文件，强化了学生综合素质评价，对中学生的要求自然有所改变。新课改的推行使学生的主体意识得到了增强，学生会主动参与课前、课中、课后的教学环节，只有学生发挥主体作用，每个学生才得以充分借助课堂这一平台展示自己，真正有所收获，课外学生才会主动关注自身的发展，关注时事新闻和社会公平等。

（二）世界观、人生观和价值观教育

世界观、人生观和价值观三者是统一的，对学生进行辩证唯物主义和正确的"三观"教育，是德育教育的重要组成之一。学生对世界的认知和对事物的看法差异较大，主要由于先天与后天、外界与内部、家庭因素与学校因素等，这些都造成学生群体的"三观"存在整体性和层次性的双重问题。"三观"正则人正，"三观"明则人明，"三观"幸福则人幸福。因此，世界观、人生观和价值观教育放在学生理想信念教育的重要地位，对中学生树立理想信念具有方向引领和提供动力的重要作用。

（三）党史、国史教育

唐太宗曾说："以铜为鉴，可以正衣冠；以古为鉴，可以知兴替；以人为鉴，可以明得失。"习近平总书记强调："学习党史、国史，是坚持和发展中国特色社会主义、把党和国家各项事业继续推向前进的必修课。这门功课不仅必修，而且必须修好。"中国共产党百年历史和新中国成立后的70年，是党始终坚守为中国人民谋幸福、为中华民族谋复兴的初心使命，团结带领中国人民进行革命、建设、改革的宏伟事业，实现中华民族和中国人民从站起来、富起来到强起来的伟大历史。中国共产党和中国人民用鲜血、汗水、泪水写就了人类历史上的光辉篇章，凝练成波澜壮阔的党史、国史。青少年是国家的未来和民族的希望，决定着中国特色社会主义事业是否后继有人，关系到中华民族伟大复兴能否实现。中学生深入了解国史、党史，有助于中学生记住昨天的苦难辉煌，无愧今天的使命担当，不负明天的伟大梦想，树立正确坚定的信念，让青少年永远听党话、跟党走，努力成为中国特色社会主义事业的优秀建设者和可靠接班人。

三、幸福教育之集体主义教育

集体主义是无产阶级世界观的内容之一，是共产主义道德的核心，是社会主义精神文明的重要标志。集体主义作为中国文化所推崇的精神，是一切以人民群众的集体利益为根本出发点的思想。

随着社会的进步和国家的发展，西方文化慢慢与中国文化进行融合，"个性化""自主化""主体化"等观念渐渐占据孩子的大脑。而当下大多数中学生都是独生子女，家庭往往把所有的爱和呵护倾注于孩子一个人身上，对孩子进行百般保护，孩子们对社会和世界的认知较少，加之青少年的年龄特点和认知差异，对集体主义带有片面的理解，没有更深层次的认识，集体主义思想渐渐退出他们的大脑，有些同学言谈举止出现我行我素的现象。

著名教育家苏霍姆林斯基认为集体主义教育是德育中的一条准则，是重要组成部分。集体主义是主张个人从属于社会，个人利益应当服从集团、民族、阶级和国家利益的一种思想理论，是一种精神，为了集体的利益，必要时能够牺牲个人利益，在此基础上，青少年才能成为精神充实、道德高尚、心灵美好、个性和谐发展的人。

四、幸福教育之劳动教育

苏霍姆林斯基说："理想的教育是培养真正的人，让每一个从自己手里培养出来的人都能幸福地度过一生。这就是教育应该追求的恒久性、终极性价值。"劳动教育从某种意义上说就是一种生存教育，青少年应该做到"一粥一饭，当思来处不易；半丝半缕，恒念物力维艰"。新高考改革强化了学生综合素质评价，全面实施综合素质评价，有利于促进学生认识自我、规划人生，积极主动地发展。通过参加力所能及的公益劳动和社会实践，教育学生认识劳动的伟大意义，培养学生热爱劳动、爱惜劳动成果、尊重劳动者的品质，教育学生勤奋学习，将来担负起艰巨的建设任务，使学生养成爱劳动的好习惯。我们要知道劳动最光荣！在中学生中开展劳动教育，通过从简单的洗衣做饭、打扫卫生，到具体的公益活动和实践活动，孩子亲身参与其中，要让孩子意识到一切幸福的生活都是建立在辛勤的劳动之上的，让孩子热爱劳动锻炼。当教育回归具体的劳动实践中，学生还可以从劳动中得到启发，会由最初的模仿性的劳动到创造性的改变，从而得到自我和他人的肯定，使学生从劳动中获得快乐和成就感，同时培养学生的独立性和自主性，减少对家长及他人的依赖性，这有助于学生将生活和学习联系起来，得到综合素质的提升，从而追求美好理想。

五、幸福教育之社会公德教育

（一）文明礼貌

文明礼貌是社会交际的必然要求，是调整和规划人际关系的行为准则，与我们每个人的日常生活密切相关。文明是打开心扉的钥匙，是思想交流的窗口，是沟通感情的桥梁，体现着一个民族的整体素质。课堂礼貌、仪容仪表、尊师重长、同学朋友间、集会等文明礼貌的要求要落实到行动上。

（二）助人为乐

雷锋曾说过："人的生命是有限的，可是为人民服务是无限的。我要把有限的生命，投入到无限的为人民服务之中去。"在社会公共生活中我们提倡助人为乐的精神，人与人之间应该团结友爱，相互关心，相互帮助，现实生活中每个人不可能时时快乐、事事顺心，难免会遇到困难和问题，总有需要人帮助、救济的时候。中学生对同学遭遇的不幸，偶尔的失败，学习上暂时的落后等，不应嘲笑、冷笑、歧视，而应该给予热情的帮助。每个人都可以从小事做起，从乘车让座、帮助残疾人过马路等，养成关心他人的习惯。所谓"赠人玫瑰，手有余香"，帮助他人的同时也收获了快乐，获得了成就感。

（三）爱护公物

对社会共同劳动成果的珍惜和爱护是每个公民应该承担的社会责任和义务，它显示出个人的道德修养水平，也是整个社会文明程度的重要标志。如果每个人都能珍惜、爱护公物，社会财产就能物尽其用、用有价值。

爱护公物，从我做起！对中学生而言，要爱护花草，不为求三两步的近路而去践踏草坪；不在墙面上乱写乱画，进行涂鸦，张贴不文明的图画；不在教室里打篮球、踢足球，以免不小心伤到同学，砸坏课桌椅或是门窗等。这些行为都对公物造成了损坏，也给其他同学的学习和生活带来了不必要的麻烦，学校每年用于公物的维修费用，可是一笔不小的开支。

（四）保护环境

热爱自然、保护环境是当今时代社会公德的重要内容。从根本上说，它是对全人类的生存发展利益的维护，也是对子孙后代应尽的责任。

2021年1月15日，南太平洋岛国汤加一座海底火山剧烈喷发，是近30年来最严重的一次火山喷发，释放的能量相当于1000颗投到广岛的原子弹。大片房屋被摧毁，网络通信受阻，全国10万人口一度失联，流离失所。当灾难突然造访，渺小的我们避无可避，身在其中的人更是苦不堪言。现在我们能做的就是牢固树立环境保护意识，身体力行，从小事做起，从身边做起，比如不随地乱扔垃圾，做好垃圾分类；比如随手关灯，循环用水，节约每一张纸；比如低碳出行，减少一次性塑料用品的使用。

六、幸福教育之民主与法制观念的教育

当前中学生是伟大中国梦的实现者，是祖国的未来和希望，肩负着建设社会主义的光荣使命，对学生进行法制教育，以弘扬社会主义法治精神、树立社会主义法治理念，提高学生的法律素质，让学生具备基本的法律意识，掌握必需的法律知识，提高运用法律的能力，从而培养法治人才以及预防与减少违法犯罪等特有功能，奠定了它在现代学校教育中的重要地位。在新高考新课改背景下，学校结合课程教育改革，对学生进行法制教育内容应与学校的教育理念和学生的成长认知规律相适应，坚持规则教育、习惯养成与法治实践相结合，充分发挥有关课程教学在进行法制教育方面的作用和功能，使学生在学习文化知识的过程中受到比较系统全面的法制教育。国家《中小学法制教育指导纲要》明确提出将法制教育渗透到学科教育中，教师在加强自我法制观念的同时，可遵循学科教学规律，根据学科特点找到切入点，层层深入，注意学生的兴趣、情感、需要和能力；通过家校联系，帮助家长一同将法制教育与学生家庭教育相结合，寻找合乎学生生长规律、科学规范的家庭教育方法；通过社会实践活动或与法制教育相关的竞赛，引导学生参与，充分发挥学生的主体作用，开展学法用法的实践活动，从而达到"事半功倍"的教育效果，这对学生的健康成长起到了很好的促进作用，只有如此，推进依法治国和构建和谐法治社会的目标才会真正实现。

七、幸福教育之心理健康教育

在第六章有关心理健康教育已经叙述，这里不再赘述。

第四节　幸福教育的育人原则

一、育人先育己原则

要实现"以幸福的教育培养幸福的人"的愿景，那么教师要是幸福的。我们教师的"幸福"应该来自精神。要丰富我们的精神世界，首先应该读书，多读书，读好书，让我们的思想变得更加开明，让我们的能力得到更大的提升。其次应该学法尊规。教师更应该加强师德师风的建设和学习，只有我们不断地强化学习法律法规，才会领悟到法律法规不是对我们行为的束缚，反而是对我们每个人的保护。同时，学高为师，身正为范。踏出校园，走上三尺讲台，我们的初心未变，我们的神圣职责即是教书育人，我们的言谈举止都会对学生产生潜移默化的影响，甚至影响学生的一生。因此，我们教师本身就应该拥有健康的世界观、人生观和价值观，拥有强大、正能量的精神世界，当我们自己都感到是幸福的，我们才能培养出真正幸福的人。

二、德育为先原则

我们一定要在教育中落实立德树人的根本任务。德育过程是一个长期、反复和逐步提高的过程，是学生在各种活动实践中进行塑造和教育的过程。因此，德育最终应该落脚到学生的行为习惯培养上。如培养学生养成积极思考、善于分辨的学习习惯，培养学生养成晨读晚练，经常阅读的习惯等。正如播种一种习惯，收获一种品格；播种一种品格，收获一种人生一样，学生在这样的正确习惯下，自然可以明辨出什么才是自己真正所需、所要，从而深刻地体会到学习的价值和感受到浓浓的幸福感。

三、贴近学生原则

我们的教育就需要去贴近学生，了解学生、把握学生心理，针对学生的年龄、个性差异以及品德发展的现状，采取不同的方法和措施，使得教育更加具有针对性。同时，我们应该始终树立"以学生为中心"的原则，关注学生的成长，针对学生不同年龄和需求的心理特点，采取不同的教育态度和教育方式，创设出最适合学生发展的教育环境。我们的教育只有时刻贴近他们，与他们同步，才能够做得恰到好处，让教师和学生相得益彰。

四、整体性原则

众人拾柴火焰高。育人不是一个人（班主任）的工作，也不是某一个学科的工作，而是我们全部教育工作者的工作。只有我们全体教育工作者都齐心合力，众人拾柴，学生的教育才能达到无缝衔接、持续加强的效果。在实际的教育工作中，班主任是学生教育的主力军，也常为领头人，而班主任教育工作的开展常以主题班会为主，学校各类活动为辅，再无其他。学科教师的班会课应该要具有一个整体设计且须根据学生的发展进行相应的调整，例如，高中阶段的班会我们可以分成高一、高二、高三三个年龄段进行整体设计，高一是学生进入高中学习生活的过渡阶段，此时的班会重在学生学习、生活习惯的培养；高二是学生根据自身的兴趣、爱好、特长而进行选课学习的阶段，此时的班会重在进行学生职业生涯规划的培养；高三是学生复习备战高考的关键阶段，此时的班会重在学生的心理调节、情绪管理和坚韧性格的培养。而且在相应班会课前应该明确班会主题，准备好班会的相应素材（视频、图片、卡片、资料、幻灯片等），班会课开展的具体方案（充分调动学生的积极性，集腋成裘，众人参与）。班会课还应配合好学校的各类活动以及学生学习生活中出现的各类现象、问题。例如，学校在某一月将进行"爱国主义教育"，那么我们可以开展一次或者几次以爱国为主题的班会课，因为学校的集体活动中学生的参与度不高，更多的是聆听感悟，且学生在活动后不能得到感悟的升华体验，于是在班会课中我们就可以让学生从自身的角度出发，产生我们为什么要爱国的思考：国家给予我们学生各种各样的优质条件——成绩优异有国家奖学金，家庭困难有国家助学金，免各类费用，生病时有各类帮扶政策等，国家如此爱我们，我们怎能不爱国……培根曾言："读史使人明智，读诗使人灵秀，数学使人周密，科学使人深刻，伦理学使人庄重，逻辑修辞之学使人善辩；凡之所学，皆成性格。"由此可见，每个学科的育人价值都是丰富且无可替代的。以高一语文必修上册为例，在学习到课文《劝学》时，其中荀子以各种事例说明"君子生非异也，善假于物也"。教师则可以适时地教育学生放宽自己的眼界，头脑中充满想象，让自己富有创造力。放宽眼界后，有时眼前的一些困扰就自然解开了，而且可以让自己的学习更加不计较一时的得失；头脑充满想象后，可以让自己更有创造力，正因为人类看到了鸟类的飞翔才制造了飞机。又如高一数学必修第一册，在学习了指数函数的图像时，我们得到了函数图像的渐近线，顾名思义，函数图像逐渐靠近此线，却没有交点，那么我们每个人的发展是不是也受渐近线的限制呢？实则不然，我们在每个时期，每个领域都应该尽力去突破，尽力地发展，不要给自己的人生设置任何的"渐近线"。所以，我们的教育应该全方位、各学科、整体化地构建起科学的教育体系，争取将学生培养成自主（自主学习、自觉参与）、自律（自我管理、自我约束）、自信（悦纳自我、文化自信）、自强（坚韧不拔、敢于创新）的新时代好青年。

此外，还有多样化原则，等等。

第五节　幸福教育的育德途径

一、幸福课程育德

（一）聚焦式育德——幸福德育课程

首先，重庆市田家炳中学为了严格落实德育课程，由教务处实施全面统筹规划，按照义务教育、普通高中课程方案和标准，上好道德与法治、思想政治课，切实保障德育育人的主阵地。

其次，学生处监督落实主题班会课的实施。主题班会能充分发挥集体的智慧和力量，让个人在集体活动中受教育、受熏陶，从而提高综合素质。比如在疫情阶段举办以"'疫'起自律，掌控人生"为主题的班会课，引领学生明白如何通过自己的行为体现生命的价值，感悟疫情当下自律的宝贵，帮助学生更好地敬畏生命。

最后，学校同时推进校本德育课程的开发和建设。如学校开设特色"润心田幸福课"。针对毕业年级,学校也会定期开展专题讲座,或团体心理辅导活动。又如学校还每周开设一节"幸福生涯课"。学校结合自己的特色与实际发展需求提出了"1234"模式,即"一条主线,两大板块,三个平台,四种途径",将初中和高中两个学段设定为一条主线,计划在初中阶段对学生进行生涯规划启蒙,在高中阶段进行深入认知教育,全方位指导学生有效地规划幸福人生,迎接新高考,迎向新未来。

(二)渗透式育德——幸福学科课程

重庆市田家炳中学根据不同年级和不同课程特点,充分挖掘各门课程蕴含的德育资源,将德育内容有机融入各门课程教学中。以学科备课组为单位进行每周两次的集体备课,团队成员相互学习、共同探讨,挖掘课程思想内涵,充分利用时政媒体资源,精心设计教学内容,优化教学方法,发展学生道德认知,注重学生的情感体验和道德实践,打破了原来教师各自为政,闭门教书的局面,有效地促进了同一备课组教师之间的分工合作,整体提升。利用文化类课程中语言文字、传统文化、历史地理常识等丰富的思想道德教育因素,潜移默化地对学生进行世界观、人生观和价值观的引导,加强对学生国际视野、国际理解和综合人文素养的培养。

此外,学校被评为九龙坡区科技教育特色学校,学校田正芬老师的工作室被评为区科技名师工作室。同时作为九龙坡区挂牌的"艺术体育特色学校",学校在高中各年级开设两到三个艺体班,设置了美术、音乐、播音主持、排球、篮球、足球、田径等艺体专业课程,对他们专业进行强化提升。实施"体艺熏陶、张扬个性、才艺双全、意趣洋洋"的幸福体艺，培养"德馨学实、明理诚信、智慧阳光、生机勃勃"的幸福学生，大力加强了德育教育。

二、幸福文化育德

（一）创设校园德育环境

第一，幸福路。幸福路，顾名思义是指漫步于此能使人感受到幸福的道路。进入校门后，我们设计了一条笔直通透的大道，大道两侧合理规划着各类师生荣誉展示橱窗：幸福团队、幸福班级、幸福学子、幸福活动、幸福高考、幸福教师等。这些内容不仅体现了学校取得的优异成绩，更让师生及来访者感受到学校浓浓的幸福氛围。第二，幸福泉。"要给孩子一碗水，教师要有一眼泉。"教师要像泉眼一样不停地涓涓流淌，不断给予，以"润物细无声"的姿态润泽教育、润泽生命，在学校小广场设计的幸福泉，其内涵就在于此。希望学生能够如泉水一样清澈干净，如泉水一样坚持进取，成为一个德、智、体、美、劳全面发展的幸福学生。第三，田家炳先生铜像。我们塑造田家炳先生的铜像，希望师生敦品励学，承扬田家炳先生博爱诚朴之风，追随其报国利民之志；希望教师坚守教育使命，不断提升专业能力，同心协力追求卓越，推动学校优质发展；希望学子们珍惜中学时代美好时光，志存高远，勤奋学习。此外，学校的墙面文化牌、文化宣传语、教室和办公室内的墙面装饰等，无不渗透着学校的幸福理念。

同时，学校精心布置教学楼和教室的环境，营造浓郁的学校特色氛围和读书氛围。我们打造系统的学校幸福特色理念，让学校的围墙开口说话，把围墙变成一个"书画长廊"，用诗词、警句、学生绘画作品装扮"书画长廊",将校园装扮得更加亮丽、更加精神。楼梯过道中,布置关于古今中外读书的名人名言宣传牌、田家炳先生及其精神的宣传画、学生的美术作品等。各班级围绕读书的个性化布置,有"班级图书角",有"读书格言"。让整洁有序、充满书香的教室氛围培养学生对教室产生"家"的感情,有利于引导学生养成讲文明、爱劳动、有礼貌的行为习惯,有利于促进班级形成热爱读书、热爱艺术、热爱学习的文化氛围。让书香溢满校园,为师生共同徜徉书海、浸润书香创设浓郁的文化氛围。

以上这些,营造出了一个处处充满幸福的和谐校园,让环境育德的功能最大化。

(二)营造德育文化氛围

我们不断挖掘学校历史、环境中的文化因素。学校曾培养了留美"五虎上将"之首的彭中,四川省1963级高考理科状元、中国科学院数学物理学部院士李安民,著名书法家屈趁斯,著名作家莫怀戚、黄越勋,国家桥梁专家钟昭贵,经济学家郭元晞,著名歌唱家张礼仁、张礼慧,红遍日本歌坛的潘幽燕等一大批优秀人才。我校是田家炳先生在重庆市资助的第一所中学、内地的第36所中学。田家炳先生的传奇经历和人格魅力深深地影响着教师和学生。田先生自强不息取得成功本身是一种幸福;他乐善好施,将个人资产的80%用于公益事业,更是人生的最大幸福;他的举动给师生、家长、社会带来许多幸福。所以,实施"幸福教育"、构建和谐校园贴近我校实际,既有优势,也有基础。

校园文化需要积淀和继承,更需要丰富和发展。教师大会,我们挤出时间来学习"传先生之德，做幸福之人"，引导教师进行"艺术赏析"等；我们办校刊来营造文化校园；我们升级改造校园网，使之成为传播学校信息、联结师生情感的有效载体；我们每年举办"校园文化艺术节"；我们每年举行"运动会"；我们为在赛课中取得好成绩的教师竖起了宣传牌……

为了提高田中学生思想道德素质，让田家炳先生自立自强、刚毅坚卓、造福民众的精神在全校师生中广为传颂，把田中幸福教育的理念融入具体的德育活动之中，充分调动广大学生和教师的积极性，田中于2009年开始推行幸福班级建设，构建新型班级评价体系，建立了幸福班级考核与评价制度，旨在通过对班级管理和学生行为表现的考核督促学生养成良好的行为习惯，促进班风建设。

幸福班级建设直接体现了学校的文化特色，重在指导班级常规管理，对实现学校大德育观有着较强的引领作用，更是班级管理理念的一次大换血。班级管理不再是班主任一个人的事情，而是和学生群体、科任教师及各职能处室的参与配合密切相关。更重要的是，班级的主体——学生也参与到班级管理的工作中来，为自己的行为负责、为班级的荣誉负责，从而培养了学生的责任意识、集体意识和创优意识。幸福班级竞赛机制在不断实践和完善中引领每一个班级争优创先，使每个班级都有机会实现幸福管理。

三、幸福活动育德

紧抓重要节日，深挖德育资源。重视仪式教育，丰富德育内涵。打造校园节日，提升德育品质。加大学团建设，拓宽德育园地。第七章幸福教育的校园生活课堂——"体验－幸福"模式的构建与实践中已经叙述，这里不再赘述。

四、幸福管理育德

学校一系列幸福制度的出台，让师生深切感受到幸福有保障，幸福可以通过努力获得。学校制定了《重庆市田家炳中学绩效考核制度》《重庆市田家炳中学幸福班级竞赛办法》《重庆市田家炳中学幸福学生评选办法》《重庆市田家炳中学幸福寝室文化评选办法》《重庆市田家炳中学幸福班级文化评选办法》《重庆市田家炳中学幸福社团三级评定办法》《重庆市田家炳中学学生自治规程》《重庆市田家炳中学 ×× 班级公约》《重庆市田家炳中学学生参与学校管理实施办法》《重庆市田家炳中学学生干部竞选办法》《重庆市田家炳中学班级值周实施办法》《重庆市田家炳中学学生操行评分办法》《重庆市田家炳中学优秀学生干部评选办法》《重庆市田家炳中学十佳建议评选办法》等。这些制度的制定有利于学生行为改善，有利于德育的开展，有利于班级建设和学校整体水平的提高。学校推行幸福班级建设，在构建新型班级评价体系的实践中，全校根据各班的班级日常常规、学生常规表现及学生奖惩三个方面分15个维度进行班级考核。每周进行统计，形成"幸福周报"，并及时向年级组和班级进行公示。这既促进班级及时整改，又让德育管理团队和班主任把握教育过程，有效地规范学生及班级的行为。幸福班级建设是班级管理理念上的一次大换血。班级管理不再是班主任一个人的事情，而是和学生群体、科任教师及各职能处室的参与密切相关。班级的主体——学生参与到班级管理的工作中来，培养了学生的责任意识、集体意识和创优意识。

此外，教师为德育资源、学生需德育规范。

五、幸福家校育德

重庆市田家炳中学深知，只有家校同心，形成合力，孩子才能健康和谐地发展。因此有了每学期的家长座谈会，向家长宣传家庭科学教子知识，特别关心每个孩子心理健康成长，个别学生建立家校联系手册等，传递着学校和家庭对孩子的共同期待，探讨教育孩子的最佳方法，寻求培养孩子最有效的途径；还有那些固定的充满人文气息的《给家长的一封信》，提示家长关注学生安全。学校还成立了班级、年级、校级三级家委会，让家委会参与学校的管理，比如校园手机管理、抽烟管理等，争取家长的支持和配合，挖掘家长自身的教育资源，处理家长共同需求的事项。同时学校听取来自家委会的心声，以便从多角度、全方位观察教育教学问题，以家委会作为桥梁、纽带，达到家校共同维护学生生命安全，营造更加优质的学习成长环境，从而形成合力办好人民满意的教育。主要的途径：一是召开家长 - 教师会议。二是家访促进家校联系。三是采用信息网络手段，实现家校合作更快、更全面的新局面。四是通过书面方式，给新生的一封信、书写便条或喜报等。

第十一章

幸福教育的
教研与科研

————

前一章讨论了幸福教育的德育问题。本章主要讨论幸福教育的教研以及教育科学研究的问题，以及"幸福教育"的微型课题研究、幸福教育研究与教学的关系。现分节讨论如下。

第一节　幸福教育的教研

一、幸福教育教研的内涵

结合中小学教师参加教研活动的实际情况，在学校中的"教研"可以被定义为：中小学教师有目的、有计划、有过程、有方法地探索教育教学问题的解决过程。幸福教育教研，旨在让学生能够在学习过程中体验学习的幸福和快乐，更加关注学生知、情、意、行的统一发展。"幸福"与"教研"有以下四个层面的关系：

首先，幸福是教研的目的。幸福既是教研的出发点，也是教研的最终目的。教学作为培养人的活动，必然要以人的幸福作为出发点和归宿。把幸福作为对人的终极关怀的着眼点，反映了教学研究的根本目的。其次，幸福和教研二者互为前提。幸福教育教研是学生学习和感受幸福的前提。幸福关注的是学生精神层面，要对学生的学习状态和心灵成长给予关怀。而幸福教育教研能帮助学生在每一节幸福课堂中培养感受和追寻幸福的能力，做好迎接未来生活的准备。同时，幸福也是幸福教育教研的前提。教研过程中须注重培养学生的幸福品质，伴随着学生的成长。教育是创造幸福体验和引领幸福的过程，目标是使师生在知识的获取和学习交流的互动中达到心灵交融，形成积极氛围。最后，幸福和幸福教育教研二者应当是统一的。人对幸福生活的追求能力不是与生俱来的，必须通过后天的培养。幸福教育教研从根本意义上来说，就是培养人的生活能力、幸福能力。幸福既要成为教研的结果，教研过程本身也应该充满幸福。幸福与教研二者的关系是要通过幸福的教研，来创造教研的幸福。

二、幸福教育教研的特点

（一）还原课堂幸福场景，谋求师生幸福传递

大多数学者认为，快乐教学的前提就是建立民主、平等、和谐的教学环境，营造信任、合作、快乐的教学氛围。只有来自心灵的开放和觉醒，心灵的真正自由才可以迸发出表达的需要和快乐。按照马斯洛人类动机理论，每个孩子都希望被教师、同学关注。所以教师需要通过幸福教育教研活动提升自己的理论修养和

课堂教育理念，增强亲和力，赏识学生的特长，尊重学生的个性，放大学生的优点，容纳学生的争论，驾驭学生的"生成"，师生一起民主自由地参与探究，共同成长。只有在师生双方相互尊重，彼此包容个性差异，个体才艺及情感资源被关注、被有效发挥的时候，才能构建真正的快乐课堂。"亲其师，信其道"，教师应用宽阔的胸襟为学生建构放飞个性的平台，让每个学生在信任和激励中体验成功，收获自信。

（二）强调全面发展性和创造性

幸福教育教研追求学生的全面发展性。一是发展的全面性，即培养全面发展的人。幸福教育应该是智力教育、情感教育、性格教育并重的整体性人格教育。二是全面发展性。幸福教育的全面发展性要求教育必须面向所有学生，使每个学生得到全面充分的发展。

幸福教育教研具有创造性。教师与学生都是教育活动的创造者，教育者的教育设计和教育行动是主体创造性发挥的过程。学生成为教育的主体，充分发挥其主体创造性。开展幸福教育教研活动，教师要打破原有的研究模式，牢固树立创新意识，发挥创造精神，改革教学模式，采用各种方式方法进行多层面的探索和实践，打造引导学生体验幸福、感知幸福的快乐课堂。

（三）具有科学性指导

幸福教育教研的科学性。一是以哲学为基础。马克思主义关于人是社会认识和事件的主体理论，是幸福教育教研的哲学理论基础。二是以生理学为基础。幸福教育教研引入情感因素，侧重右脑开发和学生潜能的发展。三是以心理学为基础。幸福教育教研是以健康心理状态和正确幸福观为基础的。四是以教育学为基础。幸福教育教研把促进学生个性全面发展和个人素质提高作为重要目标，这也是当今世界性教育改革的共同趋势。

三、幸福教育教研的原则

教师在幸福教育教研过程中，遵循以下原则。

（一）遵循主体性和自主性原则

幸福教育教研的主体性原则就是强调课堂主体的存在意义，在教研的过程中关注人的生命价值，确立学生在课堂中的主体地位，充分发挥学生的主动性和课堂参与性，变单纯传授为引导主动学习。构建高效而幸福的课堂，需要引导学生积极参与、自主合作、探究展示，让学生在小组中活动，在学习中游戏；把课堂还给学生，让他们在学习中建构，在自我发展中感受学习成功的乐趣，感受来自探究与创造的幸福。教师在教研中要注意通过启发、引导、激励、点拨，发散学生的思维，增强他们的信心，点燃探索和创新的火花，引领学生在感知幸福之路上行走。

（二）遵循时代性和实践性原则

幸福教育教研的时代性原则，既包含教研内容的发展性和变化性，也包含教研内容的稳定性和连续性。在教研过程中，我们应该继承和发扬我国的传统思想并吸收国内外现代观念，构建适应时代发展、具有我国特色的幸福教育体系。幸福教育是一项实践性很强的教育活动，它的效果在于使学生从知识与实践的结合上，去理解幸福生活的基本原理，掌握幸福生活的基本技能，要求教师在教研过程中注重引导学生积极参与实践，在实践中树立正确的人生观、价值观和幸福观。

（三）遵循体验性和感悟性原则

幸福教育是内在生活的一种教育实践，因此，教师在幸福教育教研过程中要立足于学生生活实际和社会实际，全面观照学生的认知、体验，使课堂真正具有生命的活力和生活的价值。真正的幸福是触及学生心灵的体验。体验性原则要求教师在教研过程中要注重拓展学生的生活环境，丰富生活阅历，增强他们对生活、对社会的积极体验，让学生个人生活和社会生活相融合，使学生真正能在活动中体会幸福的真谛。幸福教育教研的感悟性原则反对教育过程的空洞说教与灌输，而要创设对于学生人生感悟有益启示的教育活动和场景，使学生在丰富多彩的生活经历中获得感悟，实现亚里士多德所说的人的最高享受是在理念深处得到的境界。

四、幸福教育教研的分类

基于教师参与视角，当前幸福教育教研活动可分为探究型教研活动、竞赛型教研活动、指导型教研活动和自修型教研活动。

（一）幸福教育探究型教研活动

幸福教育探究型教研活动主要是指教师在学校学科教研组长、教研机构学科教研员或课题负责人的组织下，从存在的教学问题中选择和确定专题进行研讨、商量，并在研讨、商量的过程中教师主动地获取知识，以解决问题的教学实践活动。该类型教研活动包括开展各学科幸福教育集体备课、幸福教育沙龙等活动，以解决教育教学中的实际问题，提升学科趣味性和学生学习幸福感为主要目的。幸福教育探究型教研活动强调教师的参与、合作，这让教师亲历问题的探究过程，培养教师的参与求知欲，逐步学会探究课堂教学问题的策略，对参与教师的专业教学能力的提升和发展有着深远的影响，引导参与教师在"要我参与教研—我要参与教研—我爱教研—我会教研"的阶梯上不断进取。

（二）幸福教育竞赛型教研活动

幸福教育竞赛型教研活动主要是指学校教研室或教研机构以教学为载体，为激励教师专业能力提升，而实施的具有评选性质的一种教学研究活动。它强调活动的评选性质，具有竞争性、激励性和主观能动性。该类教研活动包括定时开展学校"幸福教育"教师教学技能大赛，教学设计比赛，课件制作比赛，同课异构教学评比等，不仅为教师提供了学习交流的平台，也是教师展示自己教学风采的舞台。在充分地发挥参与教师主观能动性的同时也能发现参与竞赛教师在真实的课堂教学情境中还存在的普遍问题，进而有利于找到促进教学水平的提高应对之策。另外，这些竞赛型的教研活动，尤其是优质课，"作为一种教学研究和教研成果展示的载体，承载着推动教学改革、贯彻先进教学理念、促进教师的群体发展、达到教育均衡发展的重任"。

（三）幸福教育指导型教研活动

幸福教育指导型教研活动主要是指学校教研组的骨干教师对参与课堂教学实践教师的教学技巧、教学方法以及教学机制等方面的引导与启发。该类教研活动具有引导性和结对性。指导教师在该学科具有丰富的教学实践经验和较高教学研究造诣，对被指导的教师而言，具有指点与帮助的作用。指导型教研活动包括师徒结对培养计划，教师专家听评课制度等，其目标在于引导新教师或青年教师尽快适应工作岗位，达到课堂教学的基本要求，深化培养参与教师的教学知识、教学能力以及研究能力，进而提高课堂教学质量。参与教研活动的教师之间实行导师方式，有利于促进教师与教师之间形成教学研究共同体，实现同伴互助。

（四）幸福教育自修型教研活动

幸福教育自修型教研活动指在整个教学研究活动中，教师根据自己的教育教学实际情况和自己的学习特点，自由选择学习内容和学习方式的一种教学研究活动。自修型教研活动的基本特点有：第一，自主共生性。第二，随机性。其基本目标：一是挖掘参与教师的自主学习与研究潜力；二是促进参与教师专业发展个性特色的形成。幸福教育自修型教研活动有利于培养参与教师主动学习与研究的习惯，作为制度规约下教研活动的一种补充形式，有利于弥补参与教师的个性专业发展需要。

五、幸福教育教研的意义

（一）有利于以学生为主体的教学课堂的构建

幸福教育教研的最终目标着力于受教育者人生目标的实现。教师的幸福教育教研工作围绕学生的成长，为他们的终身发展服务，以实现幸福教育的本意。幸福教育教研追求提升能力、减负增效的幸福课堂。减负提质就是狠抓课堂教学改革，把学习的过程、学习的主动权还给学生，使他们真正成为学习的主人，享受思维的乐趣，体验成功的喜悦，成为全面发展的幸福学生。

（二）有利于培养幸福的学生，促进学生的全面发展

教师通过参与幸福教育教研活动，深刻领会国家的教育政策、教育方针，真正在课堂教学中既关注自身的教学效果，又关注学生的学习效果；既关注对学生智力的培养，又关注学生体、德、美、劳等方面的培养；既关注学生的单科学习情况，又关注综合学科的学习情况；既关注学习知识的培养，又关注学生的学习能力、人际合作、学习习惯等方面的培育。教师通过幸福教育教研活动的参与，在多元学习环境中，更容易形成自己的教学思想，能够自觉地按照素质教育的要求，提供适合的教育，组织课堂教学，真正地面向全体学生，促进每一位学生的全面发展、幸福发展，主动地发展，让课堂焕发出生命的活力。

（三）有利于促进教师专业发展，提升教师幸福感

教师参加幸福教育教研活动的间接意义在于在参与中教育自己，在参与中提高自己，在参与中促进自己的发展，在参与中提升自己的幸福感。在教研活动参与中，教师能较好地提高自己的教学能力、教研能力、研究习惯等方面的教育素质。正是一次又一次的教研活动的参与研讨、观摩与展示，促进了教师发展。"教研的目的是幸福"，教师教研活动贯彻以幸福为导向的教育观，围绕"创建幸福课堂"而展开，不仅有利于让学生在学习过程中体验幸福、感知幸福，同时也提升教师对幸福的理解与感悟，提升教师的幸福感。

第二节 幸福教育的教育科研

一、幸福教育的教育科研的内涵

幸福教育的教育科研有两层含义：一是教师在教育科研的过程中能够获得幸福感。教育科研能够促进教师专业成长，并且使之在专业的钻研中不断获得成就感，从而丰富其精神生活，得到精神层面的满足。二是学生通过教师教育科研的成果获得幸福感。教育的根本目的是培养人。教师必须在教育科研上下功夫，让学生通过受教育找到精神追求，实现精神上幸福教育的教育科研，是教师的学习，也是为了学生的学习。所以，幸福教育的教育科研务必以师、生都能获得幸福感为宗旨。

二、探索幸福教育的教育科研路径

探索幸福教育的教育科研路径需要从教学和育人两个层面考虑：一方面探索使教师获得专业技能提升的途径，另一方面探索使学生成为能够正确面对学习生活得失的多维度人才的途径。

（一）教学层面的研究

1.师徒研究

第一，"青蓝工程"——关于师徒结对的继承与发展。以九龙坡区为例，笔者从九龙坡区人力资源和社会保障局得知，2021年，重庆市九龙坡区公开招聘327人，其中招聘教师人数占237人。面对迅速涌入的庞大的青年教师群体，学校需要加强青年教师队伍建设，实现青年教师快速成长。"青蓝工程——师徒结对"是我国中小学常见的一种教师培训方式。要坚持自培、自练和以教学实践为主的原则，充分发挥老教师的"传、帮、带"作用，学校应为每位新教师安排有经验的指导教师，在指导教师的帮助下，可采取备课、说课、听课、评课、检查作业批改、考核教学效果等方式方法进行培训。为了学校健康发展有坚实的基础，也为了让教育事业始终充满生命的活力，师徒结对须以师徒双赢为目标，具备双向性、实效性、丰富性的特点。第二，双向性。师徒结对的主体是师父和徒弟两人，传统的师徒结对过分地关注徒弟的成长而忽略了师父的职业幸福感，难免陷于片面。教师是一门终身发展的职业，中国教育讲"教学相长"，师徒结对要关注徒弟的专业成长，也要关注师父的发展需要。为此，学校可以给师父提供外出参观学习的机会、定期开展经验交流会，还可以引入竞争－激励机制提高师徒的积极性……只有兼顾师徒双方的需要，以"共赢"为目标，师徒结对才能实现预期效果。第三，实效性。由于教师的专业发展离不开教育教学活动，而教学活动本身就具备极强的实践性，因此在师徒结对的培训过程中要采取恰当的方法，才能提高师徒结对培训的实效性。比如利用案例教学、听评课等形式，让青年教师从不确定的教学情境中逐渐积累教学实践经验，和自身在大学所学的理论建立联系，在自己的教学实践中应用，然后通过自我反思与师父评课，再次积累经验，摸索出自己特有的教学方法，从而实现青年教师的专业成长。第四，丰富性。教师专业发展内容绝不仅止于学科教学。有学者对教师专业发展的内容做了全面深入的研究，并提出了教师专业结构的不同分类（见表11-1）。从表格中我们可以看出，除了学科知识和教学技能，教师专业发展内容还包括职业情怀与理想、专业情感与态度等，例如更新教学观念、提升职业道德等。因此，在师徒结对中，我们还要强调师父对徒弟专业技能以外的丰富的"传、帮、带"作用。中国古代对"师父"有一种解释叫作"一日为师，终身为父"，师父不仅是徒弟职业的启蒙者，也是徒弟人生的领路人。黑尔的一份研究报告表明，100%的受访教师认为其指导教师对其第一年任教有非常重要的作用，不仅帮助他们提高了教学能力，增强他们对教师职业的满意度，还帮助他们理解学校理念，了解学校社区。可见，师徒结对内容的丰富性有助于师徒关系走向稳固长久，使教师收获职业幸福感以外的人生幸福感。

2.关于集体备课的研究与探索

表 11-1　几种教师专业结构的不同分类

研究者	教师专业结构
曾荣光	专业知识；服务理想
艾伦	学科知识；行为技能；人格技能
林瑞钦	所教学科的知识（能教）；教育专业技能（会教）；教育专业精神（愿教）
孟万金	专业理念系统；专业智能系统；专业情怀系统；专业规范系统
林崇德	职业理想；知识水平；教育观念；教学监控能力以及教学行为与策略
叶澜	教育信念；知识；能力；专业态度和动机；自我专业发展需要与意识

注：廖青《基于教师专业发展的师徒结对研究》

要想充分发挥集体备课的作用，集体备课需要基于备课的统一性、超前性、完整性原则，始终坚持研究性与差异性原则。

（1）研究性原则。坚持研究性原则，才能使集体备课有效区别于个人备课，从教学中挖掘新的可能。个人备课局限于一家之言，对教学的研究程度始终有限；集体备课是同学科组同年级段的新老教师针对普遍、典型、复杂的教学问题，通过讨论与协商，达到解决问题，促进教学进步和教师专业发展的一种教学研究活动。坚持研究性原则，集体备课一定要避免变成"集体"的个人备课。教师之间要充分利用合作探究的手段，凝聚群体的智慧，通过对教学的研究，丰富学科专业知识，生成和创造新的教学理念和方式。

（2）差异性原则。坚持差异性原则，使集体备课在个人备课的基础上实现发展与延伸，使教师专业能力得以整合提升，同时也保留了教师独有的教学魅力。坚持差异性原则一方面在于针对同一教学内容，鼓励教师有不同的观点和态度；另一方面则在于鼓励教师探索不同的教学过程，这是由于教师的知识结构、教育经验、教学风格和人生阅历不同，他们面对的学生也是千差万别，其教学也必然显现出极强的个性化特征。在集体备课中坚持差异化原则，能够刺激教师坚持不懈地追求职业理想，使教师始终保持职业热忱，获得职业幸福感。

（二）育人层面的研究

1.关于家校共育的实践与创新。为什么幸福教育的教育科研要研究家校共育？我们以高二年级为对象，对部分家庭进行走访调查。调查结果显示，该校家校共育总体状况良好，体现在该校高二年级每个班级均成立了家长委员会，且家长委员会参与了年级管理，比如选购教辅书籍、学习用具等。与此同时，部分家长也表示，不清楚家长委员会事宜，这说明家长在对家校共育的认知、参与、管理方面仍然有所欠缺，也反映了该年级在家校共育中存在组织涣散、信息不畅、内容单一等问题。通过这次走访调查，我们不难看出学校对家校共育积极实施的态度，但我们也要注意完善家校共育，要注意组织的规范化、信息的通达化、内容的丰富化。

2.关于生涯规划课程的实施与推进的研究。新高考改革变化最显著的莫过于"取消文理分科"一项，也正是这一变化，直接将"生涯规划"一词推上了热点话题的榜单。因此，我们探讨推进生涯规划课程的必要性，就必须着眼于新高考改革。虽然生涯规划课程的火爆是由新高考改革带来的，但生涯规划课程不能仅仅是教学生如何进行高考科目的选择。生涯规划是指个体对自身的各方面进行测评分析和总结后，树立职业目标，并为自己的职业理想制订出相应的提升计划，对每一阶段的目标和实施做出合理具体的安排，以最终实现自己的理想。因此，生涯规划课程的目标不应受到高考的局限，而是使学生掌握认知自我、接受自我并安排自我的能力，并通过这种能力在生活中始终保持积极乐观的态度，去实现自己选择的人生理想。只要有教育，教育科研就永远正在进行时，幸福教育理念是切合当今教育大环境的一种先进的教育理念。因此，幸福教育的教育科研要一直保持"在路上"

的状态。认清幸福教育内在特点，坚持以人为本，科研兴教，探索幸福教育的正确道路，为"教""育"创造幸福。

第三节　幸福教育的微型课题研究

一、微型课题研究的基本概述

微型课题研究也称作微型科研，是指把日常教育教学过程中遇到的问题，即时梳理、筛选和提炼，使之成为一个课题，并展开扎实的研究。研究的着眼点主要关注于教育教学细节，研究内容是教育教学实践中碰到的真问题、实问题、小问题，研究的周期短，见效较快。微型课题研究以"小切口、短周期、重过程、有实效"为基本特征，以"问题即课题、对策即研究、收获即成果"为基本理念。

二、微型课题研究的基本方案

微型课题的研究方案没有固定的格式，但要尽可能地把一些基本内容讲清楚。

（一）**问题描述**：描述遇到的问题及课题产生的过程，并由问题提炼出课题名称。在描述时，一般都是采用白描的手法叙述此课题产生的过程，即我遇到的什么问题。同时，在阐述问题时一定要观点简洁明了、点到为止。

（二）**课题界定**：对课题关键词、核心语进行诠释，提示课题研究方向和角度。关键词要从两个方面定义：一是从内涵上定义，二是从外延上定义。同时，还要对课题进行任务分解，分解出来的任务就是研究的内容。

（三）**研究概况**：在开展研究前，了解一下省内外与本课题研究有关的情况及主要成果。了解研究概况有利于研究者知己知彼、少走弯路，同时还有利于整合、借鉴、吸收别人的研究成果，节省时间，提高效率。

（四）**研究思路**：本课题的研究方法、实施步骤、时间安排以及研究措施等。

1.研究方法：把本课题能用到的诸如课例描述法、案例研究、调查研究、经验总结等方法列举出来。

2.实施步骤：本课题研究计划分几步完成，每一步做些什么。

3.时间安排：本课题研究需要多长时间，每步大概需要多长时间等。

4.研究措施：在研究中准备采取哪些具体有效、切实可行的措施、做法。

（五）**预期成果**：该研究所期望达到的目标和要求。研究成果报告和论文是微型课题的两种成果表现形式。研究成果中涵盖着教学日记、教学叙事、教学反思、学生作业作品、个案、谈话记录、教学案例、研究报告、发表或交流的文章等各种资料。当然，教师可以结合自己的课题，选择其中的部分形式作为成果形式。

三、微型课题研究的成果分享

微型课题研究形成的研究报告和论文等成果可以通过以下三种途径推广交流。

一是在经验总结会或专题研讨会上推广交流；二是在学术年

会上推广交流；三是在教育刊物上公开发表推广。微课题成果的应用，首先应立足本校，为避免"墙内开花墙外香"的现象，学校中的微课题成果应先在校内推广应用。其次，要有"走出去"的精神，多参加各种推广会议和活动，结合自己的情况，将别人的成果一点一滴地应用于自己平时的教育教学或管理工作中，使自己有成果可用。最后，教育工作者在学习应用新的科研成果时，有一个由浅入深、循序渐进的过程。把在实践中应用别人的成果时，做了哪些创新和探索，产生了哪些效果总结出来，形成科研成果应用成效的分析报告。

第四节　幸福教育研究与教学的关系

一、幸福教育研究概论

幸福教育内涵归纳起来主要有四种观点：第一种观点是"目的论"。刘次林认为幸福教育的目的在于培养创造幸福、享受幸福的人。第二种观点是"过程论"，认为幸福教育就是师生获得幸福人生的过程，学生正在获得教育的过程乃是幸福的过程。第三种观点是"方法论"，认为幸福教育是人们获得幸福的有效途径，在幸福教育实践中去获取幸福、感知幸福。第四种观点是"综合论"，认为幸福教育的内涵是极其丰富的，应该是目的论、过程论、方法论的统一体。

幸福教育的教育目的是什么呢？苗元江教授认为，幸福教育的目的是培养健康人格。张忠仁教授认为，幸福教育就是要提高人们感受幸福与创造幸福的能力，提高人们精神生活的质量。"以人为本"也是幸福教育的本质特征，幸福教育以造就幸福的人为最终目的，而幸福本身就是人性的表现。关注生命、走进生活、提升精神，幸福教育的目标则是不但要促使学生建立正确的幸福观，还要提升学生的幸福能力。

重庆市田家炳中学创办于1954年，学校在60余载办学历史的积淀基础上，融合"厚德载物、勤俭诚朴"的田家炳先生精神，凝练出"幸福教育136"体系，即"以幸福的教育培养幸福的人"的办学理念，"益物、益人、益己"三个维度的校训，实施幸福教育的六种途径（幸福教育、幸福文化、幸福教师、幸福学生、幸福课堂、幸福活动）。近年来，又结合学校实际提出了"提高教育教学质量、提高师生幸福指数、提高学校知名度"的"三提高"目标，以质量提升为着力点，以制度改革为突破口，走出了一条特色发展之路。学校结合新高考，开设生涯规划课程，实施幸福教育，进一步发展体艺特色。通过师生艺术节、田中最强音、运动会、篮球赛、足球赛等丰富多彩的德育、体艺活动，让每一位田中学生都能得到全面发展。学校健美操队参加全国排舞大赛，6个项目中囊括5个单项第一，1个第二及团体特等奖；排球队获重庆市青少年排球锦标赛初中男子组第一名，重庆市中学生排球比赛女子高中组第三名、男子高中组第三名；女子足球队连续5年获九龙坡区校园足球女子组冠军；男子篮球队获九龙坡区中学生篮球锦标赛第一名。多名学生在全国青少年教育机器人奥林匹克竞赛、市级科技创新大赛中荣获一等奖，有"全国最美中学生"称号的徐新豪同学在区第八届青少年科技创新大赛中荣获"区长奖"。

　　笔者认为幸福教育就是在教育中创造、生成丰富的幸福资源，通过教育途径实现人对幸福的追求并在追求中获得幸福。具体而言，就是让学生因享受良好的教育而拥有较高的成长幸福指数，教师因从事快乐工作而拥有较高的职业幸福指数，家长因孩子快乐成长、全面发展而拥有较高的生活幸福指数，从而形成具有较高幸福感的学生群体、教师群体、家长群体。通过幸福的教育培养幸福学生，成就幸福教师，塑造幸福家庭，提高教育工作惠民水平，助推全社会的幸福、和谐、进步。

二、教育科研与教学的关系

　　笔者认为，从教育科研本质属性看，它是联系教育理论与教育现象、教育活动的桥梁，教育科研是在一定的教育科学理论指导下进行的，是从理论到实践、从不同层面的理论到不同类型的实践的过程，同时教育科研又是源于教育现象和教育活动的探究行为，是从实践回归理论的过程。教育科研与教学之间的关系可以是"朋友关系""同胞关系""夫妻关系"等，如果对两者之间的关系了解得不够到位，那么两者在融合的道路上便不可能是一帆风顺的。我们都知道的是，教育是将教学包含在内的，因此教学实际上从属于教育。最终可以得出教育与教育科研是包容与被包容的关系，即教育科研包含教学，教学从属于教育科研。通过教育科研，直接变革教学实践，可以提高学校教学质量服务水平。教学科研还可以改进学校的办学理念，改革教学方式，提高办学水平、办学效率等，提高教学品质，促进学生的全面发展。开展教育科研活动，可以提高教师的教学科研水平和能力，使之养成科研型的教学习惯，达到把学校教育质量提高到一个新水平，把学校发展推上一个新台阶的目的。学校还可以通过办学累积起来的教学管理经验，结合教育科研成果，创办科学有效的特色教学管理。通过特色教学，既能适应本校学生的学习习惯，也能跟进教育科研的成果。

三、教育科研与教育的关系

教育科研是教育理论融入教育实践的最直接途径。通过现代教育信息资源，不断丰富教育科研成果，使得教育者可以根据教育科研成果开展教育活动。"教育理论以概括、抽象判断为其共同特征，而概括、抽象的层次与类型的差异则构成内部的层次与类型，即教育理论具有多视角、多层面性，教育实践相对教育理论来说内容更丰富，并随着教育形式的发展更具多元化，教育实践的不同类型注定了它与教育理论之间的关系也是多元的，这些联系不会自动生成，教育科研则是实践的纽带。只要教学活动持续开展，就会存在难以预料的情况和需要解决的问题，这就要求我们的教学过程要始终伴随着教育科研。教育科研从问题出发，以问题解决为归宿，对教学问题的发现、凝练、思考和解决贯穿于教师教学研究的全过程，正是在对教学问题的研究中，形成了先进的思想和有效的对策建议，化为教师教学实践的理论和行动指南，进而形成发现问题→研究问题→解决问题→再延伸新的问题→再研究问题这样一个循环往复的过程。教师只有具备了科研意识，学会科研方法，才能对教育中不断涌现出来的新问题、新现象找到解决方法，才能对自己或他人的成果经验做出科学的实践检验。

面向未来、决策现在是现代教育的新特点。教育科研的开展，是教育面向未来的必然过程，教育科研不仅应当把教育作为一个重要的研究对象，还应该更加主动积极地为教育服务，教育也应该遵从教育科研成果，从中找到理论根据和实践需要。

四、教育科研与教研的联系

第一，研究对象和研究目的是相同的。

第二，教研是科研的基础，科研指导、帮助并提高教研水平。

第三，教研扩大了教育科研成果的价值。

第四，科研工作促进教研质量的提高。

由此可知，教研与科研既存在本质上的不同，但相互之间的关系又是十分密切的，将两者之间的关系了解清楚对从事研究活动的相关科研人员而言是非常必要的。

五、幸福教育研究对教育的现实意义

（一）促进中学生全面发展

教育的本质就是通过教育使学生得到全面自由的发展，也就是说充分发掘学生的潜力，使他们健康自由地成长，而幸福教育的宗旨和教育本身的根本目的是统一的。实施幸福教育可以完善中学生的人格素养。所谓人格就是指一个人内在的气质和涵养。中学生是否具备良好健全的人格不仅影响他们本身的学习和生活，而且在一定程度上影响到国家和民族的前途命运。在中学校园里，大多数中学生是积极向上的，他们的独立意识强，保持健康的心理素质，这是主流，但也有些中学生整天萎靡不振，毫无进取之心，不遵守纪律，也没有爱心，这些学生的人格素养不高，让人很担忧。在这个意义上，实施幸福教育也是势在必行了。实施幸福教育有利于培养学生的幸福感，让他们建立正确的幸福理念，引导、激励他们勇于大胆创新，勇于追求人生幸福，积极提高自身的综合素质，树立乐观豁达的人生观。此外，实施幸福教育也可以促进中学生自由全面地发展。事实上，除了科学文化知识以外，审美教育也是非常重要的。正如学者刘次林说："美育就是教育中主客体得到内在统一时的那种境界。"只有素质全面的人才能适应未来的社会，这就要求中学生一定要充分发挥自身的潜力，全方面地发展自己的才干以应对未来社会的要求。具体地说，有利于中学生形成科学的世界观、人生观和价值观，有利于中学生形成高尚的道德。

（二）提高教师的职业认同感和归属感

有幸福的教师才有快乐的学生。让自己快乐起来，是教师的首要任务。教师的工作不应该是"春蚕到死丝方尽，蜡炬成灰泪始干"的牺牲，而应是享受；教育不是谋生的手段，而是生活的本身。把教育当作一件幸福的事情来做，让教师享受教育的幸福。幸福教育不光可以提升学生的幸福指数，也能提高教师的职业认同感和归属感。具体地说，有利于建立良好的师生关系，有利于促进教师学习先进的教育理念，树立正确的质量关，有利于激发教师打造幸福课堂，探索幸福教育途径。

教师的幸福是课堂幸福的源头，学生的幸福是幸福教育的核心。幸福课堂应该是一段师生共度的幸福时光，是"学也愉悦，教也快乐"的教学过程。幸福教育不是直接单纯的教育，更不是现在我们的"填鸭式"的应试教育，而是在日常的学生生活中通过对学生的"理解""关怀""德育"，并引导学生通过"学习"而实现的幸福教育。为此，教师就要不断思索、不断探索如何打造幸福课堂和探索幸福教育途径。

主要参考文献

————

[1] 克鲁普斯卡娅. 克鲁普斯卡娅教育文选 [M]. 北京：人民教育出版社，1959:307.

[2] 尚晓梅. 浅谈培养学生创造力的新途径 [J]. 中小学教育，2001(10).

[3] 顾维菊. 劳技教学中学生创新能力培养初探 [J]. 综合实践—劳动技术教育，2005(6).

[4] 徐秀娟. 家务劳动——不可忽视的素质教育 [J]. 教育与管理，2008(10).

[5] 唐琳娜. 浅论当代中学生理财习惯的现状及对策 [J]. 中华少年，2015(23):209.

[6] 王乙臣. 浅谈当代中学生理财习惯的现状及对策 [J]. 财会学习，2016(23):40-41.

[7] 陈思宇. 浅谈当代中学生理财习惯的现状及对策 [J]. 财经界：学术版，2016(14):98.

[8] 刘家桂. 国外中小学生理财教育及其启示 [J]. 教学与管理，2016(24):143-144.

[9] 崔桓. 中学生理财教育探析 [J]. 课程教育研究，2015(9):235-236.

[10] 周旭华. 我国中学生理财教育研究的简单评述 [J]. 教育教学论坛, 2012(12): 22-24.

[11] 柴葳. 教育部党组与清华大学党委理论学习中心组开展联合学习 [N]. 中国教育报, 2017-04-21(001).

[12] 杜东平. 教海泛舟（上）[M]. 重庆: 重庆出版社, 2013.

[13] 徐世贵, 刘恒贺. 教师怎样做小课题研究 [M]. 重庆: 西南师范大学出版社, 2011.

[14] 王炳照, 阎国华. 中国教育思想通史（第七卷）[M]. 长沙: 湖南教育出版社, 1994(6): 143-145.

[15] 周洪宇, 申国昌. 20世纪中国教育改革的回顾与反思 [J]. 华中师范大学学报（人文社会科学版）, 2011, 50(3).

[16] 贾容韬, 吴朝霞. 中国家教原则 [M]. 北京: 中国华侨出版社青少年图书中心, 2006.

[17] 孟迁. 做好父母这件事 [M]. 北京: 世界图书出版公司北京公司, 2006.

[18] 魏书生: 好父母·好家教 [M]. 桂林: 漓江出版社, 2005.

[19] 魏东. 一定要为孩子做的56件事 [M]. 北京: 中国商业出版社, 2006.

[20] 郭红玲. 中国式教育应规避的16个问题 [M]. 北京: 石油工业出版社, 2006: 6.

[21] 闻君, 金波. 好孩子是如何教出来的 [M]. 北京: 北京工业大学出版社, 2006: 12.

[22] 江苏省陶行知教育思想研究会、南京晓庄师范陶行知研究会. 陶行知文集 [M]. 南京: 江苏人民出版社, 1981.

[23] 唐汉卫. 生活德育论 [M]. 北京: 教育科学出版社, 2005.

[24] 冯建军. 生命与教育 [M]. 北京: 教育科学出版社, 2004.

[25] 潘冷云. 现代生活与现代教育 [M]. 上海: 复旦大学出版社, 1991.

[26] 鲍东明, 王鸣. 名师成长: 内力外力一个也不能少 [N]. 中国教育

报,2004(9).

[27] 戚业国.教学模式的选择与运用 [M].北京:北京师范大学出版社,2006.

[28] 毛振明.探索成功的体育教学 [M].北京:北京体育大学出版社,2001.

[29] 郑晓惠.生物课程与教学论 [M].杭州:浙江教育出版社,2003.

[30] 邹尚智.素质教育理论与实践 [M].重庆:西南师范大学出版社,2005.

[31] 单中惠,杨汉麟.西方教育学名著提要 [M].南昌:江西人民出版社,2004.

[32] 李定开.重庆教育史 [M].重庆:西南师范大学出版社,2005.

[33] 阎德明.学校管理学 [M].北京:人民教育出版社,1998.

[34] 周德藩.给校长的建议:101[M].南京:南京师范大学出版社,2004.

[35] 卢家楣.情感教学心理学 [M].上海:上海教育出版社,2013.

[36] 张惠芬.中国教育简史 [M].上海:华东师范大学出版社,2001.

[37] 吴式颖.外国教育史教程 [M].北京:人民教育出版社,1999.

[38] 辜伟节.特色学校与校长个性 [M].南京:南京师范大学出版社,2004.

[39] 蒲蕊.当代学校自主发展 [M].广州:广东高等教育出版社,2005.

[40] 莫雷.20世纪心理学 [M].广州:广东高等教育出版社,2002.

[41] 袁振国.教育原理 [M].上海:华东师范大学出版社,2001.

[42] 孙灿成.学校管理概论 [M].北京:人民教育出版社,1993.

[43] 杜东平,唐新明.研究性学习和研究型课的实践与探索 [M].重庆:重庆出版社,2002.

[44] 杜东平."自主性学习"教学模式的探讨 [J].教育理论与实践,2001.

[45] 联合国教科文组织.反思教育:向"全球共同利益"的理念转变?

[M].北京：教育科学出版社,2017.

[46]重庆育才中学课题组.生活教育模式中的新课程实践有效性研究课题结题报告[R].2014.

[47]重庆育才中学课题组.素质教育中的生活教育模式深化研究课题结题报告[R].2013.

[48]厉以贤.现代教育原理[M].北京：北京教育出版社,2001.

[49]徐金贵,颜辉荣.中小学家校共育现状的调查与思考[J].江苏教育学院学报（社会科学版）,1999(1).

[50]胡庆芳.优化课堂教学方法与实践[M].北京：中国人民大学出版社,2014.

[51]刘昫.旧唐书·魏徵传[M].北京：中华书局,1975.

[52]程书肖.教育评价方法技术[M].北京：北京师范大学出版社,2004.

[53]王昉荔.中学生人际交往的困境及对策[J].教学与管理：理论版,2007(4):37.

[54]钟启泉,张华.世界课程与教学新理论文库[M].北京：教育科学出版社,2004.

[55]郑全全,愈国良.人际关系心理学[M].北京：人民教育出版社,1999.

[56]陈静.高中语文"幸福课堂"探究[D].新乡：河南师范大学,2014.

[57]粟义宽.浅谈"幸福课堂"教学模式[J].文理导航（教育研究与实践）,2017(03).

[58]C.R.斯奈德,沙恩·洛佩斯.积极心理学[M].北京：人民邮电出版社,2013.

[59]徐凤莉.当代中国人幸福观的变迁与培育[D].沈阳：辽宁大学,2015.

[60]刘翠娥.守望幸福：幸福德育的理论与实践探索[M].北京：中

国轻工业出版社 , 2014.

[61] 亚里士多德 . 尼各马可伦理学 [M] . 廖申白 , 译 . 北京 : 商务印书馆 , 2003 : 25.

[62] 鲁洁 . 道德教育的根本作为 : 引导生活的建构 [J] . 教育研究 , 2010 (6) : 3.

[63] 徐亚芬 . 以 "孝心教育" 为突破口构建德育新模式 [J] . 思想教育研究 , 2006 (5) : 47.

[64] 韩德民 . 孝亲的情怀 [M] . 北京 : 北京语言文化大学出版社 , 2001.

[65] 中共中央、国务院 . 关于全面加强新时代大中小学劳动教育的意见 [R] . 2020.

[66] 教育部基础教育司 . 中小学德育工作指南实施手册 [M] . 北京 : 教育科学出版社 , 2017 : 153-157.

[67] 陈建萍 , 徐国奇 . 提高教育意识 , 深化家校合作策略 [J] . 名师在线 , 2021 (35).

[68] 小鱼儿 . 从小理财 , 妈妈的超市购物经 [G] . 分忧 , 2014 (08).

[69] 教育部 . 关于印发《中小学德育工作指南》的通知 (教基〔2017〕8号).

[70] 刘晓波 , 吕德雄 . 幸福教育——论陶行知教育思想的幸福观 [J] . 中学政治教学参考 , 2013 (6).

[71] 孙孔懿 . 苏霍姆林斯基幸福教育思想述评 [J] . 江苏教育研究 , 2018 (28).

[72] 冯光 . 论幸福教育与和谐德育的内在关联性 [J] . 现代教育科学 (高教研究) , 2013 (5).

[73] 班华 . 德育理念与德育改革 [J] . 南京师范大学学报 (社科版) , 2002 (4).

[74] 李京桦 . 高校德育中的幸福化路径选择 [J] . 河南师范大学学报 (哲学社会科学版) , 2009 (1).

[75] 冯光 . 创造幸福的德育过程 [J] . 江苏高教 , 2004 (4).

[76] 薛晓阳. 论幸福作为道德教育的目的——关于亚里士多德与康德道德哲学的争论与辨析 [J]. 山东师范大学学报（人文社会科学版），2013(5).

[77] 魏星，张春海. 幸福教育视角下小学德育课程一体化实践路径创新研究——以延安地区为例 [J]. 现代教育科学，2019(2).

[78] 康燕. 课程基地推动高中学校育人方式多样化发展的研究 [J]. 教师教育，2019(19)：25-26.

[79] 陈淑婷. 扬师德铸师魂，育人先育己——对于青年教师师德教育的几点看法 [J]. 小学生作文辅导，2021：94.

[80] 李景怡. 构建幸福德育实施体系，培育"五自"幸福少年 [J]. 刊中刊，2021(9)：58-59.

[81] 苏霍姆林斯基. 怎样培养真正的人 [M]. 北京：教育科学出版社，1992.

[82] 路德维希·费尔巴哈. 费尔巴哈哲学著作选集：上卷 [M]. 荣震华，李金山，译. 北京：商务印书馆，1984.

[83] 中共中央宣传部. 习近平总书记系列重要讲话读本 [M]. 北京：学习出版社，人民出版社，2014.

[84] 习近平在北京大学师生座谈会上的讲话 [N]. 人民日报，2018-05-03.

[85] 叶澜. "教育的生命基础"之内涵 [J]. 山西教育（教学版），2004(6).

[86] 余欣欣，李山. 积极心理品质：教师职业幸福感的基石 [J]. 广西师范大学学报（哲学社会科学版），2012(2).

[87] 冯建军. 教育幸福：教师专业发展的重要维度 [J]. 人民教育，2008(6).

[88] 高延春. 谈教师幸福的特点及其实现 [J]. 教育与职业，2006(14).

[89] 吴全华. 教师教育生活幸福感的构成与满足方式 [J]. 华南师范大学学报（社会科学版），2008(5).

[90] 戴军，于伟. 快乐经济学视角下的幸福教育探析 [J]. 湖南师范大学教育科学学报，2008(01).

[91] 朱丽萍. 牛津高中英语教学中提高学生幸福感的策略研究 [D]. 上海：上海师范大学, 2010.

[92] 刑朗. 英语教学要注重提高学生的幸福感 [J]. 山西教育：教学版, 2015(12): 1.

[93] 张胜利. 湖南师大附中学生幸福观教育研究 [D]. 武汉：华中师范大学, 2003.

[94] 朱丽萍. 牛津高中英语教学中提高学生幸福感的策略研究 [D]. 上海：上海师范大学, 2010.

[95] 欧金凤. 初中生物教学中的幸福教育探讨 [D]. 济南：山东师范大学, 2014.

[96] 储玉萍. 小议初中生物教学中的幸福感教育 [J]. 中学教学参考, 2014(26): 119.

[97] 义务教育体育与健康课程标准 [M]. 北京：北京师范大学出版社, 2012.

[98] 普通高中体育与健康课程标准 [M]. 北京：人民教育出版社, 2020.

[99] 吴彬, 丛远新, 吕韶钧. 行意合一让运动更快乐 [M]. 北京：中国轻工业出版社, 2020.

[100] 杨运文. 体悟循道健体修身 [J]. 中国学校体育, 2012.

[101] 屈明. 开辟德育新天地：拓展体验活动在中小学德育教育中的应用研究 [M]. 重庆：重庆大学出版社, 2017: 10.

[102] 陆鑫. 论运动技能在体育教学中的作用 [J]. 体育教育, 2012(12).

[103] 屈明. 中小学体育教师工作理论与实践 [M]. 重庆：重庆出版社, 2010. 12.

[104] 重庆市普通高中生涯教育课程教学实施指导意见.

[105] 汪红, 王小峰. 学生生涯教育应走出的认识误区 [J]. 今日教育, 2019(03).

[106] 颜晋. 聚焦生涯教育, 规划幸福人生 [J]. 今日教育, 2019(03).

[107] 中华人民共和国教育部. 中小学综合实践活动课程指导纲要

[R]. 2017.

[108] 人民日报.《中国学生发展核心素养》发布 [J]. 上海教育科研, 2016(10): 1.

[109] 梁炯. 中小学如何开展考察探究活动——《中小学综合实践活动课程指导纲要》"考察探究"主题解读 [J]. 人民教育, 2018(3): 5.

[110] 高振宇. 综合实践活动课程之"考察探究": 内涵、价值与实施 [J]. 基础教育课程, 2017(23): 5.

[111] 王维维. 对"考察探究"实践活动是什么, 如何做, 怎么评的思考 [J]. 教师教育论坛, 2018(4): 4.

[112] 郭淑娟. "考察探究"主题综合实践活动的思考 [J]. 教学管理与教育研究, 2019, 4(22): 3.

[113] 龚兴英. 中小学教师教研活动研究 [D]. 重庆: 西南大学, 2014.

[114] 姚丹萍. 基于幸福教育理念的单亲家庭英语学困生转化探究 [J]. 科学咨询（教育科研）, 2021(11).

[115] 翁昱. 人本管理视域下福州市中小学生幸福教育问题研究 [D]. 福州: 福建师范大学, 2014.

[116] 杜成智. "幸福教育"的实践探索 [J]. 教学与管理, 2021(04).

[117] 徐振伟. 构建快乐课堂 打造幸福教育 [J]. 中学政治教学参考, 2012(Z1).

[118] 廖青. 基于教师专业发展的"师徒结对"研究 [D]. 重庆: 西南大学, 2010.

[119] 孙小雪. 教师集体备课的现实困境及突破策略 [J]. 教育探索, 2016(4): 116-119.

[120] 薛二勇, 刘爱玲. 习近平教育思想——中国教育改革的旗帜与方向 [J]. 中国教育学刊, 2015(5): 9-16.

[121] 闫晓宇. 初级中学家校共育存在的问题与对策研究——以诸城市为例 [D]. 烟台: 鲁东大学, 2018.

[122] 刘静. 高考改革背景下高中生涯规划教育的重新审视 [J]. 教育

发展研究,2015(10):32-38.

[123] 边新灿,蒋丽君,雷炜.论新高考改革的价值取向与两难抉择[J].中国高教研究,2017(4):61-65.

[124] 刘次林.幸福教育论 [M].北京:人民教育出版社,2003.

[125] 周珍.幸福教育的本质兼及目的论 [D].长沙:湖南大学,2018.

[126] 陈静.高中语文"幸福课堂"探究 [D].新乡:河南师范大学,2014.

[127] 粟义宽.浅谈"幸福课堂"教学模式 [J].文理导航(教育研究与实践),2017(03).

[128] 马娟.探究高中语文教学模式 [J].语文天地.

[129] 徐凤莉.当代中国人幸福观的变迁与培育 [D].沈阳:辽宁大学,2015.

[130] 高恒天.道德与人的幸福 [D].上海:复旦大学,2003.

[131] 葛丹.初中思想品德课幸福观教育探究 [J].赤子(上中旬),2015(23).

[132] 刘翠娥.守望幸福:幸福德育的理论与实践探索 [M].北京:中国轻工业出版社,2014.

[133] 少先队活动,购物和讨价还价理财教育体验实践活动建议"体验讨价还价"系列活动 [J].少先队活动,2010.

[134] 万伟.课程的力量 [M].上海:华东师范大学出版社,2017.

[135] 普通高中课程方案,中华人民共和国教育部制定,人民教育出版社2017年版,2020年修订.

后记

本书是重庆市九龙坡区汤晓春名校长工作室（主持人：汤晓春；田家炳中学主持人助理：康丽、胡权阳；学员：胡浩、颜晋、刘鋆、饶海峰、袁杰、张一新）成果之一，也是重庆市田家炳中学教育科研成果之一，它是各位研究者共同努力的结晶。

本书由重庆市九龙坡区教育委员会王家仕主任任专家顾问，重庆市田家炳中学校长、九龙坡区汤晓春名校长工作室负责人汤晓春提出思路，做出策划，深入研究提出编写大纲，具体组织康丽、胡权阳、胡浩、颜晋、刘鋆、饶海峰、袁杰、张一新等学员充分讨论确定基本内容和体例。后经过康丽、殷喜洋多次组织专家培训，落实编写工作。

本书第一章、第二章由汤晓春撰写并统稿；第三章由康丽统稿，第一节由康丽、谢明莉撰写，第二节由谢明莉、晏榕撰写；第四章由吴盾统稿，第一节由崔海燕撰写，第二节由李彤（重庆市铁路中学校）撰写，第三节由李彦宇撰写，第四节由伍莎撰写；第五章由龙泽勇统稿，第一节由郑红撰写，第二节由张泉撰写，第三节由李祥锋撰写；第六章由张燕统稿，第一节由殷喜洋撰写，第二节由李海艳、王阿娜、周娟撰写，第三节由郭兰英、杜墨、叶中琴撰写，第四节由杨梦、任连英、李新委撰写，第五节由李建芳、谭红利、李勤一撰写，第六节由吴颖、税争妍、赵佰强撰写；第七章由杨晨统稿，第一节由任婷婷撰写，第二节由李卫撰写，第三节由夏敏雪撰写，第四节由殷小凤撰写；第八章由史晓东统稿，第一节由何兰撰写，第二节由杜欣撰写，第三节由秦秀梅撰写，第四节由陈枳彤撰写；第九章由胡爱华统稿，第一节由梁贵连撰写，第二节由李蓉撰写，第三节由李琳撰写，第四节由赵彦莊撰写，第五节由汪玉琴撰写，第六节由王莉撰写；第十章由邓华书统稿，第一节由何翠撰写，第二节由成静瑶撰写，第三节由何俊秀撰写，第四节由周大平撰写，第五节由袁庆撰写；第十一章由陈金凤（重庆市育才实验学校）统稿，第一节由杨林玲撰写，第二节由胡渝撰写，第三节由李世明撰写，第四节由陈政敏撰写．全书由汤晓春主持、统稿完成。

我们衷心感谢重庆市教育委员会、重庆市九龙坡区教育委员会、重庆市田家炳中学领导对本书的支持！

此书参考了国内外大量文献，大量吸收了重庆市田家炳中学多年来承担的国家级、市级多个课题研究报告的材料，以及重庆市田家炳中学一线教师教育教学的原始材料，书后仅列出了直接引用的文献，限于篇幅，间接的文献未能一一列出，谨对这些文献的作者表示衷心感谢!

本书编委会

2022年5月8日